思想觀念的帶動者
文化現象的觀察者
本土經驗的整理者
生命故事的關懷者

{ PsychoAlchemy }

啟程，踏上屬於自己的英雄之旅
外在風景的迷離，內在視野的印記
回眸之間，哲學與心理學迎面碰撞
一次自我與心靈的深層交鋒

分析心理學二論
Two Essays on Analytical Psychology

卡爾・榮格（Carl G. Jung）著

魏宏晉 譯

分析心理學二論 ——————————————————— |目次|
Two Essays on Analytical Psychology

|系列總序| 走向心理分析的源頭・王浩威 / 7
|推薦序| 榮格心理學的里程碑之作・王浩威 / 21
|譯後短記| 翻譯路漫漫：一段珍貴的記憶・魏宏晉 / 28
編輯按語 / 31

| Essay 1 | **論無意識心理學** 33
　　前言 / 34
　　I.　精神分析 / 40
　　II.　情慾理論 / 51
　　III.　另一個觀點：權力意圖 / 62
　　IV.　心理態度類型的問題 / 75
　　V.　個人與集體（或超個人）無意識 / 100
　　VI.　合成或建構方法 / 117
　　VII.　集體無意識的原型 / 127
　　VIII. 無意識治療法概述 / 152
　　結語 / 158

| Essay 2 | **意識自我與無意識之間的關係** 159
　　前言 / 160
　　【第一部分】無意識對意識的影響

    I.   個人的與集體的無意識 / 164
    II. 無意識同化作用所造成的現象 / 176
    III. 作為集體心靈一部分的人格面具 / 195
    IV. 個體性掙脫集體心靈的失敗嘗試 / 202

【第二部分】個體化
    I.   無意識的運作 / 213
    II. 阿妮瑪及阿尼姆斯 / 229
    III. 區分意識自我和無意識人物的技術 / 256
    IV. 神力人格 / 271

|附錄| 【第一部分】**心理學的新途徑** ⋯⋯⋯⋯ 288

【第二部分】**無意識的結構** ⋯⋯⋯⋯ 313
    I.   個人的與非個人的無意識之間的差別 / 314
    II. 因無意識同化作用所導致的現象 / 318
    III. 作為集體心靈一部分的人格面具 / 324
    IV. 從集體心靈中釋放個體性的嘗試 / 327
    V. 治療集體認同的基本原則 / 333

【補遺】 / 341
    VI. 摘要 / 346

參考書目 / 352

譯詞對照 / 359

| 系列總序 |
走向心理分析的源頭

王浩威（榮格分析師、精神科醫師）

1

英文的《榮格全集》（*The Collected Works of C. G. Jung*，德文本則是 *Gesammelte Werke*）的整理計劃，是 1945 或 46 年就開始的。也就是說，榮格在 1961 年去世前的十五年，他親自參與而慢慢地開展這一個龐大的編輯工作。

榮格和他的學生以及贊助者之所以開始這樣的努力，或許與當時才開始編輯的英文版佛洛伊德全集標準本，有所關聯。在當時，佛洛伊德標準本的翻譯計劃，則是更早兩年就開始的，也就是 1943 年。

英文的佛洛伊德全集，正式名稱是《西格蒙德・佛洛伊德全集心理學著作標準版》（*The Standard Edition of the Complete Psychological Works of Sigmund Freud*），主要是由詹姆斯・斯特雷奇（James Strachey）擔任總編輯和主要翻譯者，在安娜・佛洛伊德（Anna Freud）的合作和妻子阿利克斯・斯特雷奇（Alix Strachey）和編輯艾倫・泰森（Alan Tyson）協助下，從 1943 年開始，一直到 1974 年才完成。標準版（通常縮寫為 SE）共二十四卷，第一版是由倫敦霍加斯出版社（Hogarth Press）於出版，與德國 Gesammelte Werke 版是不同的。

2

　　至於榮格全集的進行，除了榮格本身原本就有強烈的意願以外，最關鍵的人物應該是瑪麗‧康諾弗‧梅隆（Mary Conover Mellon）。她在三十歲那一年，1934 年，開始接觸到榮格的著作，1936 年和丈夫一起參加榮格在紐約分析心理學俱樂部的演講，日後表示：「我不太確定自己是否能夠了解他演講的內容，但我很清楚跟他的關係將會很深。」

　　出生於 1904 年的瑪麗，父母分別是醫生和護士。她一生雖然大部分時間都遠離家鄉堪薩斯城，但現在仍有一個紀念碑豎立在彭布羅克山學校（Pembroke Hill School），也就是她生前所就讀的日落山學校（Sunset Hill School）。《榮格全集》英文版編輯威廉‧麥奎爾（William McGuire）在《博林根：收集過去的冒險》（*Bollingen: An Adventure in Collecting the Past*）一書中說：「她從幼兒園開始學習法語，上鋼琴課，編輯學校雜誌，但迴避體育運動。」因為從童年時，瑪麗飽受哮喘發作的困擾。瑪麗和她的父親都認為她的病情可能涉及身體和心理方面，一旦得到足夠的理解，情況就可能會有所改善。

　　瑪麗在索邦大學和哥倫比亞大學學習法語。她第一次婚姻非常短暫，在那保守的年代，對整個家庭引來強烈的恥辱。1935 年瑪麗再婚，第二任丈夫是保羅‧梅隆，比瑪麗小三歲，畢業於喬特學院和耶魯大學。他的祖父托馬斯‧梅隆帶領兩個兒子創建了梅隆銀行（現在的梅隆財團〔Mellon Financial Corporation〕），保羅和其他三位同輩家族曾經同時名列美國最富有的前八名。保羅喜歡馬和藝術品，瑪麗卻經常因為對馬過敏而哮喘，他們都希望她的部分

問題可能是心理上的，因此瑪麗和保羅開始與兩位榮格分析師魏佛倫夫妻（Ann and Erlo van Waveren）個別進行榮格取向的分析，並且參加1936年榮格在紐約廣場旅館（Plaza Hotel）的演講。保羅和瑪麗期待能夠與榮格有私下分析的機會，但榮格行程太滿，這對夫妻索性跟著飛到蘇黎世，與榮格本人進行分析，並且在兩地來來去去。

保羅本身是慈善家（華盛頓國家美術館很大程度上歸功於梅隆家族）；而1943年開始策劃，1945年終於成立的博林根基金會（Bollingen Foundation），則由瑪麗領軍。瑪麗以榮格親手打造之石塔所在的村莊博林根為名而成立基金會，最主要的目的就是要幫榮格在美國出版他作品的英文翻譯。她這樣寫信給榮格：「世界是如此混亂，對我來說，像你這樣的作品，以及其他能夠貢獻關於人類和人類靈魂之歷史的、真實的、學術的和有想像力的書籍作品，如果我能夠盡我所能來維持其流傳並提供支持，將因此而更加重要。」她是該基金會的第一任主席，也是《博林根系列》的第一位編輯，該系列包括榮格博士的作品，並由萬神殿圖書公司合作出版（後來才改與普林斯頓大學出版社合作）。

不幸的是，瑪麗的健康狀況令人擔憂，哮喘問題又嚴重復發，於1946年10月去世。那天她早上去獵狐，下午病倒就離世，年僅四十二歲。她對丈夫保羅說的最後一句話是：「我還有很多事情要做呀。」此後，保羅繼續支持基金會原來的一切計劃。

3

1944年，大戰期間，瑞士和外界的通訊變得艱困。當瑪麗終於可以通過瑞士外交郵袋寄信時，她告訴榮格，她計劃重建博林根

基金會,並要求獲得翻譯和出版榮格英文文集的權利。但榮格卻拒絕了她的請求:「經過深思熟慮,並考慮到過去幾年的經驗,我得出結論,我無法將我已經出版和將來要出版的所有作品的出版權授予梅隆夫人。」

震驚的瑪麗無法接受榮格的決定。榮格是因為更早以前與英國盧特里奇出版社(即後來的 Routledge and Kegan Paul)多年的合作,而拒絕了她。即便如此,她還是希望阻止榮格簽署未來的工作合約。兩人關係原本相當親近,現在榮格態度卻變得如此堅持,瑪麗感到非常困惑,她於是立即行動,透過博林根基金會直接與 Routledge 總經理富蘭克林打交道,提供 1000 美元的預付款,促成了 1946 年 1 月 1 日《博林根叢書》的出版。

1946 年 1 月 1 日這一天,博林根基金會也開始正式運作。瑪麗決心將埃拉諾斯講座(Eranos)的精華單獨編入《博林根叢書》。這一年,基金會的律師在與盧特里奇進行了微妙而艱苦的談判後,終於獲得了榮格作品在美國的出版權。

1946 年 8 月,在戰後的第一次埃拉諾斯會議,在奧爾加-弗德貝-卡普汀(Olga Frdbe-Kapteyn)加布里埃拉之家(Casa Gabriella)的客廳裡,博林根的新任編輯約翰·巴雷特(John D. Barrett)代表博林根,帶著瑪麗的信件,還有 Routledge 代表赫伯特·雷德(Herbert Read),當然榮格也在場,多方一起敲定了美國、英國和德國三方的版權和規格。

至於實際的編譯工作,瑪麗一開始是希望讓凱莉·貝恩斯(Cary Baynes)做榮格的官方翻譯。凱莉·貝恩斯原是榮格在英國重要弟子彼得·貝恩斯(Helton Godwin Baynes,暱稱 Peter Baynes)的妻子,在二〇年代將榮格許多的著作翻譯成英語,甚至

最近的資料顯示她在 1924 年 5 月幫榮格《紅書》手稿進行了全新的抄錄。只是三〇年代，凱莉在榮格的建議下開始將衛禮賢德文譯本的《易經》和《金花的祕密》轉譯成英文，而這工作到了當時還在如火如荼地進行中，凱莉分身乏術。

於是，盧特里奇代表雷德因為希望英語版編輯能以倫敦為基地，而提議找麥可・佛登（Michael Fordham）。榮格則持保留意見，因為他「對佛登博士還不夠瞭解，不能絕對肯定他就是合適的人選」。最終，儘管榮格擔心佛登不擅長德語，但雷德同意任命再加一位聯合編輯，也就是榮格自 1930 年就認識並信任的傑哈德・阿德勒（Gerhard Adler，二次大戰前從德國移民英國），消除了榮格的擔憂（當然，另外一說是佛登和英國的克萊恩等佛洛伊德分析師走得太近了，擔心他不夠正統，才找了阿德勒來平衡）。而雷德則為自己爭取到了一個職位，成為編輯之中的「平衡輪和仲裁者」，始終是佛登和阿德勒之間的調解人，也是任何分歧的最終權威。開始工作以後，三位編輯下面執行工作的執行編輯則是博林根基金會聘為專職的威廉・麥奎爾。

4

編輯陣容決定了，要找誰翻譯是一個大問題。譯者理查德・赫爾（R. F. C. Hull, Richard Francis Carrington Hull）最初是雷德找到的，他們私交甚深，更重要的是各方都認為他是一位極好的人選，儘管對榮格的心理學一無所知。雷德安慰赫爾說，編輯們特別想要一位翻譯家，而不是心理學家，「因為他們中的大多數人都不會寫作」。赫爾一直住在慕尼黑，當時已經是韋伯、馬丁・布伯和格奧爾格・米施等思想家或作家的譯者。赫爾高大、優雅、相貌出眾，

但有明顯的口吃。他「思維異常敏捷，善於抓住要點，這使他非常適合翻譯榮格通常是深奧的文本這一艱巨任務」。

這些工作在定案一年後，即 1947 年 8 月 25 日，才正式簽訂合約，部分原因是瑪麗的早逝，但主要因為榮格是個「精明的討價還價者」，他「要求並獲得了異常高昂的版稅」，並規定第一卷必須在三年內，即 1950 年之前翻譯出版。所以在 1953 年《心理學與煉金術》最終問世之前，這一條三年條款受到了一系列意外事件的困擾，需要三次延長一年。

赫爾小兒麻痺症的嚴重發作導致他手腳癱瘓，推遲了該書的完成。同時，榮格還透露了一個消息：芭芭拉-漢娜（Barbara Hannah）的單獨譯本已經出版了。雷德仔細提醒當初他們選擇赫爾的原因：他對里爾克和其他需要功力的德國作家相關的功力備受贊譽。榮格反駁說，里爾克是一位「與他自己相當不同的作家」，所以在閱讀赫爾的譯本之前，他不會下定論。而當時赫爾還躺在病床上，一直到 1948 年 4 月雖然能夠站立了，但臂力不足以操作手動打字機，博林根基金會於是給他買了一台 IBM 電動打字機。他先口述給妻子打字，然後自己用一隻手打字。

在這同時，芭芭拉‧漢娜完成了她的譯本。瑪麗還在世時，凱莉‧貝恩斯就警告過她和團隊在處理芭芭拉-漢娜的問題時要「非常謹慎」，她顯然「贏得了榮格的信任」。這團隊一開始沒考慮漢娜，是因為她以前的翻譯不算夠好。

然而，榮格最後收到了兩邊的成果，在閱讀並比較了兩個譯本以後，爭議就解決了。他只讀了一章，就宣布赫爾的作品「了不起」，並稱讚他「天賦異稟」，譯出了「更好、更有教養」的文本。與之相比，漢娜的作品顯得笨拙和突兀。

在1961年榮格去世後，瑞士編輯的角色先由三女瑪麗安・尼胡斯-榮格（Marianne Niehus-Jung）負責，但沒過幾年她就被診斷出患有導致她母親死亡的同一種癌症。榮格獨子弗朗茨的妻子莉莉・榮格-默克（Lilly Jung-Merker）接替了瑪麗安的工作，直到不久後她因癌症去世。在這段期間，安妮拉・亞菲（Aniela Jaffé）雖非編輯委員會的正式成員，但她是德語組和英語組之間的重要聯絡人，原本退休的助理兼秘書瑪麗・讓娜・博勒-施密德也會出手幫忙，尤其是在決定哪些文本變體應成為最終手稿，或榮格的檔案中找不到某些著作，或者編輯們對哪個版本是最終版本存在爭議時。

編輯們的工作流程如下：德文編輯交德文定稿給赫爾，他再翻譯成英文；然後，他們閱讀赫爾的譯文並將其與德文原稿進行比較，並提出意見，赫爾隨後再做出修改。當兩種語言的文本都完成後，接下來的艱鉅任務就是讓英文本與德文本可以相互對應，並按照段落來編號。如此一來，這樣無論哪種語言或哪種版本，讀者都不必依賴頁碼，只需查閱段落編號即可找到特定段落。

榮格直到生命的最後幾個月，大部分時間都參與編譯工作。他與他稱之為「編輯奧林匹亞」的英國和美國編輯之間，書信往來幾乎不間斷，與赫爾之間的交流則佔了絕大部分。這些信件隨著時間而不斷地演變，從對赫爾措辭嚴謹的問題只是簡短而具體的回覆，到關於榮格在構思其心理學的各種基本原理時的意圖的哲學交流，再到他在引用他人著作時會主動試圖解釋的具體內容。由於兩人都對幽浮都十分著迷，兩人還互寄包括各種不明飛行物資訊在內的私人訊息。

榮格對赫爾的信任有增無減。他寫了很長的一封信，講述了他是如何希望自己對盧西恩・列維-布魯赫（Lucien Lévy-Bruhl）的

「神祕參與」（participation mystique）一詞的解釋，能夠在所有譯本中得到一致的傳達。他也主動表示「我意識到我的這篇文章在翻譯時遇到了一流的困難」，並且一再對赫爾表示感謝，包括他理解了「如何將繁重的德語語法形式轉化為英語」。

赫爾學得很快，很快就能流利地使用分析心理學的語言和概念。在兩人合作的最初幾年，他住在英國多塞特郡（Dorset），後來因為瑞士的氣候對他的健康可能更好，也更容易與榮格交流，於是舉家搬到了蘇黎世和博林根中間的費爾德巴赫，冬天則是住瑞士南部比較乾燥、陽光更充足的阿斯科納。這一舉動確實鞏固了他們之間的相互依賴。到了1955年，榮格顯然將赫爾提升到了更高的友誼層次，信件的開頭以「親愛的赫爾」為開頭。榮格感謝赫爾的「巨大的工作」，並對赫爾的貢獻提出了自己的最終看法：「我們對您工作的參與不僅僅認為是十分專業性的：它是有生命的。」

5

普林斯頓大學出版社的博林根系列，除了榮格全集20卷以外，還包括了書信集、訪談集和講座記錄等，包括《佐芬尼婭講座》（*The Zofingia Lectures*）、《神話科學論文集》（*Essays on a Science of Mythology: The Myth of the Divine Child and the Mysteries of Eleusis*，合著）、《榮格：心理反思》（*C. G. Jung: Psychological Reflections*）、《榮格著作新選集》（*A New Anthology of His Writings*）、《榮格書信集》（*C. G. Jung Letters*）、《榮格演講：訪談與邂逅》（*C. G. Jung Speaking: Interviews and Encounters*）、《榮格：文字與意象》（*C. G. Jung: Word and Image*）、《分析心理學：1925年研討會筆記》（*Analytical psychology: notes of the seminar given in*

1925）、《夢的分析：1928-1930 年研討會筆記》（*Dream analysis: notes of the seminar given in 1928-1930*）、《靈視：1930-1934 年研討會筆記》（*Visions: notes of the seminar given in 1930-1934*），《昆達利尼瑜伽心理學：1932 年研討會筆記》（*The psychology of Kundalini yoga: notes of the seminar given in 1932*）、《尼采的查拉圖斯特拉：1934-1939 年研討會筆記》（*Nietzsche's Zarathustra: notes of the seminar given in 1934-1939*）、《古今釋夢：1936-1941 年研討會筆記》（*Dream interpretation ancient and modern: notes from the seminar given in 1936-1941*）。

最初，博林根基金會的成立是以傳播榮格的作品為目的，這是瑪麗特別感興趣的；後來，還增加了許多其他的書籍。這些書以一般出版社的市場考量而言，是不可能出版的，但因其重要性，有必要譯成英文。基金會因而贊助了所有這些作品，列入〈博林根系列〉裡，從編號第 1 號到第 100 號，包括了兩百五十多冊相關書籍。一開始是和萬神殿圖書合作，後來則是與普林斯頓大學出版社合作。另外，博林根基金會還授予了三百多項獎學金。直到 1968 年，該基金會不再活躍，所有的業務主要併入安德魯・W・梅隆基金會（Andrew W. Mellon Foundation）。該基金會繼續資助博林根計劃，博林根系列則是完全交給普林斯頓大學出版社繼續進行。而這一切，始終是由編輯威廉・麥奎爾來完成。

榮格去世以後，他的後代先是組成了榮格繼承人團體（Erbengemeinschaft C.G. Jung），這也是包括博林根基金在內，許多與榮格有關的計劃都必須和這組織有關。2007 年，這組織改為榮格作品基金會（Foundation of the Works of C.G. Jung, Stiftung der Werke von CG Jung）。這組織致力於維護和發展榮格及其妻子艾

瑪‧榮格 - 勞申巴赫（Emma Jung-Rauschenbach）的文學和創作遺產。主要包括管理該遺產的知識產權，尤其是保護這些作品的版權。基金會的宗旨是致力於正確地出版榮格和艾瑪的學術著作，並促進有關他們思想和生活的研究。

2003 年腓力門基金會（Philemon Foundation）成立：「這個組織的存在是為了提供榮格全部作品的全集版本，而且讓這版本符合最高的學術標準，並且公正地反映了這位重要創造性思想家的真實水平。」腓力門基金會顯然是繼承了博林根基金會，並且站在原來榮格全集的基礎上，以更高、更完整的視野，提出盡可能完整和準確的進化版本。2005 年 11 月，安德魯‧W‧梅隆基金會正式通知，腓力門基金會獲得了一筆四萬美元的對等資助，用於資助抄錄存放在蘇黎世聯邦理工學院榮格檔案館的一百多份未發表的榮格手稿和研討會。

到目前為止，在腓力門基金會的努力下，從 2007 年《孩子的夢：1936-1940 年研討會》的出版開始，除了 2009 年最轟動的《紅書》（*Liber Novus*）和 2020 年《黑書》（*The Black Books 1913-1932: Notebooks of Transformation*），陸續已經有十多本整理出版。未來將出版的，包括榮格 1933 年至 1941 年間在瑞士聯邦理工學院（ETH）的八個系列講座，還有重要書信集、其他講座、未發表或未完整發表的手稿等等。

6

榮格和他的翻譯者赫爾，兩個人之間如此契合的工作方式，確實是相當不容易的。特別是和佛洛伊德作品的英譯本來比較，更可以顯出他們工作的難能可貴。

除了瑪莉和梅隆家族的大力支持以外，最重要的還是榮格本身對於英文的掌握程度。他不只可以用英文寫作，也可以用英文演講或教學。特別是他對英文的閱讀有一定的文學品味，對於自己作品的英譯本也就更能夠掌握。

在這一點，佛洛伊德吃了很大的虧。

雖然佛洛伊德1938年流亡倫敦，第二年在那裡去世；然而在這以前，他到英國或者是美國的機會其實是很少的。他的作品在生前就已經大量翻譯成世界各國包括中文在內的幾十種語言，然而，英文就像這幾十種語言一樣，都不是他能夠掌握的。這也使得他的英文譯作，產生了很大的問題。

然而，佛洛伊德英文標準版的影響力甚至大過德文版。在國際精神分析學會裡，這等於是官方的版本；在各國不同語言進行翻譯的時候，往往也是其他語言版本翻譯者主要的參考。許多其他語言的翻譯版本，如義大利語、西班牙語、葡萄牙語、法語（第一版）是透過英文版來完成的。

然而這一套標準版早在上個世紀的八〇年代前就已經有相當多批評，當時英國精神分析界就提出重新翻譯的主張。這些批評的重點，部分是針對主要譯者斯特雷奇本身，有一部分則是時代精神的典範轉移。

史岱納（Riccardo Steiner，英國倫敦Westminster大學榮譽教授、精神分析師，出版包括《佛洛伊德—克萊恩論戰，1941-1945》一書）就指出了某些缺點，包括詞彙的選擇和文學風格「一定的僵化」和過度的「科學化」。《佛洛伊德傳記》作者彼得·蓋依在更早以前就表示：「這個翻譯中最明顯的缺陷是用深奧的新詞代替了佛洛伊德喜歡的簡單德語術語」，例如佛洛伊德使用德語

當中口語的「我」（*ich*）和「它」（*es*）變成了「自我」（*ego*）和「本我」（*id*）。拉岡特別反對「將驅力（*Trieb [drive]*）翻譯為本能（*instinct*）……因此整個版本都建立在完全誤解的基礎上，因為Trieb 和本能沒有任何共同點。」布魯諾・貝特爾海姆更進一步認為「任何只閱讀斯特雷奇的佛洛伊德英文譯本的人，都無法理解佛洛伊德對人的靈魂的關注。」也就是在德文版裡面，佛洛伊德也關注心靈的問題；到了英文版，佛洛伊德就只有心理學的探討了。

相對於佛洛伊德作品英譯的種種困難，榮格作品的遭遇顯然是幸運多了。

7

榮格的著作在中文世界的引進，比起佛洛伊德，則是遲緩了許多。

在二十世紀的二〇年代，隨著包括五四運動在內的一股強大的反傳統力量，佛洛伊德和他的理論開始引介到中文世界來。而榮格的名字也隨之慢慢被看見，出現了各種瓊葛、尤葛、永恩、融格、容戈、瓊格、雍古等不同譯名（到了七〇年代的台灣，還是可以看到揚格和容格這兩種譯法）。

然而，榮格作品的翻譯，似乎在這一段時間是闕如的。不過這個說法也是要稍加保留，因為有關榮格在中文世界的傳播過程，到目前為止沒有任何深入的研究。

因此，榮格的作品的中譯，可能是七〇年代才逐漸出現，主要是《未發現的自我》（葉頌壽譯，台北：晨鐘，1971）、《尋求靈魂的現代人》（黃啓銘譯，台北：志文，1971）等。

8

　　2002 年在台灣，華人心理治療基金會成立，開始舉辦多次的佛洛伊德系列與榮格系列演講。

　　2004 年三月，蔡榮裕、楊明敏和劉佳昌三人向國際精神分析學會（I.P.A., International Psychoanalytic Association）申請成為它的一個聯盟機構（Allied Center）。2009 年周仁宇自西雅圖分析學會（Seattle Psychoanalytic Society and Institute）完成學習，成為台灣第一位國際精神分析學會的分析師。2015 年成為 IPA 研究團體（Study Group）。

　　而榮格心理學方面，在更早以前，則是有申湘龍在呂旭立基金會舉辦一系列相關的活動。華人心理治療基金會一開始先主辦佛洛伊德系列演講，後來開始榮格系列演講。同時也邀請大陸第一位榮格分析師申荷永來臺灣開工作坊。後來在國際分析心理學學會（IAAP，即國際榮格學會）前任主席（1989-1995）湯瑪士‧克許（Thomas Kirsch）來臺灣以後，2010 年在臺北成立了發展小組。2019 年臺灣分析心理學學會（Taiwan Association of Analytical Psychology，即臺灣榮格心理學學會）成為國際分析心理學學會準團體會員，2022 年成為正式團體會員。

　　1913 年分手以後的佛洛伊德和榮格，各自走上自己的路，他們後來的追隨者既是分成兩個大陣營，又是千絲萬縷地互相牽扯著。在臺灣也好，在大陸也好，這兩邊的發展都是經過近三十年的努力才慢慢成為社會裡生活結構的一部分。

　　這兩位大師的作品全集要如何轉譯成中文版，確實是相當困難。在臺灣，德文的人才相當不足。但相對於佛洛伊德著作，榮格

的作品的中譯計畫比較不受這個條件的限制。心靈工坊出版社和臺灣榮格心理學會的合作，完全是民間的性質。這樣的翻譯，需要很多人力的投入，而且是足夠用心的投入。每一年也許只是一冊或兩冊，但只要有了開頭，終究有慢慢完成的一天。

從過去努力接近卻不得其門而入的狀態，慢慢地走到了這一天：兩個學會的成立，同時都成為了國際組織的團體會員，慢慢地透過自己的語言來敘述自己生活裡的臨床經驗，同時也將最主要的原典慢慢翻譯出來，不知不覺也走了半個世紀左右了。

註：本文參考的文獻或書籍頗多，除了個人過去的著作，最主要的是：Deirdre Bair 所著作的 *Jung: A Biography*（2003）、張京媛《中國精神分析學史料》（台北：唐山，2007）、吳立昌編《精神分析狂潮：佛洛伊德在中國》（南昌：江西高校出版社，2009）等書。

| 推薦序 |
榮格心理學的里程碑之作

王浩威／榮格分析師、作家

1

2010年二月，國際榮格心理學學會（IAAP, International Association of Analytical Psychology）通過了台灣的申請，允許成立台灣榮格發展小組，並且在湯瑪士・克許（Thomas B. Kirsch, 1936-2017）這位曾經擔任過國際主席（1989-1995）的資深榮格分析師自我推薦的情況下，開始擔任這個小組的「聯絡人」（Liaison Person）。所謂的「聯絡人」，指的在小組與國際總會之間的聯絡人，同時也是小組類似導師或指導者的角色。

湯瑪士・克許詢問我們需要怎樣的協助，老實說，對榮格心理學還是相當模糊的我們，實在提不出任何具體的要求。當時，2003年發明的即時通訊應用軟體 Skype 已經在台灣開始普及了，他因此提議開始有每週固定的讀書會。至於讀什麼書呢？在克許的印象中，我們這一群人或多或少有些佛洛伊德心理學的基礎，因此提議讀《分析心理學二論》（Two Essays on Analytical Psychology）。

為什麼是這一本書？

這一本書在1953年的第一版編輯前言，就開宗明義的表示：「〈無意識的結構〉（The Structure of Unconscious）和〈心理學的新途徑〉（New Paths in Analytical Psychology）這兩篇文章合起來，

標示著分析心理學歷史上的轉捩點,因為這兩篇揭顯了榮格教授日後大部分工作之發展的基礎。」到了1966年整個重新改組的第二版,大致的內容則是相當於1964年開始出版的德文版《榮格文集》(*Gesammelte Werke*)第七卷。

這個重新改組的第二版,將〈心理學的新途徑〉列為附錄,另外收入了1928年的德文版〈意識自我與無意識之間的關係〉(The Relations between the Ego and the Unconscious)。這是榮格根據他1916年原名為〈無意識的概念構成〉(The Conception of the Unconscious)的第一版加以修正和擴充的。在1913年榮格被逐出佛洛伊德的組織以後,整個瑞士分會也都跟著退出了國際精神分析學會,大部分的人繼續支持著榮格。第一版的演講,也就是在蘇黎世對分析心理學同道所給的演講。

在這兩篇文章裡,如果熟悉當年的佛洛伊德理論,必然可以看出榮格在精神分析的領域,以完全不同於佛洛伊德精神分析的基礎而建構出的「分析心理學」,所以在這一本書裡可以看到這方面的差異。例如,榮格就曾表示(在〈意識自我與無意識之間的關係〉1935年第二版的前言裡):「無意識的獨立性,這一點是如此徹底的不同於佛洛伊德⋯⋯」

很多愛好榮格心理學的人,經常會表示,當初給他們帶來啟蒙震撼的第一本書是榮格的傳記《記憶‧夢‧反思》(編按:亦稱《回憶,夢,省思》);同樣的,對於榮格心理學臨床工作的人,他們也會表示,啟蒙的第一本書就是這一本《分析心理學二論》。

2

在心理學發展的歷史裡,十八世紀末人們開始爭辯無意識的存

在與否；到了十九世紀中葉，無意識的存在已經是不容置喙的事實了，哲學家、心理學家和醫師們現在所關心的反而是無意識在人們心靈所扮演的角色。這樣的時間，與心理學家、醫師和生理學家們對大腦在人的心靈功能上相關的探討，幾乎是同時的。

十九世紀末登場的佛洛伊德（1856-1939），就像他同一代的心理學家一樣，例如威廉・詹姆斯（William James, 1842-1910）、皮耶・賈內（Pierre M. F. Janet, 1859-1947）、西奧多・弗盧努瓦（Théodore Flournoy, 1854-1920），都已經摒棄了十九世紀中葉曾經盛極一時的機械論（即使同一時代或稍早仍有讓－馬丁・夏可〔Jean-Martin Charcot, 1825-1893〕或卡爾・韋尼克〔Carl Wernicke, 1848-1905〕等人），而開始理所當然地以動力論（dynamism）來思考這個問題。

請注意，這樣以動力為取向的無意識觀點是當時一個時代所促成的成績，絕非只是某一個人的成果。為什麼要特別提醒這一點？因為佛洛伊德的論述裡總是強調都是自己的獨創，而不提及別人對他的影響或帶給他的靈感，所以當佛洛伊德的理論在二十世紀中葉成為心理學的主流以後，人們往往就會以為全部是來自他的貢獻。

但是，佛洛伊德的貢獻確實還是最重要的。這主要還是因為他從臨床工作所發展出來的理論，雖然不是唯一卻影響甚鉅；也因為在科學歷史上，在弗朗茨・梅斯梅爾（Franz Friedrich Anton Mesmer, 1734-1815）催眠以後，很少有一位科學家像他這樣，以門派的方式來推廣自己的科學思想。自然的，當年還年輕的榮格受到佛洛伊德的吸引，在1906年開始投向他的陣容，就是一個典型的例子。

佛洛伊德與榮格之間的恩怨情仇，已經有太多相關的文獻了；即便是中文的世界裡，也到處都可以看到。不過，對於兩個人之間

理論上的差異，如果要有足夠的理解，就必須還原到他們交往的年代，也就是 1906 到 1913 年。

今天，當我們談起佛洛伊德心理學或精神分析的理論時，指的是他有基本的成熟以後的思想體系，也就是在 1920 年所謂的轉捩點以後所發展出來的。簡單地說就是第一拓樸學（意識／前意識／無意識）和第二拓樸學（自我／本我／超我）[1]結合而成的心靈體系，也就是 1923 年的著作《自我與本我》[2]所呈現出來的心靈結構。

然而，榮格與佛洛伊德的爭議是從 1910 年開始醞釀的，甚至一直到 1913 年兩人正式決裂，佛洛伊德當時對無意識或心靈結構的看法都還不是 1920 年以後的樣貌。譬如以「自我」來說，這個英文翻譯成 ego 而覺得學術味十足的名詞，在德文裡是簡單的 Ich，也就是平常我們會說的「我」。佛洛伊德在 1920 年以前，是用「我」來區分與「它」（Es）的不同（同樣的，到了英文，動物的它也變成「學術味」十足的 id 了），在大部分的論述當中，都是將「我」等同於意識層面的；而「它」則是無意識層面的。這樣的例子相當的多，榮格本身也不例外；而這些現象，純粹只是他們都是無意識心理學的先驅，所面對的是人類共同的未知世界。

因為如此，榮格也提出來他對這樣的世界，也就是無意識的世界，應該如何面對的問題。對他來說，就像同意時代的佛洛伊德和許多其他心理學家一樣，自我所面對的是無意識。然而，在真實世界的體驗裡，人們所感受到的「我」似乎不只是意識層面而已，人

1　編註：即 ego/id/superego，其中 ego 在本書多譯為「意識自我」，id 則近年漸有人倡議譯為「它」（見下段說明）。
2　編註：國內有宋文里教授正翻譯本書，書名擬為「我與它」（2024 年 10 月註記）。

們在生活當中還是會感受到無意識層面的「我」；因為如此，他提出了self（德文Selbst）來包含意識的我和無意識的我，然後才延伸到與神性相關的我。

佛洛伊德並沒有針對這個現象直接提出名稱，而是用前面所謂的兩個拓樸學的組合來涵蓋這個問題。他的理論裡並沒有self這個觀念，只有在自我分析（self-analysis/ Selbstanalyse）和自我保存欲力（instincts of self-reservation/ Selbsterhaltungstriebe）裡用了self這個字。佛洛伊德學派是在他去世以後，包括哈特曼（Heinz Hartmann, 1894-1970）等人開始用到這個詞，後來英國溫尼考特（Donald W. Winnicott, 1896-1971）等中間學派或後克萊恩學派，以及美國寇哈特（Heinz Kohut, 1913-1981）的自體心理學，才將self這個名詞逐漸建構成精神分析的重要觀念。只是在這個時候，在中文的世界裡，同樣是self，榮格學派翻譯成「自性」，而佛洛伊德學派則是翻譯成「自體」，變成兩個世界了。

3

1909年，當時對佛洛伊德還全心追隨著的榮格，興奮地寫信給佛洛伊德說：「我想我已經找到一位理想的助手了！」這位助手就是小榮格十歲的小約翰・雅各布・霍內格（Johann Jakob Honegger Jr., 1885-1911）。這時候在伯格霍茲里精神醫院已經是主管級醫師的榮格，確定了這位年輕新手的才華以後，希望他開始接受一位1901年就住進來的病人，埃米爾・施維澤（Emile Schwyzer, 1862-1931）。

施維澤住進伯格霍茲里以前，已經在其他醫院住了近二十年院。他「把自己當成了上帝」。因為他是「主」，所以對自己有義

務「分配精液」（造物）感到特別激動，「否則世界就會滅亡」。他總是在精液／上帝爆發之後，清晰地表達出自己的妄想，並且堅稱自己「能夠製造天氣」。如果問他是如何做到這一點的，他會回答說，太陽有一個巨大的陰莖；如果他半眯著眼睛看著它，並且左右移動著頭部，他就能讓太陽的陰莖移動，從而製造出風，進而製造天氣。

榮格很興奮地跟佛洛伊德報告這個個案，並且表示要和霍內格合作進行研究。1910 年 3 月 30 日至 31 日，第二屆新興精神分析大會在紐倫堡舉行。霍內格負責報告的文章題為「偏執妄想的形成」，闡述了他自己對施維澤案件的結論。出席集會的佛洛伊德表示自己留下了「深刻的印象」，並談到了「難忘的時刻」。這篇演講讓佛洛伊德反思了古代神話與當今妄想之間的連結。後來在《圖騰與禁忌》（1913）中，他也提到了霍內格所研究的施維澤案例：「……某些精神病患者（早發性失智）的幻想形成與古代民族的神話宇宙起源極其驚人地一致，而沒有受過教育的患者是不可能獲得任何關於這些神話的科學資訊……人們也非常強調個體發生進化和系統發生進化對於精神生活的平行性的重要性。因此，在一個受過簡單學校教育的偏執性失智患者的妄想中，我們發現了非常古老的神話和哲學表徵的新創造。」

榮格對於佛洛伊德的反應是興奮的，因為他在與霍內格合作的同時，也注意到了這位「太陽陽具的男人」所描述的對象，正好和德國古典語言學家和宗教學者阿爾布雷希特·迪特里希（Albrecht Dieterich, 1866-1908）在 1903 年出版的《密特拉禮拜儀式》（*Eine Mithrasliturgie*）一書中所描述了密特拉儀式是相似的，裡頭提到會有所謂的管子，即從太陽圓盤上垂下的傳道之風，是風的起源。同

樣的，在相關研究中，榮格也發現了一幅由一位不知名的早期德國藝術家創作的畫作，畫中「有一根管子或水管」從天而降，聖靈於是化身為一隻鴿子，從管子或水管飛下，飛到聖母瑪利亞的長袍下面，使她受孕。看到這些，以及其他類似的經歷，榮格確信這涉及到一種「普遍的人類特徵」，人類擁有產生相同或非常相似想法的功能性傾向。而這正是他寫在《力比多的轉化與象徵》（*Wandlungen und Symbole der Libido*, 1912）裡的，是他討論集體無意識以及集體無意識裡之原型的開端。從此，榮格告別了佛洛伊德認為無意識只屬於個人的觀念，而開始走向了集體無意識的主張。

因為這樣的前提完全不同於佛洛伊德，榮格開始走上自己的路，建立起心靈結構的相關理論。而這一本《分析心理學二論》就是他在自己的路上努力出來的第一個成果。

| 譯後短記 |

翻譯路漫漫：一段珍貴的記憶

魏宏晉

　　學習榮格心理學，公認必讀的榮格親著入門經典有三：《心理類型》（*Psychological Types*）、《分析心理學二論》（*Two Essays on Analytical Psychology*）以及《心靈的結構與動力》（*Structure & Dynamics of the Psyche*）。當中又以《分析心理學二論》（以下簡稱《二論》）最為重要，總攝榮格畢生思想，徹底告別佛洛伊德的科學主義路線，詳盡論述了分析心理學的來龍去脈，清楚明確地架構出其概念與目的，往人類心靈深處再深處挖掘與探索。基本上，榮格其餘著作都不脫《二論》範疇，盡為該書的深化與註解。

　　《二論》不乏部分中譯的版本，但似乎還沒見到全面翻譯的作品。本書根據美國普林斯頓大學出版社博林根系列（*Bollingen Series*）的《榮格全集》第七卷，英國翻譯家赫爾（R. F. C. HULL）所英譯的第二版完整譯出，除了原著論文第一篇：〈無意識的心理學〉（On the Psychology of the Unconscious），以及第二篇：〈意識自我與無意識之間的關係〉（The Relations Between the Ego and the Unconscious）之外，還包括有些連德文版全集都未收錄完整的部分附錄內容（包括部分的增刪、修改等新舊版本與內容的對照、註釋，以及榮格過世後又新發現的手稿等。詳細來龍去脈以及內容，請參見內文相關段落的註釋），有助於讀者更清楚榮格本人建構理論的思考脈絡。

說來難以置信，本書從 2008 年開譯，直到現在才完成，耗費足足十六年之久。中間故事有點冗長，略而總結，最大因素便是譯者經常因為「看不懂」而停滯，有時一停便數月；而甚至經年時，那就不能說不是由於怠惰而退卻了的緣故。看不懂，當然是知識不足，無以為繼。我為此花了不少時間「補課」，雖然出於「無奈」，卻也因禍得福，在古希臘哲學、神話和文學上受益良多；而本來只是略懂的科學哲學、科學史、宗教神學與近現代西方文學、哲學等，則更精進不少。不過受限於文科背景，儘管戮力以赴，相關硬科學知識部分依然有闕，比如榮格本人說過要了解他的心理學，起碼得先好好各讀完一本醫學心理學以及生物學的教科書。很慚愧地，這個最基本的要求，我只做到一半，後者還沒有開始呢。而更進一步的現代量子力學知識仍停留在皮毛，數學的程度只到初等微積分，遑論高等物理和高等數學的知識與能力。這些應是日後榮格心理學研究重大突破的關鍵，惟譯者囿於天年，已無力賡續，只能留待後起之秀努力。

　　而藉口知識和能力不足，深入追究，無非起於怠惰、壓抑與罔顧現實。這些都是發生在心靈內在的爭戰，無意識的戰爭。人類心靈力量實在強大！無意識驅力可正可負，一樣十六年，楊過對小龍女是真愛；而我對《二論》則是真怕！

　　2017 年 10 月時，舊金山榮格學院的創辦人湯瑪士・克許（Thomas Kirsch）謝世，我當時曾「痛下決心」，得趕快把《二論》的工作完成，以免辜負老人家曾經的厚愛。他過世前幾年，有回來台灣，知道我正翻譯《二論》，特別約了我談話。當時就專業，我實在也聊不來多高深的問題，兩人只能有一句沒一句地禮貌應對，真難熬。中午食時，我和他兩人到台北金華街六品小館用

餐。為了不胃疼,我們決定不談榮格了,就隨意聊聊。聊著聊著,話題沾上了棒球,原本乾冷的氛圍突然升溫,兩人爭著把自己腦海裡珍藏的美國大聯盟比賽記憶掏出來,一發不可收拾,一頓午飯吃了好幾小時,直到了老闆客氣趕人才結帳離開。出了飯館,我送他回到住宿的酒店,他要我跟他回房裡,隨即翻出衣箱底的一件2010年舊金山巨人隊世界大賽冠軍紀念衫以贈,我欣然接受,心想很快地必以《二論》中譯本相贈回禮。然而,我失禮了,哲人已渺,今日補茶重溫,希望他能收到心意。

此外,多年來,當初鼓勵我翻譯《二論》的王浩威醫師,雖時不時地直接「不經意」詢問,或者間接傳話,旁敲側擊「進度」如何?我總以「快了」敷衍。大度如王醫師者實在少見,卻從未催促,或者表示不耐。非常感謝他的信任與寬容,現在終於有機會以書贖愆。

這麼長時間斷斷續續地翻譯與閱讀《二論》,我在過程裡累積了巨量的補充材料,原本有部分被放進書中作為「譯註」。但是初稿完成後,發現佔據篇幅太大,反而妨礙文本的閱讀,於是最後全部刪除,代以盡量在關鍵詞語處加上原文,或者某些詞意不明者,不損文意地補入中文述語,以利理解。也許這樣除了可保原文的乾淨流暢之外,也希望讀者能夠各就所需,親力親為追索文獻,花過心力思考,才有機會成為自己的思想。

最後,我雖曾費心耗時試圖「讀懂」這本書,又投入更多心思轉化內容為「可讀」,冀望稍可接近信達雅。然限於資質,可能還是讀而未通,或者拙於才氣,仍舊詞不達意,只能再請讀者不吝指教與包涵了。

編者按語

第一版編者按語

〈無意識的結構〉（The Structure of the Unconscious）與〈心理學的新途徑〉（New Paths in Psychology）兩篇論文可謂是分析心理學歷史的轉捩點，榮格教授後來著作大部分的理論基礎都被囊括於此。

本卷序言指出，這兩篇論文經歷過大幅度的修改和擴展，形成了歷次的版本。各版序言對每次修改的程度有簡略的說明。C. F. 貝恩斯（C. F. Baynes）和 H. G. 貝恩斯（H. G. Baynes）在他們翻譯的英文版本導言中說，這是首度使用《分析心理學二論》（*Two Essays in Analytical Psychology*）這個書名：「第一篇論文只有初具形式的框架，而第二篇則增加了許多新材料，可以說，兩篇都是重新寫作的，充滿了振奮人心的榮格思想。」這兩篇論文確實經過多次重大修訂，每一次修改都吸收了新的無意識研究成果，在材料日益豐富的基礎上，有了新的思想發展。

縱使中間修訂的版本廣受矚目，但這些論文原稿對學習分析心理學的學者無疑是更重要的。它們包含了榮格對原型和集體無意識概念的初步闡述，以及他初萌醞釀中的心理類型理論。之所以提出這個理論，至少有部分原因是為了解釋精神分析學派內部出現的衝突，榮格曾是該學派要角，而卻於新近退出。

基於這些因素，編者決定將這兩篇論文原稿以附錄方式編入書

末。編者認為，這兩篇論文的歷史脈絡觀點，絕對具備與所涉文本相較，需要重複對照閱讀的重要性。

感謝倫敦 Faber and Faber 有限公司，以及紐約牛津大學出版社的慷慨，授權本書使用路易斯・麥克尼斯（Louis MacNeice）英譯的歌德《浮士德》（*Faust*）以為本書引文之用。

第二版編輯按語

本卷首發十二年後，第一版庫存已然清空，出版商經過考量，決定重新排版榮格教授的遺著，而非修訂重印。

本書附錄 第一部分的〈心理學的新途徑〉是作者在 1912 年所發表的，但是被發現時是一份不完整的版本，因此出版決定將最早的刪減處標明，以完整面貌呈現。至於附錄 第二部分的〈無意識的結構〉，在第一版中，由於沒有德文原版，不得不從法文譯本再譯。後來，在作者的收藏紀錄中找到他完整手稿，其中還包含一些未發表的段落，以及不同歷史時期的不同寫法。

因此，兩篇附錄都根據新發現的文獻重新編輯，且大幅度地重新翻譯（詳見附錄各自卷首的編者註）。1964 年瑞士版的《榮格全集》（*Gesammelte Werke*）第七卷裡頭，對此也有不盡相同的加註說明。各年度出版的全書前言也已添加了以瑞士版為準的內容。第一篇論文標題則改為「論無意識心理學」（On The Psychology of the Unconscious）。

為維持內容的一致，兩篇主要論文的文本也進行了修訂，文獻也做了更新，增加參考書目，並提供新的索引。

分析心理學二論 ──────── | Essay 1 |
Two Essays on Analytical Psychology

論無意識心理學

前言

第一版前言（1917）

　　本文[1]是我在出版社的要求下嘗試修改的成果，它最早是以〈心理學的新途徑〉（Neue Bahnen der Psychologie）[2]（為題刊登在《1912年速覽年鑑》（Rascher Yearbook for 1912）上的論文。因此，本文是基於先前論文改寫，架構稍有變動，而內容有所擴充的新版本。先前首發的文稿中，我僅以佛洛伊德開創的心理學的基本觀點作為論述的脈絡，但近年來無意識心理學出現許多重大變化，這使得我不得不擴展先前論文的框架。一方面佛洛伊德理論部分縮減了，另一方面也加入阿德勒的心理學觀點；而在有限篇幅當中，我也盡可能提出一個自己看法的整體概述。

　　我必須一開始就請讀者們有心理準備，由於主題非常複雜，大家可能需要有相當的耐心以及專注力，來面對這份研究論文。我自己也無法在這篇短論中提出完整的結論，或者具有充分說服力的說明。除非針對本文所探討的每個問題，都再經過完整的科學研究論述，才有可能達成目標。因此，有意更深入探索的讀者，得進一步參考相關專業文獻。我只想對當前無意識心理學及其本質做出廣泛的概述。我認為，無意識問題無比重要，極具現實性，就我的認

1　〈無意識歷程的心理學〉（Die Psychologie der unbewussten Prozesse）（蘇黎世，1917），由朵拉（Dora Hecht）英譯為〈無意識歷程的心理學〉（The Psychology of the Unconscious Processes），刊登在《分析心理學論文合集》（Collected Papers on Analytical Psychology）（第二版，倫敦，1917；紐約，1920）中。

2　參考以下，段407起，〈心理學的新途徑〉（New Paths in Psychology）。

知，如果這種與人人切身相關的問題竟被受過教育的普羅大眾漠視，只出現在生僻的技術性學刊裡頭，高懸到圖書館的架上，累牘連篇，卻可有可無，實無異於暴殄天物。

伴隨當前戰爭所出現的心理現象——尤其是不可思議的殘酷輿論、互相誹謗、前所未聞的怒火摧殘、鋪天蓋地而來的謊言，以及人類無法制止的血腥惡魔——適足以讓每個具有思考能力的人們不得不去注意到無意識混亂的問題，這些無意識看似在有序的意識世界裡沉睡，但其實正在不安地蠢蠢欲動。這場戰爭冷酷地向所有文明人宣告他們實乃野蠻的本質，同時也正告人們，如果膽敢再指控鄰人邪惡，那麼反作用力總會回到自己身上，因為那種惡質其實就是出自於自身的。個人心理學反映的就是國家心理學。國家所做的，便是個人所為者，只要個人繼續，國家也不會停歇。唯有個人態度有所變化，國家的心理才有開始改變的可能。重大的人性問題從來不是通過一般法律解決的，只有轉變個人態度才有這種可能性出現。如果說有個絕對需要自我反省，而且具有迫切性時機的話，那麼就是現在了，就是我們當今所處的災難時代。不過要自我反省，注定得先觸及無意識，因為那裡包含了上述所有他需要了解的東西。

蘇黎世，庫斯納赫特（Küsnacht）

1916 年 12 月

榮格

第二版前言（1918）

很高興這部短論這麼快便進入第二版，儘管本書對許多讀者來

說一定有相當的難度。除了一些小幅修改之外，第二版沒有太多改變，雖然我知道尤其是最後幾章，因為特別難懂以及題材很新穎，為了幫助理解，確實需要在更廣泛的基礎上進行討論。但是過多基本原理的論述，多少不盡通俗，所以我打算將這些問題留待正在寫作的另一部書中[3]再加詳盡討論。

　　本書初版問世後，我從許多讀者來函中發現，普羅大眾對人類心理問題興味盎然，實在超乎預期。這可能是因為世界大戰居然在我們有意識地應允下持續進行，所以對心理產生巨大衝擊所致。這場曠世巨災讓人們信心動搖，對自己的無能感到無力，因而重新認識自己；它讓人們開始向內省思，而外在環境都在動搖著他，他得開始找尋可以依靠的東西，以確保不繼續向下沉淪。太多人還是習慣向外看，有些人則耽溺於勝利以及權力的假象，有些人忙於制定規章與條約，還有些人再度陷入推翻現有秩序的惡性循環。但是內省者仍太少，更少有人願意捫心自問：倘若人人都願意否定昨日之我，身體力行那些他自己對外宣揚的道德規範，內外兼修地獲得自我勝利，而非期待其他同胞做到這些，人類美好社會最終是否得以實現。人人都需要大變革，進行內在分裂，推翻既有秩序，然後重生，但並不是為了遂行自己無意識裡的個人權力欲，假稱基督博愛，或者某種社會責任感，還是其他華麗委婉的說詞，而去強迫左鄰右舍臣服。從個體回到人類的本性，回到肩負其個人與社會命運最深層的存有狀態，進行個人的自我反省——從這裡，才是治癒這時代普遍存在的無知與愚昧的開端。

　　關注人類心靈的問題是這種本能地想回到自身的徵兆。我是為了滿足這樣的興趣，所以寫了這本書。

3　《心理類型》（*Psychological Types*）。

蘇黎世，庫斯納赫特
1918 年 10 月
榮格

第三版前言（1926）[4]

　　這本書寫作期間正值世界大戰，心靈波瀾可說是伴隨著災難而醞釀問世的。既然戰爭已經結束，餘波漸息。但造成的巨大心靈創傷猶在，凡能思有感的人無不餘悸猶存。也許正因於此，眾生所感，我這本小書才能免於戰火而倖存，戰後第三版得以付梓面市。

　　鑑於初版首發迄今已歷多年，似有大幅修訂的必要，心理類型以及無意識的部分尤其為甚。「分析過程的類型發展」（The Development of Types in the Analytical Process）[5] 已經被完全刪除，因為這部分在我的《心理類型》（Psychological Types）一書中有了全面的論述，有興趣者可以參考。

　　任何試圖大眾化尚處於科學發展過程的複雜問題者，都明白這絕非易事。特別討論的是對大眾而言為極陌生的諸多心理歷程及其難題時，更是如此。我所說的許多內容可能引發眾人的岐見，或者斷章取義；但我想提醒的是，這本書主要只為提供一個粗略的概念而已，目的在於引發思考，並非論證細節。如果我的書能夠達到這個目標，吾願足矣。

4　蘇黎世，1926；標題改成〈正常和病態的無意識〉（Das Unbewusste im normalen und kranken Seelenleben），而由貝恩斯二位（H. G. and C. F. Baynes）在《分析心理學二論》一書中（倫敦和紐約，1928）翻譯為〈正常和病態的無意識〉（The Unconscious in the Normal and Pathological Mind〉）

5　（《分析心理學論文合集》（第二版）的集合作品，頁 437-41。

蘇黎世，庫斯納赫特

1925年4月

榮格

第四版前言（1936）

第四版除了少數修訂之外，幾乎沒有改動。從大眾的迴響看來，我知道集體無意識的想法已經引起關注，而那正是本書中殫智竭力花費了一個章節論述的精華。為此，我懇請讀者們關注最近發行的《埃拉諾斯年鑑》（*Eranos-Jahrbuch*）[6]，當中收錄許多不同作者就這個主題的重要研究成果。本書無意全面論述分析心理學；於是，諸多內容只是點到為止，有些甚至尚未觸及。此書略盡綿薄，期待對推動新思想有所助益。

蘇黎世，庫斯納赫特

1936年4月

榮格

第五版前言（1943）[7]

上一版更動甚少，轉眼時經六年；如今看來似乎已經迎來提出

6　《埃拉諾斯年鑑》發行的頭三年（1933-35）中翻譯了數份作品，參見《心靈學科》（*Spiritual Disciplines*）（《埃拉諾斯年鑑》刊登的論文，4）。這幾本刊物也首度刊登榮格的〈個體化歷程的研究〉（A Study in the Process of Individuation）、〈集體無意識的原型〉（Archetypes of the Collective Unconscious）」以及〈個體化過程中夢的象徵〉（Dream Symbols of the Individuation Process）」。

7　蘇黎世，1943；標題改為《無意識心理學》（*Ueber die Psychologie des Unbewussten*）。本書便是根據這個版本翻譯的。

徹底修訂新版的好時機。透過這次機會,除了彌補不足之處,贅詞冗言亦應果斷剔除。無意識心理學著實困難且複雜,新的見解不斷出現,而因此產生錯誤也難以避免。這個領域仍屬前人未及的處女地,廣大無垠,蚰蜒路曲,探尋者寸積銖累,持續摸索,或可柳暗花明吧。雖然我已盡可能在本書中多方嘗試引進新觀點,但讀者不必有畢其功於一書的奢望期待,紙短理長,本書並非當代心理學裡對這個領域的完整引介。為顧及文意通俗易懂,我只介紹一些最基本的醫學心理學,以及我自己的研究成果,這些只能當作入門的簡介而已。若想獲得更扎實的知識,只能下苦功一邊研讀文獻,另一邊還的得多積累臨床實務才行。我會特別建議那些想更詳盡學習這方面知識的讀者們,不僅得潛心研讀醫學心理學以及精神病理學的基礎著作,還應徹底浸淫心理教科書。這麼才能直接獲得醫學心理學普遍需要的相關知識。

通過這樣的比較考察,讀者也稍可思考佛洛伊德感嘆其精神分析「不受待見」(unpopularity),還有我自感弦斷有誰聽等,當中有多少是非曲直末了。儘管還是有顯然的例外,但我並不認為我對現代醫學心理學尚嫌膚淺的評論有失公允,它確實還只在真正的學術聖殿的外圍徘徊流連而已。新的想法,如非譁眾取寵而曇花一現,總需要至少一代人的長期耕耘才有機會扎根成長。心理學的改革創新可能更久,因為這個領域,每個人都自信過人,堪比權威。

蘇黎世,庫斯納赫特

1942 年 4 月

榮格

I. 精神分析

〔1〕醫師，尤其是「神經性疾病的專科醫師」（specialist for nervous diseases），若有志於治病救人，理當具備心理學知識；因為所有被冠以「神經緊張」（nervousness）、歇斯底里等疾病名詞的神經性疾病因皆起自心靈，因此就論理而言，需要心理治療。諸如施以冷水、照光、新鮮空氣、電流等此類的療法效益不僅不佳，有時甚至毫無用處。病人的病灶在心裡頭，是心智上專司最高以及最複雜的心理功能出問題，這很難界定屬於哪個醫學領域。這樣說來，醫師同時也得是個心理學家，也就是他必須具備了解人類心靈的知識。

〔2〕在過去，我是說直到五十年前，醫師的心理學專業訓練尚乏善可陳。精神病學教科書僅限於臨床症狀的描述，以及對精神疾患進行分類，大學裡教授的心理學不是哲學，就是馮特（Wundt）[1]創立的所謂「實驗心理學」（experimental psychology）。最早針對神經症進行心理治療的是巴黎硝石廠療養院（Salpetriere）的夏可（Charcot）學派；皮耶·賈內（Pierre Janet）[2]在神經症領域裡開創具劃時代意義的心理學研究，而在南西（Nancy）的貝恩罕（Bernheim）[3]則繼承里耶伯（Liebeault）[4]古

---

1 《生理心理學原理》（*Principles of Physiological Psychology*, 1893）。
2 《心理的自動性》（*L'Automatisme psychoogique*, 1889）；《神經症和僵固意念》（*Nevroses et idees fixes*, 1898）。
3 《暗示於治療上的應用》（*De la suggestion et de ses applications a la therpeutique*, 1886）；由佛洛伊德翻譯成《暗示及其治療效果》（*Die Suggestion und ihre Heilwirkung*）。
4 里耶伯，《作為特指睡眠及其類似狀態之外的精神作用》（*Le sommeil et les états analogues*

老且早已被遺忘的方法——以暗示的方法治療神經症個案。西格蒙德・佛洛伊德（Sigmund Freud）翻譯了貝恩罕的書，並從中得到極具價值的啟示。當時還沒有出現神經症及精神疾病的心理學。佛洛伊德奠立了神經症心理學基礎，此一貢獻，價值不朽。他的學說源自於實際治療神經症個案的經驗，也就是他所稱之為「精神分析」（psychoanalysis）方法的應用。

〔3〕在進一步介紹主題之前，應該先說明一些關於它與我們迄今所知科學關係的狀況。我們在此看到一個詭異的景象，足以再次印證阿納托爾・法朗士（Anatole France）所謂之「學者多因循苟且」（Les savants nesont pas curieux）。儘管這個領域裡石破天驚地出現第一部引進全新神經症概念的著作[5]，卻幾乎沒有任何迴響。而少數論者對此新觀念流露出激賞，然走筆過後，卻仍以舊思維論述他們的歇斯底里個案。他們就如已經在頌揚地球是個球體的觀念或事實的人，卻沒事般地繼續說它是平面的一樣。佛洛伊德接下來的幾本著作仍被完全漠視，雖然它們所提出的觀察對精神醫學有著無比的重要性。1900 年時，佛洛伊德寫下第一本研究夢的十足心理學之作[6]（從過去到現在，夢的世界都被認為充滿了地獄般的黑暗），人們開始訕笑，而當他竟然在 1905 年開始論述性的心理學時，[7] 笑聲轉成侮辱。這場學術激憤的風暴立即席捲遠颺，佛洛伊德得到他不想要的知名度，被妄加的惡名流布遠遠不及於對科學的關注。

---

considérés surtout du point de vue de l'action du moral sur le physique, 1866）。
5 布魯爾與佛洛伊德（Breuer and Freud），〈歇斯底里的研究〉（Studies on Hysteria, 1898）。
6 《夢的解析》（The Interpretation of Dreams）。
7 〈性學三論〉（Three Essays on the Theory of Sexuality）。

〔4〕因此我們得更仔細研究這個新的心理學。在夏可的年代已經知道神經症症狀為「心因性的」（psychogenic），意即源自心靈。主要得感謝南西學派的研究貢獻，我們才知道所有的歇斯底里症狀可透過暗示被創造出來。同樣地，也要感謝賈內的研究，有些產生諸如感覺缺失、輕癱、麻痺及失憶等歇斯底里症狀的心理機轉方為人們所知。但我們不知道的是歇斯底里症狀從心靈如何產生；它與心靈之間的因果關係是全然未知的。1880年代早期，一位在維也納開業的資深內科醫師布魯爾（Breuer）的一項發現，開啟了這門新心理學新契機。當時他有位年輕、極為聰慧，卻苦於歇斯底里症的女性病患，她有如下的症狀：右手臂僵直性麻痺，間歇性失神，或陷入意識朦朧狀態；她也失去特定語言能力，無法使用母語，充其量只能用英語表達（系統性失語〔systematic aphasia〕）。儘管當時病患控制手臂功能的大腦皮質中心幾無損傷，與常人無異，醫師當時卻仍試圖以解剖學的理論來解釋這些症狀。但歇斯底里的症狀完全無法以解剖學的理論解釋。這位已經因歇斯底里症而完全失去聽力的女士，經常會唱歌。有回，她在唱歌，沒注意醫師已坐到一旁，正以鋼琴樂音柔和相伴。在樂章的某一小節下一小節間，他突然改變曲調，而病人並未意識到，竟隨著已改變的曲調繼續哼唱。可見她聽到了──她只是不聽。各種形式的系統性失明症狀亦有相同的現象：有位罹患歇斯底里全盲的男士在治療過程中恢復視力，但一開始只恢復部分視力，這種狀況持續了很長的一段時間。他能看到所有的東西，除了人的頭之外。在他眼裡，周遭的人們全都沒有頭。因此他可以看──只是不看。從大量類似的經驗中，我們可以做出結論，是病人的意識層面的心智不看與不聽，但除此之外，感官功能仍正常運作。這與器質性疾病的本質有直接的

矛盾，器質性疾病總會同時影響到感官的實際功能。

〔5〕補充說明後，我們言歸正傳回到布魯爾的個案。因為找不到失能的器質性原因，所以必須被歸因為歇斯底里的，也就是心因性的。布魯爾觀察到，若病人意識處於朦朧狀態（不論是自發產生或者受人為誘發），他要病人說出充塞在腦中的回憶與幻想，接下來幾小時後她就可以有所緩解。他有系統地將這項發現進一步應用到治療上。病人叫它「談話治療」（talking cure），或以「掃煙囪」（chimney-sweeping）戲稱。

〔6〕這位病人是在照顧罹患絕症的父親時生病的。很自然地，她道出的幻想主要與這段困擾的日子有關。在她意識處於朦朧狀態時，這段時期的回憶像一張張照片般清晰地浮出意識；它們栩栩如生若此，鉅細靡遺，我們很難相信清醒時的記憶能夠如此成形且精準地重現（「過度記憶」〔hypermnesia〕指記憶力的強化，在意識處於侷限狀態下並不罕見）。現在值得注意的事出現了。這許多的故事中，有一則大致如下：

一晚，她一直看顧著發高燒的生病老父，因為一位從維也納來的外科醫師將為他動手術，所以她極度焦慮緊張。她母親離開房間一會兒，故事的病人主角安娜，坐在病床旁，右手臂垂掛椅背。她似乎陷入某種清明夢，夢裡有隻黑蛇出現，很顯然是穿牆而來的，朝向生病的男人，彷彿要咬他一般（很可能屋子後方的草坪真的出現過蛇，女孩曾被驚嚇過，現在成為幻覺的素材）。她想把蛇趕走，卻動彈不得；她垂掛椅背的右手「睡著了」（gone to sleep）：它已麻木並陷入輕癱，且當她看著它時，手指頭竟變成一隻隻有著死神頭顱的小毒蛇。或許她盡力用麻痺的右手去驅趕這些蛇，使得麻木和輕癱狀態開始與蛇的幻覺產生連結。在蛇消失後，她仍止不

住害怕，因此想要禱告，卻無法言語，甚至連一個字也講不出口，最後直到記起一首英國搖籃曲，才得以繼續用英語思考與祈禱。[8]

〔7〕麻痺及言語困難就源於這樣的事件場景，透過敘說那段故事，症狀本身就被消除。透過這種方法，這個案最終被治癒了。

〔8〕我必須說自己很喜歡這個案例。在我曾提到由布魯爾及佛洛伊德所撰寫的那本書中，有許多類似的個案。我們可以很容易理解到，這類案例令人印象深刻，而人們也因此傾向於以症狀的發生來解釋它們原因的意義。當時所流行的歇斯底里的觀點，是從英國的「精神打擊」（nervous shock）理論所衍生出來的，為夏可所大力倡導，非常能夠解釋布魯爾的發現。所謂的創傷理論由此興起，是說歇斯底里的症狀，且就構成疾病的症狀來說，歇斯底里通常是因心靈受傷或創傷而起的，會在無意識裡留下烙印，長期存在。佛洛伊德於是立即與布魯爾合作，從而得以充分地確證他的發現。結果證明數以百計的歇斯底里症狀沒有一個是偶然發生的——它們總是肇因於心理事件。截至目前為止，新的概念為經驗性研究工作打開了更寬廣的視野。但佛洛伊德追根究底的精神一發不可收拾，不滿於停留在膚淺的層面，因為更深層且愈困難的問題接著持續出現。很顯然地，像布魯爾的病人經歷過極度焦慮的關頭，可能就此留下長久影響。但既然那些焦慮已然明顯病態，她怎能真正經驗到呢？難道是照護的壓力產生的？果若如此，這類例子應該層出不窮，畢竟很不幸地有太多過勞的護士，他們精神健康大多不會太好。針對這個問題，醫學提出極佳的回答：「算式中的 x 值是體質」。一個人會如此，只不過因為「體質不佳」（predisposed）

8　參閱，布魯爾和佛洛伊德，頁 38 起。

所造成的。但對佛洛伊德而言，問題在於：不良體質組成內容為何。邏輯上，這個問題必須去檢視之前的心靈創傷史。刺激的場景相同，但反應人各有異，同樣涉險，但對每個人的影響卻不同，或者對特定事物也一樣，某人可接受的，其他人卻不一定——如看見青蛙、蛇、老鼠，以及貓等等，有的人就會驚恐萬分。不少女性可以協助充滿血腥的手術卻面不改色，但要她們摸一隻貓卻害怕到發抖。我記得一個案例，是一位罹患伴隨嚴重恐慌急性歇斯底里症的年輕女士[9]。一場晚宴後，她在午夜時與數名朋友一同在回家的路上，有輛馬車從她們後方疾駛而來。其他人趕緊跳到路旁，但她卻驚恐入神，呆立路中，然後在馬兒的前方奔跑了起來。馬夫一邊揮舞馬鞭一邊咒罵著；景況驚險，她一直跑到路的盡頭，接著就過橋了。她在橋上氣力放盡，若非經過的行人阻止，為了不被馬兒踏過，她可能會絕望地跳進河中。然而，這位女士在 1905 年「血腥的一月二十二日」這天，恰巧就在聖彼得堡，又身處士兵們舉槍掃射肅清的街道上。倒臥她身旁的人們非死即傷；不過她卻很冷靜且頭腦清晰地，意外發現一條通往一個院子的通道，穿過院子，她順利逃到另一條街上。在那些駭人的時刻，她反而沒有特別激動。事後她覺得狀況極好——甚至，比平常還更好。

〔9〕像這種對明顯的衝擊反應冷淡的狀況還頗為常見。因此創傷強度本身致病的意義很小，而是它對病患必然有特殊的意義。也就是說，那樣的驚嚇並非在所有的情況下都有致病的效果，而是，若要產生影響，必定衝擊到也許存在於病人內在的某個特殊的心理傾向，在特定的情境下，便會對這種驚嚇發出特別重大的

9　原編者註：這則案例的另一個介紹，請參閱〈精神分析理論〉（The theory of Psychoanalysis），段 218、297，以及段 355。

警訊。在此，我們有了「體質」（predisposition）這個可能的關鍵因素。因此我們必須自問：馬車這一幕的特別情境為何？病人的恐懼始於馬兒奔馳的聲音；乍聽之下，看來這讓她感到某種厄運將臨──她的死亡，或某種同樣恐怖的東西；接下來她便完全失去控制自己行為的能力。

〔10〕真正的驚嚇來自於馬兒，這點無庸置疑。病人的體質之所以對此小意外有如此不可理解的反應，也許是因為馬對她有某種特別的意義。比方說，我們或可猜想她以前發生過與馬相關的意外。果然有這麼回事。在她大約七歲，還是個小孩時，有回與車夫一同駕駛馬車外出，馬匹突然受驚，在河谷陡峭的岸上狂奔起來。車夫因而跳車，且高喊要她照做，但在那樣極度驚慌的狀況下，她無法當機立斷。還好，就在連馬帶車墜入深谷那間不容髮之際，她終於跳出車外。這樣的事件無疑地會留下難以磨滅的印象。但仍無法解釋為何日後身處於些許類似，但全然無害的場景中，會有如此過度的反應。截至目前為止，我們只知道日後的症狀在童年時就開始了，但致病的全貌仍然成謎。為了解開謎團，我們需要有更深入的理解。由於經驗增加，我們已經開始知道，到目前為止，所有接受分析的個案除了創傷經驗以外，還另有個特別的紛擾因素，存在於情愛的範疇裡。不可諱言地，「情愛」（love）是個充滿彈性的概念，可以從天堂延伸至地獄，結合了善與惡，崇高與卑劣。因為這項發現，佛洛伊德的觀念產生了巨大改變。即使，先前他從創傷經驗裡尋求導致神經症的因素時，或多或少是處於布魯爾創傷理論的魔咒之中，現在問題的重心則轉移到全然不同的重點。我們的個案是最好的解說範例：我們能夠完全理解，為何馬兒必然在病人的生命中扮演特別的角色，但我們實在無法了解之後的反應為何如此

誇張且沒有道理。在這則故事當中,病理學上特別之處在於她被相當無害的馬兒驚嚇的事實。請記得除了創傷經驗外,在情慾領域裡也會有引起不安的東西,因此我們也許該問,這方面是不是有什麼特殊的問題存在。

〔11〕這位女士認識一位年輕男士,她考慮跟他訂婚;她愛他,並希望與之共築幸福生活。初步探索沒有更多發現。但初期分析結果不利,並不足以阻礙調查研究。直接方法失敗,間接的方式也同樣能達到目的。因此,我們回到當那位女士倉皇地跑在馬車前面的那個特殊關鍵時刻,詢問她與出席同伴的相關問題,以及當天晚宴的性質。那是個為她最好的朋友舉辦的歡送會,這位朋友因為神經焦慮的問題,即將出國療養。這位朋友已婚,據說幸福快樂;同時已為人母,有個小孩。我們也許可以懷疑她是否真的快樂;因為果真如此,那她實在沒有理由「焦慮」(nervous)到需要接受治療的程度。我改變了探索的角度後,發現朋友們救了她之後,把她帶到那夜的男東道主,也就是她最好朋友的丈夫家中,因為當時夜已深沉,那是最近的庇護所。她精疲力竭地受到熱誠接待。說到這兒,病患突然中斷,開始變得尷尬、坐立不安,且試著轉移話題。顯然有某種亟待遺忘的回憶突然浮現。在克服最頑強的抗阻之後,當晚另外還發生的重大事件出現了:友善的東道主竟對她表達強烈的愛意,在女主人不在的突發情境下,可以想像那是多麼地難熬且痛苦。表面上,示愛對她而言有若平地生雷,但會發生這些事情,通常有其來龍去脈。接下來數週的任務,就是將這段漫長的愛情故事一點一滴地挖掘出來,最後完整故事終於浮現,也就是我試著概述如下的狀況:

病患童年時是個十足的豪邁女孩,只玩粗野的男孩遊戲,不屑

於自己的女孩性別，避免著所有女性化的舉止與行為。青春期後，性議題伊始，她開始逃避所有人際接觸，就連只有一點點註定自己在生物學上為女性的事，都會為她所憎恨與鄙視，如此地待在全然不切實際的幻想世界當中。就這樣，她迴避許多那個年紀的小女生應該會嚮往的小冒險、盼望和期待，直到二十四歲那年。她認識了兩個男人，他們打破封閉她的高牆障礙。A 先生是她最好朋友的丈夫，而 B 先生則是 A 的單身朋友。兩人她都喜歡。但不久後，看來她似乎喜歡 B 先生多一些。很快地，他們就發展出親密關係，不久後論及婚嫁。由於與 B 先生有好朋友的關係，她與 A 先生仍有聯繫，但 A 先生的出現，有時會讓病人產生莫名奇妙的不自在感，且令她焦慮。有回病人去參加一個大型宴會。她的朋友們也在場。當她若有所思，並失神地把玩著戴在手上的戒指時，戒指突然滑落，滾到桌下。兩位男士都下地尋找，而 B 先生成功地找到了。他微笑著將戒指戴到她手指上，彎腰微笑說道：「妳知道這是什麼意思！」此時心頭一股無可遏制的怪異惡感襲來，她脫下戒指，用力將它丟出敞開的窗外。我們可以想像的，接著出現一陣尷尬，她旋即非常沮喪地離去。這件事發生不久後，所謂的偶然機會之下，她必須到一處 A 先生夫婦也下榻的渡假村過暑假。A 太太明顯地緊張起來，且因情緒低落時常待在室內。病人因而有機會和 A 先生一同散步。有回他們去划船。但因玩得太開心，她在嬉鬧下意外落水。她不會游泳。A 先生費盡全力將半昏迷的她拉回到船上。他接著親吻了她。兩人因為這段浪漫插曲很快產生契合。但病人無法容許這種深層熱情浮上意識層面。顯而易見地，長期以來她已經習慣忽略這種事，又或者更直接地說，是在逃避它們。為免於自己所認定的罪咎，她積極地與 B 先生籌備結婚，每天告訴自己，愛

的是 B 先生。這種拐彎抹角的小把戲，自然無法逃過妻子的嫉妒眼底，A 太太，也就是她的朋友，已經猜到這個祕密，且感到焦躁不安，因此益發憂心忡忡，所以才需要出國治療。在歡送會中，一股邪念在病人心中升起並耳語：「今晚他獨身自處。有些事必然會發生，好讓妳能到他家裡去。」然後事情真的發生了；由於她怪異的行為，她回到他家，也滿足了她的渴望。

〔12〕經過這樣的解釋，或許大家會認為只有極度精心才能夠策劃這一連串情境，並且讓它有效運作。這件事環環相扣、細膩精巧確實無庸置疑，但歸咎於道德算計則有疑義，因為我必須強調，造成這戲劇化結局的動機，絕對非出於故意。對病人來說，整件事就是自然發生的，她沒有任何意識上的動機。但先前的故事全然清楚，每件事情都被無意識地導向這樣的結局，然而意識理智仍努力將她帶向與 B 先生的婚姻之路。只是往反方向的無意識驅力較強而已。

〔13〕所以我們再回到起初的問題，也就是說，創傷反應病態的（奇特的或誇張的）本質從何而來？基於從類似經驗所獲得的結論，我們推測，這個個案除了既有的創傷以外，必然在情慾層面上也出現問題。這個猜測已經被完全確認，而我們也知道了，創傷這個致病的表面因素，不過是因為先前有些東西沒有被意識到所致，換言之，就是重大的情慾衝突。因此，創傷失去了它獨特重要性的地位，被更深度且更具解釋力的概念所取代，認為致病的起因為情慾衝突。

〔14〕人們常聽到這樣的問題：為何神經症的原因就是情慾衝突，而非其他衝突呢？對此我們只能這樣回答：沒有人能斷言一定如此，但事實上它經常就是這樣。儘管有憤慨的異議發聲，但在人

類生命中具有根本重要性的，實際上仍然是愛，[10] 包括它的問題與它的衝突，細究之餘，始終都顯示出，其重要性遠比任何人所猜想的更巨大。

〔15〕創傷理論因此被認為過時了，而被捨棄；因為隨著發現了造成神經症的並非創傷，隱藏於背後的情慾衝突才是真正的罪魁禍首，創傷便喪失了它在因果性上的重要地位。[11]

10　這個字更廣義的用法，其意義按理說是超過性慾的範疇的。這並不是說愛及其干擾是神經症唯一的病源。這種干擾可能是次要的，且受更深層因素影響。還有其他的狀況會造成神經症。

11　像是砲彈休克症、鐵路脊椎異常（railway spine）等真實的衝擊性神經症（shock-neuroses）則是例外。

II. 情慾理論

〔16〕由於這項發現,創傷的問題得到一個出乎意料的答案;但研究者面對情慾衝突的問題,如同我們案例所顯示的,包含許多與一般情慾衝突相較,無法一眼看穿的異常成分。特別引人矚目,且令人難以置信的是,被意識到只會是虛假的理由,與此同時,病人仍對自己真實的情慾一無所知。當然就此個案而言,實際的情慾關係無庸置疑地,仍被層層蒙鎖在暗地裡,於此之際,主宰她意識領域的,則是偽裝出來的那一個。倘若我們理論性地組合這些事實,可以得出如下結論:神經症當中有兩種完全相反的傾向,其中有一種為無意識的。我有意地使用非常普遍的名詞來進行論述,因為我要強調的是,雖然神經症的衝突為個人問題,但,它也是廣泛人類衝突,表現在個體上,畢竟自身的不協調是文明人的特徵。神經症不過是發生在自身不統整的人身上的特例,他應該協調內在的天性與文化。

〔17〕如我們所知,人類的獸性被逐漸抑制的同時,文化也隨之增長。這是一種馴化的過程,不可能在不違反動物渴求自由的天性的條件下完成。被束縛在文化當中太久的人們,三不五時會被一股狂熱浪潮席捲。古時候人們以自東方傳播過來,澎湃洶湧的酒神狂歡(Dionysian orgies)來體驗這種狂熱,且成為古典文化中本質與獨特的組成要素。這種縱慾狂歡是斯多亞學派(Stoic)形成禁慾理念的強烈因素,並在基督誕生前一世紀促成了相關的各種支派以及哲學思想。在當時多神教混亂時期中,這也產生兩個主張禁慾的攣生宗教:密特拉教(Mithraism)與基督教(Christianity)。

第二波橫掃西方的狂浪風潮發生在文藝復興時期。人們很難評估自己身處時代的精神；難以測度它對個人心靈的影響；但上半世紀所產生的各種革命性問題接踵而來，創造出了一整套全新的文學形式，當中也有「性的問題」（sexual question）。精神分析的起源根植於這場「運動」（movement），它對各種精神分析理論片面地起了一個非常大的影響。畢竟，沒有人能自外於所處的時代潮流。從那時候起，大部分的「性的問題」就被政治的以及心靈的問題推擠到更隱蔽之處。不過，那完全無法改變一項基本事實，也就是，人類的本性總是與文明所加諸的束縛背道而馳。只是改個名稱，但本質並未改變。時至今日我們也知道，跟文明化的約束互相抵觸衝突的，絕非只有原始獸性。從無意識推升出來的新想法，十分常見地，正好就如本能一樣地，與主流文化格格不入。比方說，我們可以很容易地建構出神經症的政治理論，只要今日的人們大多還會被政治激情所煽動，「性的問題」不過是微不足道的序曲。因此政治可能不過是更深層宗教騷動的先聲而已。參與其時代主流思潮的神經症患者往往並未意識到，自己只是以自身內在的衝突在反映潮流。

〔18〕神經症與我們時代的問題息息相關，且確實代表個人解決他自身內在普遍性問題的企圖失敗了。神經症是自我分裂的。多數人是因為在理智上堅持道德而分裂，於此同時，以時代的觀點而言，無意識卻努力地追求理智所企圖否認的不道德目標。這類型的人希望獲得的尊重比他們實際的人格更多。但衝突也可能是相反的：有些人不論怎麼看都聲名狼籍的且肆無忌憚。這終究只是裝腔作勢，因為君子的內在也有不道德的一面一樣（因此我們應盡量避免極端，乃因極端總會讓人懷疑到有相反的另一面）。

〔19〕為了說明「情慾衝突」的概念，上述那些一般性的討論是有必要的。接著我們可以開始先探討精神分析的技術，其次便進入治療的問題。

〔20〕這個技術最值得深究的問題很顯然是：我們如何以最迅速的、最佳的途徑去了解病人無意識發生了什麼？最初的方法是催眠：要不就是在催眠的專注狀態中追問病人，又或者是在此狀態下讓病人自發地說出幻想內容。這種方法至今有時仍在使用，但相較於現在的技術，它顯得粗糙且不足以令人滿意。有個第二種方式，是由蘇黎世精神療養院所發展的所謂的聯想法。[1] 它非常準確地以感覺為基調所構想的「情結」（complexes）證明了衝突的存在，在實驗[2]中透過一些特別的干擾，當它們被刺激召喚時，就會自己暴露出來。然而理解致病衝突最重要的方法，就如同佛洛伊德最早所提出的，是透過夢的解析。

〔21〕夢，確實可以這麼說：「匠人所棄的石頭，已作了房角的頭塊石頭。」只是到了現代，夢這個稍縱即逝，看似微不足道的心靈產物，已遭到極度地輕視。從前，夢被視為命運的通報者，徵兆和聖靈，還擔任眾神的信差。如今我們將夢看作無意識的密使，任務為揭示隱藏在心智之下的祕密，就此而言，它使命必達，工作做得不可思議地徹底。以佛洛伊德的觀點來看，夢境「所示」（manifest），亦即我們清醒後所記得的樣子，僅是屋子的外牆，讓我們無從窺見內部，藉著「夢的潛抑力」（dream censor），裡面的狀況一定不是外觀那樣，而是被仔細地隱藏了起來。然而，採

---

1 榮格等著，《字詞聯想研究》（*Studies in Word Association*），M. D. 愛德（M. D. Eder）譯（*CW* 2）。
2 榮格，〈情結理論的回顧〉（A Review of the Complex Theory）。

用特定技術時,我們引導夢者細說夢境,總會很快地發現,他的聯想會朝一個特定方向出現,且這些聯想物會成群地圍繞著特定議題。這些議題有著獨特而屬於個人的重要性,所產生的意義隱藏在夢背後,意義本是無可揣度的,但仔細對照後會發現,它和夢的表相有著很是巧妙且精確細膩的關係。種種特定想法結合在情結的那一點上,形成夢境所有的線索,那就是我們在尋找的衝突,或者更確切地說,是它隨著環境條件不同而出現的變形。根據佛洛伊德的說法,人會以這樣的方式來掩飾或忘卻衝突中的痛苦與矛盾元素,讓我們可以「願望成真」(wish-fulfilment)。然而僅有極少數的夢境得以實現願望,例如所謂身體刺激的夢,也就是像睡眠中的飢餓感,渴求食物時,出現美味大餐的夢境加以滿足。同樣地,當一個人有了該起床了的迫切想法,卻與想繼續睡覺的慾望衝突,便夢見自己已經起床這類願望實現的夢,等等。佛洛伊德認為,也有無意識願望的本質是與清醒時的想法相左的,那是一個人寧可不承認的痛苦願望,佛洛伊德認為這些願望恰恰就是夢境的真正創造者。例如,一位深愛母親的女兒,卻痛苦地夢見媽媽過世。佛洛伊德主張,這女兒心裡有著連她自己都不知道的,極度痛苦的願望,想要看到媽媽盡快從世上消失,因為她心中有著反抗母親的黑暗念頭。再孝順的女兒都可能出現這種想法,但若有人以此擅加責備,定然會被斷然否認。不論怎麼看,這個夢沒有顯出任何想實現願望的蛛絲馬跡,反而更像有焦慮或者警告的意思,因此可能與無意識衝動正好相反。然而我們十分清楚,誇張的(exaggerated)警示往往可以,以及被理所當然地懷疑為相反狀況。(吹毛求疵的讀者於此可能可以質問:夢中警示何時是誇大的?)這種完全看不出願望實現痕跡的夢有很多:在夢中的衝突是無意識的,解決的方案也

是無意識的。確實，我們這位做夢者心中確實存著要擺脫母親的念頭；以無意識的語言呈現，她想要媽媽去死。但夢者當然不接受這種想法，嚴格來說，不是她製造了這個夢，是無意識做的。無意識想擺脫母親，出乎夢者意料之外。很清楚地，她會夢到這樣的事，證明她從未有意這麼想過。她實在不明瞭為何要擺脫母親。現在我們知道特定的無意識層面儲存著過去所有事物，超越記憶所及之處的種種，也包括在成人世界無法找到出口的嬰兒時期本能衝動。我們可以說，大多數在無意識中出現的東西，最初都帶有嬰兒期的特性，就像這個願望，本身很簡單：「媽媽如果死了，爸爸你就會娶我，對吧？」幼稚願望的表達替代了目前想結婚的慾望，在這個案例中，這是個令夢者痛苦的慾望，因為原因仍有待了解。結婚的想法，或更確切地說，相應的衝動的嚴重性，正如人們所說的，是「被潛抑至無意識中」的，而在那兒必然需要以嬰兒期的方式自我表達，因為無意識所處理的材料，絕大部分是由嬰兒期的回憶所組成的。

〔22〕我們的夢明顯地與嬰兒期嫉妒的痛苦有關。夢者或多或少愛戀著父親，因此想要擺脫母親。但她真實的衝突在於既想要與父親結婚，又苦於無法下定決心：因為她永遠不知道結婚後會怎樣，或擔心他會不會是個好丈夫等等。況且，待在家裡那麼舒適，若必須與親愛的母親分離，完全獨立和長大，又會發生什麼事呢？她沒注意到，結婚在此刻對她而言是個大問題，且已將她束縛住，以至於無法再於家裡天真地爬來爬去，向爸爸和媽媽撒嬌，不把這個嚴重問題帶入家庭。她不再是以前那個小孩；現在是個想結婚的女人了。她就這樣，帶著找到丈夫的期待回來了。而在這個家中，父親就是那個丈夫，而她沒有意識到，女兒尋求一個丈夫的慾望落

實在父親身上。但那可是亂倫！就此，出現了次發性的亂倫陰謀奇想。佛洛伊德認為亂倫傾向是主要的以及真正的原因，讓夢者無法下定結婚的決心。與其相較，我們賴以為證的其他理由，都顯得微不足道。我對於這個想法長期以來都採取一個觀點，那就是偶發的亂倫並不足以證明亂倫的傾向普遍存在，正如謀殺的事實並不代表有普遍的殺人狂熱衝突存在。我不至於會說每種犯罪的惡因，都不會出現在我們每個人身上。但有這種犯罪因子出現，與導致像以神經症形式存在的人格分裂的實際衝突間，實為天壤之別。

〔23〕倘若仔細追蹤神經症個案病史，我們經常可以發現，被避開的問題會在某個關鍵時刻出現。這種逃避正如懶惰、鬆懈、膽小、焦慮、愚昧等一樣地自然與普遍，無意識便潛藏其後。當遇到一些令人不悅、困難、危險的事情時，我們大多會猶豫不決，如果可以，甚至逃避。我認為這些理由就足夠了。在我看來明確地就是次發性現象的亂倫綜合症狀，佛洛伊德理所當然地視之為已然病態的。

〔24〕夢常充斥著看來可笑的枝末小節，所以給人一種荒謬的印象，要不就是表面上艱澀難懂，所以讓我們徹底迷惑。因此，在我們透過耐心工作，真正地解開錯綜複雜的網絡前，總要先克服特定的抗拒。一旦我們終於洞察它真實的意義，會發現自己已經深入到夢者的祕密當中，會驚訝地發現一個表面上不知所云的夢境，實際上卻意味深長，而且它只談重大與嚴肅的事情。這個發現迫使我們對這過去所謂的迷信，給予更多的尊重，它是有意義的，而我們時代的理性主義氛圍對此卻不屑一顧。

〔25〕誠如佛洛伊德所說，夢的解析是通往無意識的康莊大道。它直達個人最深層的祕密，因此，也是靈魂的醫師以及教師手

握的無價利器。

〔26〕不專指佛洛伊德學派精神分析的一般分析方法，它們最主要就在分析林林總總的夢境。治療過程中，夢會不斷地拋出無意識中的內容，把它們暴露在光天化日下除魅，許多珍貴的，以及我們以為已然失去的東西，可以透過這種方法再找回來。只不過對於許多對自身有錯誤認知的人來說，這樣的治療無疑地是酷刑。因為根據一句古老的祕語：「有捨才能得！」為了讓某種更深層、更美好，以及意涵更深刻的事物可以從內在升起，他們被要求放棄所有珍視的幻相。在治療中出現的是古老的真知灼見，值此當代文化全盛時期，顯示出心靈的教育是有其必要性的。不僅如此，它或許還可以與蘇格拉底式的詰問法相提並論，然而不得不說的是，分析能夠探索到的層次更加深遠。

〔27〕佛洛伊德的探索模式試圖證明，情慾的，或性的因素，是造成病理衝突的最重要因素。根據這項理論，意識心智的走向，與不具道德觀念、不被容許的、屬於無意識的渴求，兩者有所牴觸。無意識的願望是幼稚的，亦即，它是與現實格格不入的過往童年渴求，因此現在基於道德理由而被潛抑。神經症病患有著孩子的靈魂，忍受著種種獨斷專行的限制，卻不明白意義為何；他企圖將此道德觀內化為自己所有，但卻與他的自我分裂：一部分的他想壓抑，另一部分卻渴望自由——這種掙扎以神經症之名進行著。假若衝突完全被意識到，便絕對不會產生各種神經症症狀；只有當我們看不見自己天性的另一面，以及問題已經非常緊急時，這些症狀才會出現。只有在這些狀況下，才出現症狀，它有助於表達心靈中未被認清的那一面。因此，就佛洛伊德的觀點而言，神經症症狀是未被認知到的慾望的實現，在意識上，與我們的道德信念產生劇烈衝

突。正如我們已經看到的，不在意識監督下的心靈黑暗面，病人無從處理。他不能糾正它，無從容忍，更無法漠視；因為實際上，他完全不「擁有」（possess）這些無意識的衝動。被推擠出意識心靈的系統範圍外之後，它們已經成為獨立自主的情結。分析的任務正是重新控制它們，雖然必遭強力阻撓。有些病人誇口自己沒有黑暗面；並向我們保證自己沒有衝突，但卻沒有看到那些不知由何而來的東西阻礙著他們——歇斯底里的情緒、對自身和對週遭人等耍弄的小手段、神經性胃炎、這裡痛那裡也痛、無緣無故地易怒，以及林林總總的神經質症狀。

〔28〕佛洛伊德的精神分析被誣指釋放了人類潛抑的獸性（還好如此），導致難以估算的傷害。大眾如此憂心忡忡，顯示出我們對社會道德的效力多麼沒信心。人們妄想只有聖壇教誨才有辦法約束大眾不至於胡作非為；然而事實上，需要的是一個更有效的調控機制，以設下更實際，也更具說服力的道德界限。精神分析確實讓動物本能浮出意識層面，但不是像許多人所想的那樣，會放任它們為所欲為，而是將其整合進一個有目標的整體。無論如何，一個人的人格健全是有好處的，否則被壓抑的元素只會到別處成為突發的障礙，不僅於不起眼處肆虐，也會在我們最敏感的所在作亂。如果人類能被教導明白正視自己的陰暗面，或可期待也因此學著去了解、去愛他們的人類同伴。少點虛偽和多些自我認識，對尊重同胞只會有好處；因為我們太容易將加諸於自己天性上的不公平做法和暴力轉移到同類身上。

〔29〕佛洛伊德的潛抑理論的確像在說，某種程度上，只有過度道德化的人，才會潛抑他們不道德的、本能的天性。因此，依不受羈絆的本能過活的不道德者，理應對神經症免疫。但事實上根據

經驗，顯然並非如此。這種人會像其他人一樣神經質。如果我們分析這類人，將發現他們的道德感被潛抑了。以尼采（Nietzsche）發人深省的說法來講，神經症的不道德者就是沒有付諸行動的「無力的重罪犯」（pale felon）。

〔30〕我們當然可以採取這樣的觀點，這種情況裡，被壓抑的僅是延續嬰兒期而來的遺緒，是殘餘的禮教，它會對本能天性強加沒有必要的檢查，因此必須去除。打倒邪惡（ecraser l'infame）的信條終會落得成為絕對放蕩的理論的結果。很自然地，這很大一部分是幻想且不切實際的；千萬不要忘記——佛洛伊德學派對此特別應牢記——道德並非如從西奈山（Sinai）傳下來的誡石，可強加於人們身上，它是一種人類靈魂的功能，其存在與人性本身一樣久遠。道德並非從外部強加進來的；而是我們自身從一開始便擁有——它不是法律，而是我們的道德天性，沒有了它，人類社會集體生活根本不可能存在。這就是為什麼道德存在於社會所有的層面。它是行為的本能調節機制，也統御芸芸眾生的集體生活。但是道德律法只在人類緊密的生活團體中才能生效。出此範圍，便會消失。有句古老真理如此流傳：人相對於其他人就是一隻狼（Homo homini lupus）。隨著文明的開展，我們成功地將更廣大人類族群納入相同的道德規範裡，然而道德規範仍未能超越社會疆域，也就是說，在互不隸屬的社會之間，存在著自由地帶。在那裡，依舊，無法無天且放蕩不羈——當然，有誰膽敢公然揭露，誰就是社會公敵。

〔31〕佛洛伊德學派深信，性慾在神經症當中，地位確實是獨一無二的，有著根本的重要性，這是符合邏輯的結論，並且勇敢地抨擊了我們現今的性道德。無庸置疑地，這個理論不僅有用且有必要，因為在這個領域裡，以前所流行的，而至今依舊盛行之看待狀

況極端複雜案例的各種觀念,它們間其實沒什麼差別。正如同中世紀早期之所以不重視金融,只因為當時並未出現一套通用的精確財政規範,只有一個粗略的概念做法,如同今日有的只是粗拙的性倫理一樣。一個女孩若未婚生子,她就受到譴責,沒有人會去關心她到底是不是個正常的人類。任何非經律法認可的愛情都被視為不道德,不管發生在與高人雅士或者村野鄙夫之間,都一樣。我們執著於發生了什麼事,卻忘記了該注意的是如何發生,以及發生在誰身上,如同中世紀的財源其實不就是一堆閃亮的黃金,只因人們對之極度渴求,就此被視為惡魔。

〔32〕但事情可沒這麼單純。情慾是個靠不住的傢伙,且永遠會如此,不論將來如何立法規範定義,都還是會這樣。他(He)一方面是人類原始獸性之一,且未來仍將如此,只要人身中還住著一隻野獸。但在另外一面,他也與人類最高等的靈性息息相關。只有在當靈性與本能和諧平衡的情況下,人才生氣勃勃。若兩者缺乏其一,將造成傷害,或至少發生變形,容易轉而致病。過多獸性得以扭曲文明人,過於文明則致使野獸罹病。這種困境顯示出,對於人類而言,情慾握有極大的不確定性。因為,實際上,如同天性本身,情慾是個神奇的力量,可以讓自己被征服、被剝削,好似虛弱無力。只不過戰勝天性需付出的代價高昂。天性*毋*需理論詮釋,但求寬容及智慧審度。

〔33〕睿智的古哲迪歐堤瑪(Diotima)曾對蘇格拉底(Socrates)說,「情慾是個強大的惡魔。」我們永遠別想征服它,否則只會讓自己受傷。雖然它不是我們內在天性的全部,然而至少是本質上的一部分。因此,佛洛伊德神經症的性理論是奠基於一個真實,且具事實根據的原則之上的。但他卻犯了一個片面且獨

斷的錯誤；就是輕率地，將無法片面定義的情慾以性這個粗糙的術語指稱。在這一點上，佛洛伊德是唯物主義時代一位典型的代表人物[3]，這時代的人們希望用試管便可以解決人世間的難題。佛洛伊德自己在晚年也承認這個理論失之片面，因此相對於情慾理論，提出了力比多（libido）理論，毀滅或者死亡本能[4]。在他死後出版的著作裡提到：

經過長期的躊躇及猶豫，我們決定承認僅有的兩種基本本能存在，情慾（Eros）以及毀滅本能（the destructive instinct）……。第一項基本本能是去創造更多個體，並去保護他們，因此——簡言之，就是約束在一起；第二種的目的，剛好相反，是去除連結，因此而破壞存在的狀況……為此我們又稱它為死亡本能。[5]

我的文獻回顧必須就此打住，不更深入去探究這概念之問題重重的本質。生命顯然正如同其他的歷程一樣，有起點也有終點，而每個起點都是每個終點的開始。佛洛伊德說的可能是個根本事實，每個歷程都是一個能量的現象，而所有能量都只有在對立的張力下才能夠進行下去。

3　參閱榮格，〈在其歷史環境下的西格蒙特・佛洛伊德〉（Sigmund Freud in His Historical Setting）。

4　這個想法源自於我的學生史匹倫（S. Spielrein）；參閱，〈毀滅性做為成長的理由〉（Die Destruktion als Ursache des Werdens, 1912）。佛洛伊德曾提及這篇論文，他在《超越快樂原則》（Beyond the Pleasure Principle）一書中引進「毀滅本能」（destructive instinct）的概念（1920），第 V 章。【原編者按：更完整的內容在第 VI 章，裡面有史匹倫的文獻：標準版，XVIII，頁 55 頁。】

5　《精神分析概要》（An outline of Psycho-analysis, 1940），標準版，XXIII，頁 148。

III. 另一個觀點：權力意圖

〔35〕基本上，我們到現在都是從佛洛伊德的觀點來討論這個新心理學的問題。無疑地，它已經告訴了我們一個十足的事實，我們的驕傲、文明化了的意識，對此或許無法接受，然而我們心中卻浮現了些許肯定的迴響。許多人在見到這個事實時十分惱怒；這引發了他們的敵意，甚至是害怕，必然不願承認自己有這樣的衝突。而且說人還有個陰暗面，對他而言也是個叫人害怕的想法。雖然確實，但每個人都有自己的陰暗面，裡面包含的不僅為小奸小惡，而是明確地有個邪惡的力量在推動著。個別的人們對此知之甚少；對他來說，身為一個個體，實在不可想像自己會在任何情況下失控。但如果讓這些無害的傢伙形成集體，就會變成一隻橫行暴虐的怪獸；每個人只是這個怪獸身體的一個小細胞而已，因此不管是好是壞，都必須伴其暴衝作惡，甚至從旁積極協助。人們深深地懷疑這些恐怖的可能性，故意對人性的陰闇視而不見。他不假思索地抗拒原罪這個有用的道理，雖然它如此真實。不但如此，他甚至猶豫是否要承認自己痛苦感受到的衝突。我們很容易理解，一個心理學派──即使它在某方面有偏見，或在某方面特別言過其實──堅持主張醜陋的那一面，都是不受歡迎的。更別說會令人害怕了，因為，它強迫我們把眼光深入到這個問題最難以理解的極深邃之處。隱隱約約地有個徵兆告訴我們，缺乏負向那一面，我們將不會完整，我們有個身體，就如所有物體一樣，會投射出陰影，如果我們否認這個身體，就等於失去立體性，變成平面且不具實質性。然而這個身體是一個帶有動物靈魂的野獸，一個毫無保留地，順服於本

能的有機體。一個人要自身與這個陰影整合，就要臣服於本能，臣服於潛藏背後難以應付的動力。基督教希望以其禁慾的道德理論，將我們從此獸性本能中解放出來，但卻冒了使人類深層的野獸天性無法正常運作的風險。

〔36〕有人真的弄清楚——對本能說「是」意味著什麼？那就是尼采所渴望與教導的東西，而且他對此全然認真嚴肅。他以一種罕見的激情自我犧牲，犧牲自己全部的人生，貢獻給了「超人」的想法——一個人可以藉著順從本能，而超越自我的想法。那麼這種生命的一生會怎樣呢？正如尼采自己在《查拉圖斯特拉如是說》（Zarathustra）的預言，以摔死的走鋼索表演者的意象預見，人類是不會被「超越的」（surpassed）。查拉圖斯特拉對著垂死的高空舞者說：「你的靈魂會比肉體更早死亡！」隨後侏儒對查拉圖斯特拉說：「啊，查拉圖斯特拉，有智慧的石頭呀！雖然你可以把自己拋到最高點，但每個被拋出去的石頭終將跌落！這是對你自身，以及對你自己拋石之舉的詛咒：啊，查拉圖斯特拉，你確實將石頭拋到最高，但石頭終將掉落到你身上。」然後當他對自己哭喊著自作自受「瞧！這個人！」（Ecce Homo）的可悲時，再一次地為時已晚，如同羅馬人以前對耶穌說這句話時一樣，靈魂在肉體死前，受難已經開始。

〔37〕我們必須很嚴格地審視這個教人順服於本能的人的生命，以檢視這樣的教導對老師自己人生的影響。用這樣的標準細看尼采一生後，一定會承認他超越了本能，處於英雄絕頂的巔峰——這是一個他若想繼續如此孤絕自處，就必須藉助於精挑細選的飲食，審慎抉擇的氣候環境，及有助安眠的設備才能維持的頂峰——直到高度緊張壓力讓他崩潰為止。他言辭積極肯定，且以和人們相

反的方式過活。他極度嫌惡人類，只因人類是依本能而活的動物。他憎惡萬物，他無法吞下但又害怕必須吞下他常夢到的蟾蜍。查拉圖斯特拉之獅的怒吼於是消聲，退回到所有「高級」（higher）人類一直吵著要居住的無意識深山洞穴。因此他的人生無法讓我們信服他的教導。這些「高級」的人希望不吃安眠藥就能沉穩地睡上一覺，可以生活在瑙姆堡（Naumburg）及巴賽爾（Basel），任憑「雲霧與陰霾」（fogs and shadows）繚繞。他渴望妻小，渴望身處市井且被敬重，以及無數的柴米油鹽生活現實瑣事，尤其是那些所謂庸俗的人所追求的。尼采依本能、動物的天性而活。尼采儘管偉大且重要，但付出人格病態的代價。

〔38〕若非依本能而活，那他是怎樣過生活的呢？真的要罵尼采否定本能過活嗎？他自己一定不認同這種說法。他甚至可以很輕易地就證明自己過著高度順從本能的生活。但怎麼可能這樣，我們也許不禁要驚訝地質疑，依人類天性的本能，怎可能離群索居，與世隔絕，只因嫌惡便讓他選擇對芸芸眾生冷眼旁觀？我們認為本能的目的是用來整合人類，讓他得以擇偶、為人父母、尋歡作樂，以及安居樂業，滿足所有感官慾望。但我們忽略了這只是本能的諸多可能的發展方式之一。本能不僅只為維繫物種延續而存在，也用以自我維持保護（self-preservation）。

〔39〕最後提到的那個本能，就是權力意圖（will to power），尼采顯然說的就是它。對他而言，其他任何本能都是延續權力意圖而來的。以佛洛伊德性的心理學觀點來看，這是一種最荒謬的錯誤，是生物學的概念錯亂，是退化的神經症患者的愚蠢做法。主張性的心理學的任何人很簡單地就可以證明，尼采眼中所有生命中，以及世界上的尊榮與崇高事物，都是對「這個」心理學所主張為根

本的另一個本能的潛抑與誤解的結果。

〔40〕一方面，尼采的例子顯示了神經症的片面性的結果，另一方面，則是潛藏跳躍式地超越了基督教精神的危機。無疑地，尼采感到基督徒真的非常強烈地否定動物的天性，他因此轉而尋求一種超越善惡之更高的人類完整性。但他對基督教基本精神嚴厲批判的同時，也讓自己喪失了來自基督教的保護。他毫不抵抗地將自身交付給獸性之心。「人面牲畜」（blond beast）[1] 狂歡放縱，酒神的非理性時刻來臨，擄獲了帶著莫名恐懼的無知靈魂。這樣的病態發作讓他變成一個英雄或神聖人物，一個實存的超人。他理所當然地覺得自己「超脫善惡」（six thousand feet beyond good and evil）。

〔41〕奉行心理學理論的人知道，這種情形正是「陰影認同」（identification of shadow），是一種經常發生在與無意識衝突之際的現象。這種狀況下，唯一有幫助的，就是慎加自我批判。首先要知道的是，不太可能憑藉一己之力，便足以發現顛覆世界的真理，這種事在歷史上極為罕見。再者，一個人應仔細考察，類似狀況也許其他地方沒出現過──比方說尼采作為一個文學家，大可舉出若干明顯典型的類似事例，這或者就可以讓他冷靜下來。第三，要認知到，非理性的狂歡經驗可能不過就是陷入不信奉宗教形式的一種宗教病態發作，因此事實上根本沒有發現什麼新事物，從一開始就只是同樣的情節的自我重複。第四，必然可預見地，成為英雄或神聖人物的狂喜，被捧得多高，隨之而來的，必然就是跌入等深的無底深淵。考量過這些，可讓人立於不敗之地：發見全然的壯麗異常事物的超越感，就可以降低興奮到如有如一次精疲力竭的登山冒險，

---

[1] 原編者註：參閱，榮格，〈無意識的作用〉（The Role of the Unconscious），段 17。

之後過的還是日常的平淡生活。正如小溪尋行於幽谷與大河，以加速奔向平原，生命也如此，不僅自己在平凡大地間巡行流動，同時也讓其他所有事物變得平凡。不凡的事物，若未被災難摧毀，則會與平凡事物平靜共存，但這並不常發生。若英雄演義長期上演，它會產生痙攣的結果，這種痙攣陣痛將導致悲慘結局或者神經症，或兩者都是。尼采陷入一種高度緊張狀態。然而，他也可耽溺於基督教便可。但這並未回應任何獸性心靈的問題——因為一隻會耽溺的動物，就是很可怕的東西。動物就只滿足自身天性而活，不多也不少。我們可稱之為認命和「良善的」（good）。但是耽溺於狂喜的人迴避生命法則，從天性來看，便會行為失當。這種失當的行為是人類特有的，有時會喪失意識與自覺，違反天性之道而行（contra naturam），背離其動物天性之根本。這雖然是所有文化不可或缺的基礎，但如果太過火的話，也是心靈疾病的由來。人類對文化的承受力有一定限度。文化與天性間無止境的矛盾，問題總是在於過多或太少，絕非有或無的抉擇。

〔42〕看到尼采，會讓我們想到一個問題：與陰影，也就是權力意圖發生衝突，對他的意義是什麼？會不會其實是其他東西，是潛抑的症狀表現？權力意圖是真正原因，或者僅為次要呢？若與陰影衝突，導致性幻想的洪流釋放，那麼答案就很清楚；但實情卻非如此。「事情的真相」（Kern des Pudels）不是情愛，而是意識自我（ego）的力量。我們也許可就此得知，遭潛抑的不是情慾，而是權力意圖。在我來看，沒有理由假定情慾是真正因素，而權力意圖則非真實。權力意圖無疑地正如情慾一般，是個力量強大的惡魔，且與之一樣地古老且原始。

〔43〕尼采依著潛在的權力本能過活，終其一生，像他這樣

以罕見的毅力貫徹到底，令我們不能簡單地說他虛偽。否則會犯像尼采一樣的錯，對死對頭音樂家華格納（Wagner）做出不公平的批判：「他裡裡外外都虛偽。真實的都被隱藏了，無比做作。不論好壞，他就是個戲子。」為什麼會有這種偏見？因為華格納體現了其他尼采所忽略的強烈原始慾望，而佛洛伊德心理學就是建構在此基礎之上。我們若問佛洛伊德是否知道另一個本能，也就是對權力的慾望，我們發現他是以「意識自我本能」（ego-instinct）去說它的。但這些「意識自我本能」，相較於廣泛發展，實在發展得太廣泛了的性的因素來說，僅在他的心理學中佔據一個微不足道的角落而已。現實中，人類的天性一直承受著意識自我的，與本能的運作方式間恐怖與無止盡衝突的重擔：意識自我充滿滯礙與限制，本能則無拘無束，兩種運作方式勢均力敵。從某種角度上來看，人類也許覺得「只意識到特定單一的強烈慾望」會感到欣慰些，因此反而會小心地去防衛，一直對認識到其他慾望的存在有著抗拒。但若他真的學著去認識其他的慾望，就會發現它們原來都一直跟著他：於是他面臨浮士德式的衝突。在《浮士德》（*Faust*）的第一部中，歌德告訴我們接受本能的意思是什麼，而第二部則說，接受意識自我及不可思議的無意識世界又是什麼。我們逃避並怯於接受我們的內在只是猥瑣的、卑鄙的、怯懦的——而且對此有個絕佳的藉口：我們發現那個「其他的慾望」（other），的確是「另一個人」（another），一個實存的人，真的可以思考、作為、感受以及渴望所有卑鄙與可憎的事物。我們用這個方法抓住妖怪，且對之宣戰以求心安。於此，道德史上出現過許多那些慣常的手法的可怕例子。最明顯莫過於是我們曾引述的——「尼采遏制華格納，反對保羅」（Nietzsche contra Wagner, contra Paul）等的例子。然而這種

例子在我們日常生活中層出不窮。人可藉由這種巧妙的策略，在勇氣及力氣尚未完全衰退前自我拯救，不至於陷入浮士德式的悲劇。不過，一個完整的人會知道他最惡毒的對手，或夠精確地說，是一大群仇敵，都無法與一位最強悍的敵人批敵，那就是住在自己心中的「另一個我」（other self）。尼采心中也有一個華格納，這就是他為何忌妒他的《帕西法爾》（Parsifal）；但更糟的是，他，掃羅（Saul），心中也有一個保羅。尼采成為被這種鬼魂所烙印的人；當「另一個我」（other）對自我耳語著「瞧！這個人！」（Ecce Homo）時，正如掃羅般必須經歷基督受難的過程。究竟是誰在「十字架前崩潰」──是華格納還是尼采呢？

〔44〕命中注定如此，佛洛伊德最早的門徒之一，阿佛列德·阿德勒（Alfred Adler）就是完全根據權力原則來詮釋神經症[2]。這很重要，以全然不同的觀點來看相同的事物，真的十分迷人有趣。首先來看主要的不同：在佛洛伊德來看，依照嚴格因果律，每件事都有其前因，而阿德勒的觀點則是每件事都是有目的的「安排」（arrangement）。有個簡單的例子：一位年輕女性開始為焦慮症所苦。夜裡，她會因惡夢而痛哭驚醒，幾乎難以令自己平靜下來，她會緊緊捉住丈夫，哀求著不要離開她，要求向她保證真的愛她，等等。她逐漸地出現神經性氣喘，連白天也發作。

〔45〕以佛洛伊德的方法，馬上就會開始深入探索疾病與症狀的內在因果關係。這些夢裡最讓她焦慮的是什麼？凶猛的公牛、獅子、老虎，以及壞人攻擊了她。病人聯想到了什麼？在她結婚之前發生了某件事情。當時她待在一個山裡的渡假村。她經常去打網

2　《神經症的組成》（The Neurotic Constitution）。

球,通常就這樣交上朋友。有個年輕的義大利人球打得特別好,且還會彈吉他。一次月光下散步,勾動了單純的情慾。在那情境下,義大利人的情慾「不預期地」(unexpectedly)被打破釋放,大大超出這個沒預想到會如此的女孩的警覺。他對著她的「那種眼神」(such a look),讓她永生難忘。那種眼神緊追不捨,甚至伴隨入夢:野獸們糾纏她,凝視她的眼神正是如此。但那眼神真的就出自這個義大利人嗎?另一段回憶亦有啟發性。病人約十四歲時,父親因一場車禍喪生。她的父親是個通達世故的人,旅遊足跡廣遍各地。在他過世不久前曾帶她到巴黎旅遊,他們逛了許多地方,其中包括女神遊樂廳(Folies Bergères)。在那兒發生了一件令她難以忘懷的事。離開劇場時,一位濃妝豔抹的風塵女子,以極為大膽挑逗的方式貼近她父親。她驚恐地看著父親將如何反應時,卻看到同樣的眼神,獸性的目光,出現在他眼裡。這有點莫名奇妙地,令她日夜牽掛。她與父親的關係從那時起了變化。有時她會焦躁,並出現怨恨,有時又過度地深愛他。此外會突然毫無來由地哭泣,甚至一度,每當父親在家,她吃飯會狼吞虎嚥,甚至噎到,接下來通常有一、兩天失去聲音。當她得知父親驟逝的死訊,她先悲痛逾恆,繼之以歇斯底里地大笑。然而,她很快就平靜下來;她的情緒迅速回復,神經症的症狀幾乎消失了。過去就這樣被遺忘的面紗遮掩住了。直到與義大利人邂逅的插曲吹縐了一池她心中懼怕的春水。於是她斷然切開與這位年輕男子的所有聯繫。幾年後,她結婚了。她第一次出現神經症症狀是生了第二個小孩之後,恰時她發現先生對另一個女人特別溫柔。

〔46〕這段歷程引發許多問題:比方說,母親在哪裡?與她母親的有關的資訊為:母親非常焦慮,時間都花在嘗試各式各樣的療

養處所的方法或治療，也苦於神經性氣喘和焦慮症狀的折磨。當病人追憶父母婚姻狀況時，印象已模糊，難以回想。母親並不是非常了解父親，病人總覺得自己更理解他。父親自認女兒為心肝寶貝，相對地對母親較為冷淡。

〔47〕這些提示已足以窺得這個疾病的全貌。當下症狀背後的幻想與義大利人的經驗直接相關，但清楚地回指向父親，他不美滿的婚姻，讓這位小女兒為她自己取得了本應屬於母親的地位的先機；當然，在勝利背後藏有真正成為適合父親的妻子的幻想。神經症來襲首度爆發於幻想受到嚴重衝擊之際，也許她的母親也感受到衝擊，雖然還是小孩子的病人也許並不知情。她的症狀很容易被理解為對愛情失望與輕忽表現。噎到是因為如鯁在喉，是一種大家都很熟悉的，因強烈情感而生出了無法完全「嚥下」（swallowed down）（一般就說是隱喻，如我們所知，常與生理現象有關）的東西的感覺。當父親逝去，她的心智在哀悼死亡，但陰影則冷冷發笑，模仿著搗蛋鬼提爾（Till Eulenspiegel）的惡作劇，當事情每下愈況時，則鬱鬱寡歡，但在乏味的路上愉快地惡作劇則令人振奮，總留心前頭還有什麼事在等著。父親在家時，她情緒便低落，且病況連連；他一出門，她就感覺好多了，正如同無數的夫妻相互隱瞞的一個甜蜜祕密，那就是彼此都不是不可或缺的。

〔48〕由隨後期間健康良好的狀況顯示，無意識於此重大時機出現大笑，是有某種特定理由的。她成功地將過去完全遺忘。只不過遇見義大利人的插曲，差點產生喚醒內在世界的威脅。但她立刻關上這扇門，維持著健康，直到神經症惡龍悄悄回身，此時正巧就是她自以為已經成功克服障礙之時，可說是，處於為人妻及為人母的最佳狀態的時刻。

〔49〕性的心理學說：神經症的原因在於病人根本無法將自己從父親那兒釋放出來。這也就是為什麼，當她在義大利人身上發現那種，讓她聯想到與父親有關，烙著深刻印象的神祕「事物」（something）時，那個經驗會再度湧上心頭。這些記憶自然地經由與她丈夫發生類似經驗時重現，直接導致神經症出現。因此我們可說，神經症的內容及原由，乃嬰兒時期對父親的情慾關係，以及對丈夫的愛兩者之間的衝突所導致的。

〔50〕但我們若從「另個」（other）本能的觀點，來看同一個臨床場景，權力意圖所採取的角度就相當不同。她父母不快樂的婚姻正給了幼稚的權力欲絕佳的機會。權力本能希望意識自我在任何情況下，不擇手段地就是要「高人一等」（on top）。不惜代價，都必須保有「人格的完整」（integrity of personality）。環境中每個可以稍微壓倒所遭逢的對手的企圖，哪怕只是表面上的企圖，即使只是為了稍獲壓倒對方的勝利，用阿德勒的表達方式，是符合「男性傾慕」（masculine protest）的。母親夢想幻滅，退縮進到神經症的世界裡，製造了渴望展現權力和獲取優勢的機會。從權力本能所處的角度來看，愛和善行是達到權力目的一種選擇。善良經常用以迫使他人認同。病人幼時就已經知道如何透過迎合討好、溫柔婉約的行為，去穩固與父親關係的優勢地位，以及打敗母親──不是因為愛父親，而是因愛是獲得優勢的好方法。父親死時發出大笑，明顯地證實了這點。我們容易把這樣的解釋，想成對愛情可怕的貶抑，甚至是惡意的影射，直到我們稍事反思，會發現事實正是如此。難道我們沒有看到，無以計數的人戀愛，並相信他們的愛，當達到目的之後，掉頭離去就好似從來沒有愛過？而到頭來，這不就是天性自身運作的方式嗎？「純潔無私」（disinterested）的愛可

能存在嗎？如果真的有，那一定是至高無上的美德，但事實上非常罕見。或許一般人會傾向於不去思考愛的目的為何；否則可能會發現，愛的價值並沒有那麼高。

〔51〕接著，病人對父親死亡縱聲大笑——她終於登頂。那是歇斯底里的笑聲，是一種心理症狀，那是種源於無意識動機的東西，而非出自於有意識的自我。當中差異不應該被忽略，且亦區辨出某些人類特定的美德從何而來，以及如何產生。美德之對立物下至地獄——或者，以現代的說法就是深入無意識。與我們有意識的道德良善相對的東西，在那裡長期積累著。因此為了道德良善，我們但願對無意識一無所知；宣稱沒有所謂無意識這樣東西存在，這確實是道德智慧的極致呀。然而，唉，它與我們所有人共存共活，如同霍夫曼（Hoffmann）《魔鬼的靈藥》（*The Devil's Elixir*）中與美達爾杜斯弟兄（Brother Medardus）相隨者一般：我們有個邪惡與恐怖的兄弟存在某處，是我們自己血肉的翻版，他控制以及惡意地隱藏我們想極力隱瞞的所有東西。

〔52〕我們這位病人神經症第一次發作，是在發現父親有某部分是她無法支配的時候。於是她恍然大悟，馬上了解到她母親神經症的目的，也就是當你遇到一個以理性或魅力都無法克服的障礙時，還有一個她迄今都還不知道，然而她母親卻早一步發現的方法，那就是神經症。因此她從那時開始模仿母親的神經症。但我們可能會驚訝地質問，神經症的好處何在？有何作用？任何有親朋好友被確證為神經症的人，心中都很清楚知道它能「做」（do）什麼。要將整個家庭搞得天翻地覆，已經沒有其他更好的辦法了。心臟病發、突發性的嗆到、各種形式的痙攣，產生一種難以超越的巨大效應。同情慰問雪片飛來、焦慮的父母痛苦不堪、僕人們疲於奔

命、電話鈴聲大作、氣喘吁吁的醫師、難以診斷、詳盡的檢查、長期治療、沉重的花費,全部兵荒馬亂地圍繞著這位一無所知的痛苦患者,直到她終於從「痙攣」(spasms)中恢復,每個人才能充滿感激地放下心中的大石頭。

〔53〕這種完美的「安排」——用阿德勒的話來說,被這位小女孩發現了,且於她父親在世時,成功地加以應用。父親死後,這方法便顯多餘,因為她現在終於站上頂峰。當義大利人以其恰巧可喚起她記憶的男性魅力過分強調她的女性特質,就因此被拋棄甩開了。但當適合的婚姻機會出現,她戀愛了,便絲毫沒有抱怨地自我讓步,順服於成為人妻與為人母的命運。只要她被尊敬的優勢地位能夠被維持住,生活一切就能平安順利。但一旦丈夫在外面有了稍微關注的人,她便重施過去效力顯著的「安排」,間接行使她的權力,因為她又遭遇險阻——這次是她丈夫——先前的例子則是已不再受她掌握的父親。

〔54〕這就是事情從權力心理學觀點來看有所不同之處。我害怕讀者會像伊斯蘭故事裡的小法官(cadi),聽了一造辯護之詞就說:「說得很好。我覺得你是對的。」然後另外一方來了,說完後,小法官抓抓耳背之後又說:「你也說得很好,我想你也是對的。」無庸置疑,權力欲望扮演了極為重要的角色。是的,神經症症狀及情結也是精心的「安排」,不可思議的固執及狡猾,不擇手段只為達成目的。以目的論而言,神經症是屬於目標導向的,阿德勒在建立這個理論上,為自己贏得不小的聲譽。

〔55〕那到底哪一方的說法是對的?這是一個值得思考的問題。我們不能說兩個都對,因為這兩者顯然絕對互相矛盾。第一個理論中,主要且決定性的事實是情慾及其主導力量;另一個理論

裡，則是意識自我的權力。前者的意識自我僅僅附屬於情慾；第二個裡面，愛只不過是達到目的的一種手段，是個優勢。打心裡擁護意識自我的力量的人，本質上會反對第一個概念，但關注愛的人則不可能對第二個理論妥協。

IV. 心理態度類型的問題

〔56〕前面討論的兩種理論，彼此格格不入，因此需要一個可以超越相互立場，將它們統整一致的觀點。此外，不論這個權宜之計有多方便，我們也都不能偏一方，而棄另者。因為，若能不帶偏見地檢視這兩種理論，便無從否認兩者都包含了重要的真實性，雖然矛盾，卻不能視之為相互排斥。佛洛伊德的理論因簡單而吸引人，主張相反理論的人也幾乎難以駁斥。同樣地，阿德勒的理論亦如此。它也十分淺顯易懂，所提的解釋與佛洛伊德的一樣詳盡。無怪乎學派兩方支持人馬相持不下，互不退讓。出於可理解的觀點，他們雙方當然都不願意放棄一個瑰麗而完整的理論，讓步將使得理論產生矛盾，甚至更糟，令他們自己在相互衝突的觀點中迷失。

〔57〕這麼一來，既然兩種理論絕大部分都正確──也就是說，兩者似乎都能解釋它們的材料──那麼代表神經症必定有兩個相反的面向，一個可以用佛洛伊德學派理論解釋，而另一個則適於阿德勒學派的理解。但怎麼可能每個研究者都只看到一邊，且為何都堅持自己的觀點才正確？這必定是基於一項與其個人心理特質有關的事實，每位觀察者最容易看到的神經症因素，是和他的特質相對應的。我們不能理所當然地認為，阿德勒看到的個案，與佛洛伊德看到的完全不一樣。兩人的研究材料特性顯然都相同；但由於研究者個人的特質不同，看事情的角度便不相同，也因此發展出迥異的觀點與理論。阿德勒看到的研究對象是個感到壓抑且自卑的人，正試著透過「抗爭」、「安排」，以及其他種種直接反抗父母、老師、規則、權威、情境、體制的適當策略等等，來獲得想像中的優

勢。甚至，性也可能出現在這些策略當中。此論點太過於強調研究主體，站在主體之前，客體的獨特性及意義完全消失。客體對象充其量只被視為一種壓抑個性傾向的表達工具。我想，在阿德勒心中，直接與客體有關的情愛關係與其他欲望都是等同存在的基本要素，這點應該沒錯；只是在他的神經症理論中，它們並不像佛洛伊德所做的一樣，被選定為主要的作用。

〔58〕就佛洛伊德的理解，病人會永遠依賴重要客體，且與之保持關係。父母於此扮演了重要的角色；病人生命中不管出現什麼重大影響或狀況，都可以直接回溯到這些主要因素的因果關係線索當中。他的理論「主菜」（Pièce de résistance）便是移情的概念，也就是病人與醫生的關係。總會有個條件特別明確的客體，讓病人不是渴求，就是抗拒，而這種反應通常與幼年早期與父母親關係所建立的狀況模式一致。這個主體所表現的，基本上是盲目追求一種滿足感；但總是努力想從特定客體得到實質需求。以佛洛伊德來說，客體重要性最高，且幾乎無可例外地掌握決定性的力量，於此同時，主體則明顯不重要，僅僅是追求慾望滿足的源頭，以及「焦慮的所在」（seat of anxiety）而已。正如先前已然表明的，佛洛伊德認同「意識自我本能」（ego-instincts），單單這個名詞便足以顯示，他對研究主體的概念迥異於阿德勒所說的，阿德勒主張主體扮演決定性因子的角色。

〔59〕誠然兩位學者都以與客體之間的關係觀察主體；但所看到的關係差別是多麼大呀！用阿德勒的觀點來看，重點總是放在尋找安全及優越性的主體上，不去管什麼客體；而佛洛伊德的角度則全然強調客體，這些客體根據個別的人格特質，不是促進，就是阻礙主體追求慾望的滿足。

〔60〕這樣的差異幾乎無法說是別的，只能是性格氣質的不同，兩種不同的人類心性思想對照下的巨大差別，一個發現到主體明顯的決定性作用，另一人發現的則是客體。中立的觀點會認為，人類行為受到主體及客體兩者制約的程度是一樣的，這可能是一種共識。另一方面，兩位研究者或許會主張，他們的理論並非被設想為應用在一般正常人身上的心理學解釋，而是神經症的理論。但如果這樣，佛洛伊德可能就必須以阿德勒的方式詮釋與治療他的一些病人，而阿德勒也必須屈從，真心誠意地採用他以前老師的觀點，實際應用到某些特定個案身上——這樣等於出現兩邊都不是的狀況了。

〔61〕由於有這種矛盾，讓我仔細思考了以下的問題：是否至少有兩種不同的心理類型，一個比較注重的是客體，另者則為自己本身？這是否足以解釋為什麼一種人只看一面，而另一種人只看另一面，因此發展出兩種完全不同的結論？正如我們先前說過的，很難假設說，命運巧妙地選擇了病人，特定族群總找上某個特定的醫師。有段時間，我記得很清楚，我自己連同同行也如此，碰到的個案，有些會清楚表達訴求，與此同時，有些則不知為何，就是拒絕「出聲」（click）。對治療而言，醫病之間能否建立良好關係至關緊要。若短時間內無法發展出自然的信賴，那麼病人最好另求高明。如果病人的特性跟我的路線不合，或者對我冷漠，我自己一向毫不猶豫地便轉介給其他同行，而這也的確才符合病人的利益。我確定自己無法做好這種個案。每個人都有自己的限制，尤其要給治療師的忠告是，千萬別對此漠視。過度的個人差異與不協調，就會產生不對等及不適當的抗阻。雖然，這些差異性及合不來的狀況，不是沒有道理的。佛洛伊德－阿德勒的爭論，僅是一個典範，是眾

多可能心理態度類型中的一個獨特例證。

〔62〕我自己長期以來致力於解決這個問題,透過大量的觀察及經驗,終於得到有兩種基本心理態度的假定,亦即內傾型(introversion)與外傾型(extraversion)。第一種態度的特質通常是猶豫不決、深思熟慮、謙虛靦腆的,以不變應萬變,逃避客體,總帶點防衛,且偏愛躲藏在背後,進行不信任的審視。第二種的特徵則通常是大而化之、坦率、包容性強的,可以輕易適應情境,能夠快速形成依附,無視於任何可能的疑慮,經常莽莽撞撞地於未知情境下冒險。前者明顯地最重視主體,後者則是客體。

〔63〕這些描繪兩種類型的說法,自然地只是最粗糙的概說[1]。就經驗的事實來看,我馬上就要討論到的這兩種態度,很少是純粹的。它們變化無窮,且一直在被補償,所以要確認是哪種類型並不太容易。變化多端的原因——除了個人改變之外——是某個意識佔主導地位,如思考或情感,然後賦予基本態度一個特別的性格。補償的基本類型為數眾多,通常是由經驗而來,會讓一個人,也許是以相當痛苦的方式,限制自己的天性無法自由自在地馳騁發揮。就其他如神經症的案例來說,一個人通常不知道正在對付的,是意識還是無意識中的態度,因為有時候一半是因人格的解離所致,有時另一半的因素佔了重要地位,這因此讓人很困惑,而難以下判斷。這就是為什麼與神經症的人一起生活非常辛苦。

〔64〕影響深遠的類型差異的確存在,我在上述書中曾描述為八種類型[2],這讓我得以構思出這兩種神經症理論的爭論,其實是

1　我的《心理類型》(*Psychological Types*)書中對心理類型問題有完整的探討。
2　這自然地並不包括所有的現存類型。其他的差異尚包括年齡、性別、行動、情緒及發展程度。我的類型心理學是基於意識的四個向度:思考、情感、感官與直覺。參考前註(1923

因心理類型對立所致。

〔65〕這個發現帶來一個超越對立,以及創造出一個不僅對雙方都公平,且兩造對等的理論需求。為了達成這個目標,就必須對前述兩種理論進行批判。如果把理論應用到有些平凡的現實狀況,要減少這些崇高的典範、偉大的姿態、感到高貴、堅定的信念的光環時,兩者都會感到痛苦。它們絕都不應被這樣使用,因為兩個都是醫師工具寶庫裡有用的治療工具,刀刃必須銳利,毫不留情地去除患病或有害之處。因此絕不能直接使用這種批判法去對付兩種理論。這就是尼采想要的,帶著理想性,對所堅持之人性靈魂的病態增生物(它們有時候確實如此)進行毀滅性的批判。在一位好醫師,真正懂得人類靈魂的人手中——用尼采的話來說,他有隻「辨症妙指」(finger for nuances)——兩種理論,當應用到靈魂中生病部分時,是有益健康的腐蝕劑,根據個案對症下藥助益良多,但到了不知如何衡量輕重的人手裡,則可能是有害且危險的。它們是批判性的方法,就如同所有批判性的主張一樣,當有某些東西必須要被除去、消融或者減少時,就有正面的力量,但若當有些東西要發展建立時,卻只會造成傷害。

〔66〕因此兩種理論也許都可以無害地使用,如同毒性藥物必須交付給醫師掌握,想有效地運用這些腐蝕劑,需要一種不凡的人類心靈知識。因此一個人必須有能力把病態的與無用的,以及那些有價值與值得保存的種種區別清楚,而那是最困難的事情之一。任何人,如果想清楚了解一個研究心理學的醫生,會如何不負責任地透過狹隘的偽科學、偏見,去扭曲所研究個案,建議讀一下德國醫

版,頁 428 起)。

生莫比烏斯（Möbius）討論尼采的著作，或者，甚至最好還能關注各種有關基督這個「個案」的種種「精神病學」（psychiatric）研究作品。可能會馬上為遇到被這種「理解」（understanding）方式對待的病人哀唱「三聲無奈」（threefold lamentation）。

〔67〕這兩種神經症理論並不具普遍性：可以這樣說，它們是針對特定案例所使用的腐蝕性藥物，是具破壞性及簡化性的。每件事情都說「你沒怎樣，只不過就是……」，對病人解釋，他們的症狀是因為這個或那個，只不過會這樣或那樣。如果說簡化個案就是錯的，也未盡公允；但就一個化約性的理論而言，若說它厲害到對健康及生病的心靈通通適用，那也是不可能的。因為人類的心理，不論生病或健康，都不能僅由化約論解釋。情慾當然隨時隨地可見，權力欲望自然滲透遍及心靈，但心靈不能簡單地說是這個或那個，亦非兩者兼具。那也是心靈創造出來的，且將來它們又成為心靈的一部分。我們知曉了一個人身上存在某些東西時，只能說對他了解一半而已。倘若那就是全部，那個人一定墓木已拱。作為一個活生生的人，他是無法被了解的，因為生命不是只有一個昨天，也不能用今天簡化成昨天來加以解釋。生命還有明天，我們只能透過增加了解昨天是什麼，去了解明天的開端——今天。所有生命都以這樣的心理學方式表現，即使病態心理症狀也如此。神經症症狀並非僅為久遠前因的影響，不管是「嬰兒期的性慾」（infantile sexuality），還是嬰兒期對權力的慾望；它們也企圖統整出新的生命——失敗的嘗試，先補充上這一句，然而終究還是圍繞價值與意義所進行的嘗試。它們是環境條件惡劣，以致無法萌發的種子。

〔68〕讀者一定會問：神經症這個對人最無用且有害的詛咒，到底能有什麼價值和意義？罹患神經症，能有什麼好事？頂多就如

慈愛的造物主所創造的蒼蠅及其他害蟲一樣,讓人類得以練習耐心的美德。不論從自然科學的觀點來看,這種想法有多愚蠢,但若將「神經症症狀」(nervous symptoms)以「害蟲」(pests)取代,從心理學的觀點而言還是合乎道理的。甚至尼采這位因嘲笑愚蠢與思想迂腐,而為人所矚目的人,也不止一次意識到自己從這個病獲益甚多。我自己就認識不止一位,認為神經症的存在對他全然有益的人,不僅防止糟糕的蠢事發生,且驅使他過著發展出潛在價值的生活方式。如果沒有神經症,這些有價值的潛能可能會被牢牢地控制所扼止,將他困在原地,動彈不得。確實有些人因為神經症而讓生命有意義,彰顯自己的真正重要性,然而就心智來看,那不過是騙局與謬誤罷了。與其他案例相較,這個例子的意義是相反的,神經症於此的意義不同。必需接受化約方法進行治療的是這些個案,而非前述的那些。

〔69〕讀者於此可能傾向於同意,神經症對特定案例確實可能有某種意義,但到現在,卻還是不認為對常見一般個案具何種目的性。舉例來說,神經症在上述歇斯底里焦慮性氣喘的個案裡,有何價值可言?特別是以理論性的簡化觀點來看時,也就是說,從個體發展的陰暗面加以考量的話,我承認它於此的價值確實不明顯。

〔70〕我們到現在一直討論的這兩種理論在這點上明顯相同:它們無情地揭開人類陰暗面裡所有的東西。它們是理論,或更正確地說,是一種以致病成分來進行解釋的假設。它們所一致關心的不是對一個人的正面價值,而是對他的負面價值,這使得理論本身如此不安地引人注目。

〔71〕所謂「價值」(value)指的是一種展現能量的潛力。因此負面價值所能展現出來的潛能——最為人所矚目的,就是神經症

能量的顯現——也可稱是一種「價值」，但卻是一種會帶來無用且有害的能量的價值。能量本身不好不壞，非有用也非有害，它是中性的，因為任何事物都需要成為能量的形式才能傳遞。形式給予能量所具有的實質。另一方面，空有形式而沒有能量也等於是中性的。因此，為了創造真正的價值，能量及有價值的形式兩者都是必要的。心靈能量[3]以神經症的方式呈現，但無疑地，是以低等且無用的形式呈現。這兩種化約性的理論充當這個低等形式的解決辦法。它們是腐蝕性的藥物，我們透過它們可以獲得不受控制，但為中性的能量。現在，它已經被假定為，這個全新的自由能量是處於病人意識可處理的層次，所以可以隨他高興取用。既然我們把這些能量想成不過就是性本能的力量，人們談到對它進行「昇華」（sublimated）應用的可能性，假設病人可以在分析方式的協助下，可引導性能量「昇華」（sublimation），換言之，可以非性地應用，比方說或許是藝術練習，或是其他愉快的或者有益的活動。根據這個觀點，病人是可能按照自由選擇或個人愛好，達成其本能驅力的昇華。

〔72〕只要人類可以擁有畫出他人生必須依循的明確路線的完全能力，我們也許能夠承認這個觀點有一定的正當性。但我們知道人類並不具決定生命走向的先見或智慧，充其量只對大方向中的一小段有選擇彈性而已。而這只對「平凡」（ordinary）的生命確認為真，但「英雄式」（heroic）的生命則非如此。後者當然也存在於人世，只是極為罕見。我們在此當然沒有資格去說生命無法被賦予明確方向，或只能進行短程規劃。英雄式的生命是絕對的——

3　參閱我的論文〈關於心靈能量〉（On Psychic Energy）。

也就是說，它是由重大的決定而來的，且這個朝某個特定方向而去的決定，有時候，會有痛苦的結局。無庸置疑地，醫師絕大部分處理的是平常人，鮮少面對自願當英雄的人，此外他們絕大部分屬於一種在面對比他們強大的命運時，進行幼稚抗爭的膚淺英雄主義，又或者只是故作姿態，目的在於掩飾其敏感的自卑情結。在極其平凡的實在生活當中，唉，很少有超出有益健康的尋常瑣事，而那沒有太多餘地展現令人矚目的英雄主義。不是我們從來都沒想要做英雄：相反的——這就是討厭和氣人的地方——平庸的日子要我們對平凡的需求付出耐心、奉獻、毅力及自我犧牲；且對我們而言，要謙卑地去滿足這些需要（因為我們必需如此），沒有掌聲盈庭的雄姿英發，這需要一種英雄的認知，但卻無法從外表看出來。它並不耀眼懾人，不會令人激賞，總是隱藏在平凡的日常生活背後。這些需要如果沒被滿足的話，就成了造成神經症的原因。為了規避它們，許多人大膽地為自己生命做了重大的決定，且付諸實行，即便連常人都會覺得那是極大錯誤亦然。在如此的命運之前，一個人也只能低頭。然而，如我所說的，這樣的案例極為罕見；大多數人都是芸芸眾生。對他們來說，生命方向並不是條簡單的直線；命運如同他們所遭遇的一座錯綜複雜的迷宮，有著太多的可能性，然而這眾多可能性中，只有一條是他們自己的正確道路。有誰會敢於——即使對自己特質有最完整的認識——預想出將來的唯一可能性？許多人確實可以憑藉意志成功，不過，看看某些明顯意志力堅強的名人的命運，不計代價地試圖把我們的命運託付給意志，這根本是一個錯誤。我們的意志力是由思考所調節的感官功能；因此它取決於思考的品質。如果它真的是思考的話，那麼應該是理性的，換言之，與理性一致。但是過去曾有過，或者將來會出現，人生與命運

符合理性,且它們也都是理性的狀況嗎?我們有很好的反對理由,去假設它們是非理性的,更確切地說,它們的立場是超乎人類理性的。其非理性以我們所說的偶然性呈現,很顯然地,我們不得不予以否認,因為原則上,我們無法跳脫因果與必然的關係去想像任何程序,因此絕對不可能有偶然[4]。然而,在實際上,偶然性處處居主宰地位,我們還很草率地同時保留因果哲學。完整的生命由定律所主宰,然而又不由定律所主宰,理性卻又非理性。因此,理性以及基於理性而來的意志,有效性有限。我們在理性所抉擇的道路上越深入,我們也許就越能確認,我們所正在排除的非理性的生命可能性,卻是一樣有價值的。對人來說,如果更有能力決定他的生命,確實是非常有利的。主張獲得理性是人生最大成就,十分恰當;但這並不代表事情就一定,或者將會照那樣的方向行進。第一次世界大戰這個可怕的災難,就超乎許多樂觀的理性主義者的估算。1913 年,威廉・奧斯華(Wilhelm Ostwald)寫道:

> 舉世皆知,當前武裝和平狀態難以成理,且逐漸不可為繼。每個國家都為此做出巨大的犧牲,遠遠超過文化的支出,卻沒能得到任何正面價值。如果人類能夠找到途徑與方法,放棄準備永遠不會發生的戰爭,同時釋出國家大部分正值壯年與生產力最佳的男性人力,取代助長好戰目的,以及目前狀態所創造之所有其他無以計數的邪惡,如此節約而來的巨大能量,從此刻開始,將被具前瞻性地

---

[4] 現代物理已經終結了這種絕對的因果論。只有「統計上的可能性」。早在 1916 年,我已經指出心理學中因果觀點的限制,為此我當時還遭受到責難。請參閱我《以佛洛伊德與精神分析觀點探討之分析心理學論文集》(*Collected Papers on Analytical Psychology, in Freud and Psychoanalysis*)第二版的序文(頁 293 起)。

有效運用，我們就此可以展望到至今未可想像到的文化蓬勃發展。正如個人的搏鬥，戰爭儘管是所有解決爭端最古老的方法之一，但卻是最愚蠢的，而且須承擔痛苦的能量浪費。因此，完全停止潛在和實際發生的戰爭，是刻不容緩的，且為我們當前最為重要的文化任務之一。[5]

〔73〕然而，命運的非理性，卻與突出善意思想家們的理性不一致；它不僅注定摧毀大量的武器與軍隊，甚至，遠遠超過如此，瘋狂以及大規模毀滅，無以形容的大屠殺——讓人類或許會做出理性的意圖只能夠掌握命運的一端而已的結論。

〔74〕適用於人類整體的，一般而言也適用於個別的人，因為人類的組成僅為個體。因此人類的心理學是怎樣的，個體的心理學也就會那樣。世界大戰給了文明的理性思考當頭棒喝。在個體身上所稱的「意志」，在國家則叫做「帝國主義」（imperialism）；因為全然的意志就是力量凌駕命運的展現，也就是排除偶然性。意志與意圖帶來的文明化，將不受控制的能量加以理性地、「有目的性地」昇華。個體也如此；正如同世界文明化的理想被戰爭重重懲罰，個人也必須經常從他的生命中學習到，所謂「可自由運用的」（disposable）能量，不是自己愛怎麼用就能那麼用的。

〔75〕有回，在美國，一位年約45歲的生意人來找我諮詢，這個個案就是前面所談理論的極佳例證。他是個典型白手起家的美國男性，從基層工作一直向上爬。他非常成功，也建立了很廣大的事業。他也順利地讓這一切上軌道，因此到了可以思考退休問題的

5　奧斯華，《哲學價值》（*Die philosophie der Werte*），頁312起。

時候。在來看我的兩年前,他真的就退休了。在那之前,他的生活完全被事業佔滿,而且以成功的美國生意人所獨具的那種不可思議的熱情與執著,全神貫注在事業上面。他購置了一處豪華莊園,他想像在那兒的「生活」,有馬、汽車、高爾夫球、網球、一場又一場無止盡的宴會諸如此類等等,但卻沒有考慮到他自己是主人。本應由他自己自由支配的能量,這會兒卻沒法進入這迷人的願景當中,且完全走樣了。進入長期以來嚮往的生活數週後,他開始對全身的一些奇怪、模糊的感覺感到擔憂,再數週後,這種感覺足以讓他陷入一種極度的慮病狀態。於是他精神完全崩潰了。他從一個精力旺盛且充滿能量的健康男人,變成一個暴躁的小孩。他所有輝煌成就於此落幕。他帶著慮病的憂鬱,從焦慮的狀態演變到擔心自己已臨命終。他於是找了一位有名的專家諮詢,專家立刻確認這人沒事,只是缺少工作而已。病人明白這話的意思,馬上回到原先的工作崗位上。但,讓他非常失望的是,他再也無法提起對事業的熱情。不論耐心或決心都沒有用。他的能量再也不能被強迫放回到工作裡。之前他身上十足的活力與創造性的能量,現在成為一股恐怖的破壞力量,轉而摧毀他。他具創造力的天賦猶如往昔,雖興起但背叛了他;且如同先前他在世界上建造了龐大的組織,他的魔鬼現在也編織了同樣細密的慮病妄想系統,完全地擊潰他。當我見到他時,他已經處於了無生趣的精神崩潰狀態。然而我試著向他說明,雖然這麼巨大的能量可以從事業中抽回,但問題是,能量要往哪兒去呢?最好的馬、最快的車、最歡樂的饗宴,看來都無法吸引這股能量,雖然我們會夠理性地想到,一個人已經將一生奉獻給辛勤的工作,確實有權利好好享受一番。是的,如果命運能人性地表現出理性,它一定會這樣做:先工作,然後好好享受應得的休息。偏偏

命運的行事是非理性的,而生命能量很讓人不方便地,要求與它自身一致的梯度(gradient);否則就會潰堤,成為一股破壞的力量。它會退行到先前的狀態——以這位男士來說,是退行到二十五年前感染梅毒的記憶當中。不過,甚至這只是處在嬰兒時期記憶回復過程中的一個階段,這段時間的記憶已完全消失。他症狀演進所反映的,就是與他母親的原始關係:這些症狀都是一種「安排」,目的在於迫使注意力,及關注都放在他早已過世的母親身上。因此才說現階段的退行還不到最後關頭;因為最終目的是要讓他回溯,如同過去的樣子,進入他自己的體內,因為在他的年輕歲月之後,他就只活在頭腦記憶裡。他有已分化的一面;另一面則只剩下毫無生氣的生理狀態。為了「活下去」(live),他原本就需要另一面。慮病的「沮喪」(depression)迫使他正視長期所忽略的身體。如果他能依沮喪以及慮病錯覺所示,並讓他意識到源於這種狀況的幻想,那可能就是一條通往救贖的道路。正如我所預期,我的論點自然沒有得到任何回應。一個進展到了這種地步的個案,只能照護至死亡;幾乎不可能被治癒了。

〔76〕這個例子清楚地告訴我們,想靠我們的力量去轉移「可自由運用的」能量到理性所抉擇的目標是不可能的。就一般可自由運用的能量而言,道理也一樣,當我們透過化約分析法的腐蝕性時,已經摧毀了它無用的形式,它就不受拘束了。這些能量,如先前所說,充其量只能夠在短期內被隨意地使用。但就多數案例而言,會理性地拒絕掌握住這些出現在眼前的潛能,不論出現時間有多長。心靈能量是個非常挑剔的東西,它堅持一定要按自己的方式來被滿足。不論出現的能量有多大,除非我們找到正確的梯度,否則這股能量就不可能為我們所用。

〔77〕梯度方向的問題相當實際,會突然出現在大部分的分析當中。比方說,就一個適切的案例來說,可自由運用的能量,亦即所謂的力比多[6],確實掌握了一個理性的客體,我們認為透過意志力有意識的努力,已經帶來了轉化,但其實那是我們的一廂情願,因為努力若不與其梯度方向同步,盡皆徒勞。在實例中可看出來,順應梯度是多麼的重要,儘管盡了天大的努力,即使被選擇的客體,或者要求的形式因其合理性,有著讓人印象深刻的事實,然而轉變仍然不會發生,所產生的只不過是一個新的潛抑。

〔78〕對我來說,這已經很清楚,生命只能照既定梯度的方向路徑前行。除非存在著對立的緊繃張力,否則不會有能量;因此必須去找出心智態度的對立面。看看對立的補償作用在神經症的歷史性理論中也具有何種重要性,是很有趣的:佛洛伊德的理論信奉情慾,阿德勒的則是權力意圖。邏輯上來說,愛的對立就是恨,情慾的對立是佛布斯(Phobos),亦即恐懼(fear);但就心理學而言,就是權力意圖。情愛至上之處,權力意圖消散;權力意圖高漲之際,情愛退隱。彼此互為陰影:立足於情慾理論觀點的人會發現,其對立補償為權力意圖,而強調權力者則是情慾。從意識態度的片面觀點來看,陰影是人格的劣勢部分,經常因為強烈的抗拒而

---

[6] 從前面所說的,讀者將會明白佛洛伊德創造的「力比多」(libido)這個名詞相當實用,我是更加廣義地使用。力比多對我而言,意即心靈能量,等於強烈的情感,心靈的內容因之而被充能。佛洛伊德根據其理論假設,視力比多為情慾,而試圖將它與一般的心理能量區分開來。因此他說(《性學三論》,1908,頁217):「我們定義力比多為一種可變量,可測量性興奮範疇的過程與轉化。力比多的源起較特殊,與一般必須在心理過程下進行的能量有所區別。」佛洛伊德在其他地方談到有關破壞的本能時,他少了一個「類似力比多的名詞」。既然所謂破壞的本能其實就是一種能量的現象,對我來說,將力比多定義為總括一切強烈心靈感受的名詞會簡單的多,且必然為純粹的心理能量。參閱:我的《轉化的象徵》(Symbols of Transformation),段190起;以及〈關於心靈能量〉(On Psychic Energy),段4起。

被潛抑。但只有意識到被潛抑的內容,才能夠創造出反面的力量,否則就沒有進步的可能。心智在上,陰影在下,正如水總往低處流,熱老向寒地攀一樣,所有有意識的心智行為也如此,或許連自己都沒有感受到,它們總會去尋找其無意識的對立面,少了它們,生命注定將停滯不前、堵塞以及僵化,生命正是源於對立的活力。

〔79〕一方面是承認理智上的邏輯,另一方面則是心理學上的偏見,讓佛洛伊德將情慾的對立物稱之為毀滅或者死亡本能。對於第一點而言,情慾並不對等於生命;但對於認為它是的人,情慾的對立面自然地看起來就像是死亡。而對第二點來說,我們都會覺得,我們自身最高原則的對立面,必然純粹是毀滅的、致命的以及邪惡的。我們拒絕賦予它任何正面的生命力量;因此我們逃避且害怕它。

〔80〕如同我先前所指出的,生命以及哲學的最高原則有很多,而對立的不同互補形式,也就有同樣的那麼多。至少對我來說,早先我所提到的兩個對立形式,我稱之為內傾型與外傾型。威廉・詹姆斯(William James)[7]對有這兩種類型的思想家的存在已然印象深刻。他將兩者而區分為「柔情」(tender-minded)及「鐵漢」(tough-minded)兩種。同樣地,奧斯華(Ostwald)[8]在學者當中發現一種分為「古典」(classic)與「浪漫」(romantic)類似區分型式。所以我並不是唯一有區分類型想法的人,其他還有許多的類型分類,這只是我所提及較著名的兩種。探究歷史會發現,許多對於心靈的重大爭論都源自於此兩種類型的對立。這類爭論最著名的例子就是唯名論(nominalism)及唯實論(realism)之爭,這

---

7 《實用主義》(*Pragmatism*)。
8 《偉人傳》(*Grosse Männer*)。

始於柏拉圖學派（Platonic）與麥加拉學派（Megarian）的差異，並為食古不化的哲學所繼承，而阿培拉德（Abelard）最的大成就便在於，至少曾大膽嘗試，企圖將這兩種相反觀點整合進他的「概念論」（conceptualism）[9]裡。時至我們的今日，這種對立的爭論依然存在，如同唯心論和唯物論之間的對立所呈現的一樣。而且，不只人類的心智普遍如此，每個人都是不同對立類型的一部分。經過更仔細的研究可發現，每種類型都喜歡與其對立類型結合，在無意識中與另一者有所互補。內傾型有著思考的特質，讓他在行動前總會先深思熟慮一番。這自然地會讓他行動慢半拍。他的害羞及不信任導致了猶豫，因此適應外在世界總會有困難。相反地，外傾型與事物有積極的連結。可以說，他被它們所吸引。新鮮的、未知的情境讓他著迷。為了更熟悉未知的事物，他會毫不猶豫地一頭栽進去。通常他總是先做再想。因此他行動敏捷，毫不拖泥帶水。所以這兩種類型好似天生相互依存。一個注重思慮，另一個所考慮的則是主動與實際的行動。這兩種類型結合，可能會是理想的婚姻。只要完全專注於適應外在各式各樣的需求，他們是極佳的組合。當男人賺夠了錢，或從天上掉下來了一大筆遺產，而不再需要忙於外在事物，然後他們一定就有時間來專注於對方了。這在之前，他們都是背對著對方，且對需求有著自我防衛。但現在他們轉過身來看著對方，並且尋求諒解——卻發現彼此從來都不了解對方，雞同鴨講，於是兩不同類型的衝突開始。爭執相當的惡毒、殘忍，充滿相互貶低，即使是在最親密的時刻都會悄悄地表現出來，因為其中一個人的價值是另一人價值的對立面。我們可以理性地假設，每個

---

[9] 《心理類型》，1923，頁 62 起。

人清楚自己的價值觀，可以平心靜氣地去認清對方的價值觀，因此任何衝突便顯得多餘了。雖然，我看過不少案例都採用這種說理的方式，卻沒有出現令人滿意的結果。對一般人而言，順利度過轉變的關鍵時期可以出現在哪裡，會是個問題。我所謂的「一般」（normal），是指在所有可獲得最低生活所需的環境裡，以某種方式生存下去的人。但很多人都做不到這點；因此不是那麼多數的人可謂一般。我們通常所指的「一般人」（normal person）事實上卻是一個理想的人，這種具善於巧妙協調的性格的人是很少見的。顯然，絕大部分多多少少有著差異的人們需求的生活，所關心的不只是飲食與睡眠而已。正因如此，共同生活關係的結局往往叫人大吃一驚。

〔81〕要理解為什麼會這樣其實不容易。不過我們應該要考慮到，沒有完全內傾或外傾的人，而是他身上兩者皆潛在地具備——儘管他只發展了其中之一作為適應的功能——我們就此可斷然推測，內傾型的外傾性只是潛藏於背後而尚未發展，外傾者則相似地存在著內傾幽靈。而一般的狀況確實就是如此。內傾型表現的是外傾的態度，但那是無意識的，因為他總會有意識地把焦點轉到主體上。他當然看到了客體，但對它卻有錯誤的，或想加以抑制性的想法，因此他盡可能與它保持距離，彷彿這東西是可怕且具危險性的。下面我用一個簡單的例子描述，把意思說得更明白：

讓我們假設有兩位年輕人正在鄉間散步。他們看到一座美麗的城堡；兩個人都想看看裡面。內傾的人說了：「我想看裡面長什麼樣。」外傾的說：「好啊，那我們進去吧，」同時舉步走向門口。內傾型的人這時退縮了——「也許人家不讓我們進去，」他說——並開始想像到警察、罰款，以及躲在門後兇惡的看門狗。外

傾型的卻接著說：「那麼，那我們可以問問看。他們就會讓我們進去的……」——同時幻想出慈祥的老門房、好客的主人，加上一段浪漫奇遇的可能。在外傾型樂觀的堅持下，他們終於進了城堡。結果，城堡內部在整修，除了幾個裡面放一堆古舊手稿的房間之外，其餘空無一物。很巧地，內傾的年輕人最喜歡老舊手寫本。他幾乎是一看到它們之後就開始轉變了。他沉浸於研究這些寶藏中，內心發出熱情的吶喊。他一直與管家說話，希望盡可能獲得更多訊息，當問不出所以然後，他提出，希望面見手稿的主人，可以親自向他提問。他的害羞消失了，客體已經極具吸引的魔力，世界呈現了新的樣貌。然而與此同時，那位外傾型的年輕人的情緒越來越低落。他的臉越拉越長，然後開始打哈欠。這裡既無和善的門房迎接，也沒有尊貴的熱情接待，更別說有什麼浪漫奇遇了——只是一座即將被整修成博物館的城堡而已。手稿也是平日所常見的。一個人的熱情被燃起之際，與此同時，另一個的情緒卻低落下去，城堡讓他覺得無聊，手稿令他想到圖書館，圖書館又聯想到學習，以及強迫得考試的大學。慢慢地，這座他一度感興趣的迷人城堡籠罩上一層讓人沮喪的霧紗。這個客體呈現出負面意義。「太神奇了，」內傾型的叫道，「能夠無意中發現這精采的收藏？」「這個地方無聊死了，」另一人的壞心情在臉上表露無疑。這惹惱了內傾者，心中暗忖絕不再與這位外傾者出來散步。後者則對內傾者的生氣而不悅，於是他在心裡想著，自己早就知道這傢伙是個不體貼的自我中心者，只顧著自己的興趣，卻浪費了大好的春光，用這些時間到戶外走走，豈不更佳美哉。

〔82〕到底怎麼了？兩個人一起快樂地散步，直到當他們發現這座有關鍵影響的城堡。然後先知型的，或者是說普羅米修斯型

（Promethean）的內傾者說也許可以看看裡面，而後悔型的，或稱埃匹米修斯型（Epimethean）的外傾者則開了門[10]。值此之際，兩人的類型倒轉，一開始不想進入的內傾型，進去後再也不想出去，而外傾型則對踏進城堡那一刻後悔咒罵不已。前者現在為客體所吸引，吸引後者的，則是他負向的思想。當內傾型者把目光聚焦在手稿上，整個人興奮了起來。他不再害羞，客體擄獲了他，而他也心甘情願地被控制。不過，外傾型對客體卻越來越感到抗拒，且最終讓他成為自己心情主觀上不佳的俘虜。內傾型變得外傾，外傾型則變得內傾。但內傾型的外傾性卻迥異於外傾型的外傾性，反之亦然。兩人在歡樂的和諧氣氛下散步時，不會互相討厭，因為他們都以各自天生的特質應對。互相正向看待對方，因為他們的態度是互補的。然而，他們會互補只因一者的態度包含了另一者。從在門口的簡短的對話就可以看出這點了。兩人都想進城堡。內傾型遲疑著是否能進去，其實另一人也如此。而外傾型主動積極的態度，另外的那位其實也有。因此如果一個人正好表現的是天性自然的態度，其中一個的態度會包含另一個的說法，在某種程度上總會是真實的，因為這個態度在某種程度上會去適應集體。內傾型的態度也如此，然而這總是從主體開始的。它純粹地從主體走向客體，於此同時，外傾型的態度則是從客體走到主體。

〔83〕但以內傾型者的例子而言，當客體影響太大且吸引住主體之際，他的態度就失去了社會性。他忘了朋友的存在，不再把他涵括進來，開始耽溺於客體中，對朋友的極度厭煩視而不見。同樣地當外傾型的期待落空時，他便退回到自己的主觀性以及情緒性

10　參閱我在《心理類型》（*Psychological Types*）中對卡爾・史匹特勒（Carl Spitteler）的《普羅米修斯與埃匹米修斯》（*Prometheus und Epimetheus*）的討論（1923，頁 207 起）。

裡。

〔84〕因此我們可以對這個事件系統性地說明如下：因為客體的影響，引發內傾型內在劣勢的外傾性，與此同時，外傾型內在的劣勢內傾性則取代了他的社會態度。因此我們回到開始的論點：「這個人的這項價值對另一人而言是對立的價值。」

〔85〕不僅正向的，負向的事件也可以導致反面的劣勢功能出現。一旦如此，就會出現敏感性。敏感性是明顯出現自卑的徵兆。這讓不和諧與誤解有了心理學解釋的基礎，它不只存在於兩個人之間，我們自己身上也有。劣勢功能[11]具有獨立自主的本質：它是獨立的，會攻擊，會迷惑人，我們會因以為失去自主性而沮喪，且為再也不能準確分辨出自己與他人的區別而失志。

〔86〕然而對於性格的發展而言，這是必需的，我們需要讓另一面，即劣勢的功能找到表現的出路。長期來說，我們不能一直讓自己人格的一部分，由共生的另一部分來管理；因為我們隨時可能需要另一個功能出現的時刻，而到時卻發現自己毫無準備，正如以上例子那樣。那樣的結果可能很糟：外傾型的會失去與客體不可或缺的連結，而內傾型失去的則是與主體的。反過來說，對內傾者而言，可讓他開始不再猶豫、懷疑的行動，也同樣的重要，而對外傾者則是自我反思，可以令其不致於危及關係。

〔87〕外傾以及內傾兩者明顯是天生互相對立的態度或傾向，歌德（Goethe）曾以擴張（diastole）及內斂（systole）的概念加以表達。它們應當和諧地交替著，賦予生命韻律感，但要達到這種境界，看來似乎需要高度的技巧。任何人都只能十分無意識地進行，

---

11 《心理類型》（*Psychological Types*），定義：30。

這樣的話，這個自然律才不會受到意識技巧的干擾，或者，必須有更高的理智去意識到，才有能力、願意去繼續這種對立的活動。既然我們無法發展回到獸性的無意識，就只能走更努力向前的道路，達到更清明的意識狀態。當然，那種意識狀態是一個完完全全超人的理想典型，讓我們得以依自身的自由意志與決心，過著可是可非的崇高生活。儘管如此，它仍是個目標。或許我們所出現的心智只能有意識地讓我們去接受是，以及忍受非。若是如此，其實也達到大多數的目標了。

〔88〕在我們越來越認清世界的過程中，作為人性與生具有的內在對立的問題會在當中進入一個更深入的階段。如同一種規則尺度般，它是性格成熟的問題之一。而病人臨床治療卻通常不是從這個問題開始，特別當他不是年輕人時。年輕人的神經症通常來自介於現實的，與不適當的、幼稚的態度兩者之間的衝突，從因果觀點來看，會對實際或想像中的父母異常依賴，就目的論而言，則具有不切實際的想像、計畫或理想抱負的特徵。佛洛伊德與阿德勒的化約法在此完全適用。但有很多神經症只出現在成熟的人，或者退行到無法工作程度的病人身上。人們通常可以在這些案例中看到，年輕時便不尋常地依賴父母，所以常出現嬰兒期的幻想；不過卻都不足以妨礙他們從事專業、事業成功、維持婚姻等等。直到多年後，先前態度不管用的時刻突然出現了。像這樣的個案讓他們去意識到兒時的幻想、依賴父母等等，都沒有幫助，雖說這是治療必要的部分，且通常結果也還可以。但真實的治療要到病人看到阻礙他的不是父母，而是自己時，才算開始——換言之，他人格中的無意識繼續扮演父母親的角色。就算這點認識仍是負向的，還是有所助益；簡單地說，「我了解阻礙我的不是父母，而是自己。」但真的在阻

礙他的是什麼？這個躲藏在父母親意象背後的人格神祕部分是什麼，竟讓他多年來都相信困擾的原因是從外而來的？這部分對應的是他有意識的態度，令人不安，直到他臣服前都會不斷折磨。對年輕人來說，能從過去解脫可能已經足夠：未來就在前頭召喚，充滿各種可能。只要破除幾個環節；生命的衝動就可以完成其他工作。但我們現在面對的是另一種任務，個案人生已然過了大半，對他們而言，已經沒有什麼了不起的未來可期，除了一成不變的工作循環，以及不可預期的晚景如春外，已沒什麼好特別想像的。

〔89〕如果能成功幫助年輕人從過去解放出來，他們總會把父母意象轉移到更適當的替代角色身上。比方說，依戀母親的情感現在轉移到妻子，而父親的權威則到尊敬的師長身上，或者社會制度習慣上面。雖然這不是根本解決之道，但卻是條一般人無意識裡的可行道路，所以不會遭遇顯著的抑制或阻抗。

〔90〕這個問題在成人身上則非常不同。無論有沒有困難，他都已經放棄這部分的道路了，他與父母的關係脫離久矣，也許他們早已辭世，且亦早在妻子身上找到了母親，就女性而言，便是看到父親出現在丈夫裡頭。他已經對父親以及社會制度充分表達敬意，自己也成為父親，過去這一切，他可能已經逐漸厭煩，原本代表成功與滿意的東西，往是今非，部分是出於對年少的幻想，他既悔恨又羨慕地回首過往，因為前途無望，等待他的僅有暮年以及終歸黃梁夢覺的未來。這裡再沒有父母親；所有對世界以及萬物投射的幻想，現在完全清醒了，徒留疲累與厭煩。能量從這些錯綜複雜關係中湍急回流，沉降入無意識，活化了所有他先前所忽略而未發展的事情。

〔91〕在年輕人身上，被神經症束縛的本能力量一旦釋出，

會帶來樂觀、希望以及拓展視野的機會。對身處人生下半場的人來說，發展沉睡在無意識中的對立功能意味著重生；但這個發展不再透過解決嬰兒期的關係、摧毀嬰兒期的幻覺，以及將舊的移情意象轉到新角色：而是透過解決對立的難題而獲益。

〔92〕當然，對立原則在青少年身上也很重要，青少年心理學理論也不能不承認這個事實。因此，只有在宣稱自己是普遍的應用性理論時，佛洛伊德學派與阿德勒學派的觀點才互相矛盾。但若僅限制於技術上的、輔助性的概念內，它們便不致於互相矛盾及排斥。如果不只是個技術上的臨時代用品，一個心理學理論就必須立基於對立原則；因為缺乏這個原則，再建立的就只會是帶有神經症的不平衡心靈。沒有對立性，就沒有平衡，沒有自我調節系統。心靈剛好就是這樣一種自我調節的系統。

〔93〕如果這時候重拾先前先放下的思路線索，現在可以看得更清楚，為什麼所缺乏的價值，卻在神經症本身被找到。於此，我們也可以回到那位年輕女性的案例，應用所獲得的洞見。現在假設這個病人「接受分析了」（analyzed），也就是說，她透過治療，已經開始了解到自己症狀背後的無意識想法，也因此重新擁有造成這些症狀影響力背後的無意識能量的內容。這些所謂可自由運用的能量可以拿來做什麼呢？根據病人的心理類型，可能就可以理性地將這股能量轉移到一個客體上——例如慈善工作，或其他有用的活動。對特別精力旺盛，如果需要的話，不怕把他們自己累壞的，又或者喜歡辛勤投入這類活動的人，這種方法是可行的，但大部分來說，都是不可能的。因為——別忘了——力比多，當這個心靈能量被技術性地如此稱呼之際，已經在無意識中有了它的客體，以年輕的義大利人的形式，或者是某種同等真實的替代人物出現。在這些

情境下,雖然渴望昇華,但卻是不可能的,因為比諸從事最具道德性的活動,真實的客體通常可提供能量一個更好的梯度。不幸地,我們大多數人論及一個人時,總以希望他是怎樣的人,而從不以他真的是怎樣的人為依據。但醫師所對待的總是真實的人,他會一直頑固地做自己,直到被完全認清為止。正確的教育只能從赤裸裸的現實出發,而非從想像中的完美典型開始。

〔94〕遺憾的是,沒有人能夠隨心所欲地,去操控這些所謂可自由運用的能量。它會順著自己的梯度走。確實如此,甚至在我們將之從無法使用的狀態中釋放出來,到重新被連結前,它就已經找到那個梯度。因為我們發現病人先前被年輕的義大利人所佔據的幻想,現在已經轉移到醫師身上了[12]。醫師自己成為無意識力比多的客體。若病人完全拒絕承認移情的事實[13],或者醫師沒能意識到這事,緊接著就會引發強烈的阻抗,直接造成完全無法與醫生建立關係的後果。然後病人就會離開,去尋找另一位醫師,找到一個可以了解這種狀況的人;或者,若他放棄覓尋,便繼續困頓於迷惘之中。

〔95〕但若對醫師產生移情,且被接受了,便產生一個自然的形式,取代先前的,於此同時也提供能量一個出口,相對地讓它免於衝突。所以如果能夠讓力比多按其自然的路線行走,它必定可以

---

12 佛洛伊德引進移情概念作為無意識內容投射的一種稱謂。
13 與某些觀點相反的是,我不贊成「移情到醫師」是成功治療不可或缺的普遍現象。移情是種投射,而投射不一定都會存在,也就是它不是必要的。把它「製造出來」也不合理,因為就定義來說,它是從無意識的動機中湧現的。醫師有可能是,也可能不是適當的移情客體。這絕不是說醫師不論在任何情況下,一定都與病人力比多的天生的梯度一致;因為很可能力比多正面對著更重要的可投射客體。不對醫師投射在此時可能更有助於治療,因為真正的個人核心價值此時才能更清楚地出現。

找到自己到達命定的客體的道路。若這件事沒有發生,便一直會有執意倒行逆施,與杞人憂天的問題存在。

〔96〕所有嬰兒期的幻想都會在移情中被投射出來。它們都必須被根除,亦即透過化約的分析消除,這一般被稱為「消除移情」(resolving the transference)。能量因此再度從無用的狀態中被釋放出來,而我們再度面臨到可自由運用能量的問題。再一次地,我們要相信天性,期待在尋找到它之前一切順利,有個可以提供最佳梯度的客體終究會被選中的。

V. 個人與集體（或超個人）無意識

〔97〕我們對分析有了新的認識，於此進入另一個階段。我們把嬰兒期移情幻想分析得很清楚，連病人都明白，自己將醫師當成他的父親、母親、叔伯長輩、守護者和老師，以及所有其他具父母權威象徵的人。但經驗顯示，還有其他幻想會不斷出現，似乎把醫師當成是救贖者，或者神一般的對象——這自然完全不是健康的意識邏輯。更有甚之，這些神祇涵括的範圍超過我們基督教的文化背景架構；他們有著異教的風情，甚至還常常以動物的形式出現。

〔98〕移情本身無非是投射無意識內容而已。起初投射的，是所謂的無意識表相內容，如同症狀、夢境以及幻想等所表現的那樣。這個狀況下，醫師可能會被看成情人（有點像我們先前討論到的年輕義大利人）。接著他似乎更像是父親的角色：要不就是好的、慈祥的父親，不然就是「暴躁的怒漢」（thunderer），端視病人真正父親是怎樣的人而定。有時醫師卻帶著母性，這看來有點特別，但仍有可能。所有這些幻想都投射出病人個人的記憶。

〔99〕最後，會出現一種對角色有過度期待的幻想。醫師被賦予超乎尋常的力量：他成為一個魔法師或者惡魔，不然就是等同於善的人格化身，一個救贖者。此外，他也可能變成兩者的混合體。當然，要知道，病人未必有意識地讓他變成那樣；那只是浮上意識的幻想所賦予他的外觀。這樣的病人往往無法理解幻想其實是出自於自身，與醫師幾乎沒有關係。投射出來的這類妄想沒有個人記憶的成分。在童年某個時期，有時也會出現類似的幻想，附加到父親或母親身上，儘管真實的父母沒有那種特質。

〔100〕佛洛伊德在一篇短論[1]中說過李奧納多‧達文西（Leonardo da Vinci）晚年生活如何被他有兩個母親這件事影響。達文西確實有兩個母親，或說是雙重繼嗣（double descent），但這樣的事也對其他藝術家產生影響。像本韋努托‧切利尼（Benvenuto Cellini）也曾幻想自己是雙重繼嗣。一般而言，這是神話的主題。許多傳說英雄都有兩位母親。這個幻想並非出自英雄真的有兩個媽媽；這是非個人記憶，而是從人類內在心理發展過程中的奧祕範疇裡出現的普遍「原始」（primordial）意象。

〔101〕除了個人記憶，所有人身上還存在著偉大的「原始」意象，正如雅各‧布克哈特（Jacob Burckhardt）傳神地形容，那些是人類自遠古以來的種種想像，經遺傳而留給後世子孫。遺傳的觀點可解釋特定神話和傳說的主題為什麼以同樣形式到處出現這種令人訝異的現象。這也可以解釋，為何精神病人也出現同樣的意象，這些意象又跟人們熟知的古老主題有關。我在《轉化的象徵》（*Symbols of Transformation*）[2]中舉了一些這類例子。我這樣做，其實無意主張遺傳繼承的想法，只是有這種可能，且相當特殊。

〔102〕治療進到深入階段，當幻想內容不再為個人記憶時，我們必須要處理出現深層無意識的東西，人類的原始意象在那兒沉睡著。我曾稱這些意象或主題為「原型」（archetypes），也叫無意識的「優勢力量」（dominants）。為了進一步闡釋這樣的想法，我必須請讀者先閱讀幾篇相關文獻。[3]

1　〈達文西及其童年的回憶〉（Leonardo da Vinci and a Memory of His Childhood, 1910 年）。
2　亦參考〈集體無意識的概念〉（The Concept of the Collective Unconscious）。
3　《轉化的象徵》；《心理類型》，定義：26；《原型與集體無意識》（*The Archetypes and the Collective Unconscious*）；評述《金花的祕密》（*The Secret of the Golden Flower*）。

〔103〕這項發現代表我們的理解又更深入一些：認識到無意識的兩個層次。我們必須區別出個人無意識與非個人的（impersonal）或超個人的無意識（transpersonal unconscious）。我們又以集體無意識（collective unconscious）的說法討論後者[4]，因為它脫離個人經驗，且為所有人普遍共有，既然到處都可以見到這類內容，自然便非屬個人。個人無意識包含遺忘的記憶、被潛抑的痛苦想法（例如，故意遺忘）、下意識的感知，亦即還未強烈到可達到意識層面的感官知覺，最後是還未遇到浮出意識之適當時機的內容，相當於夢中常碰見的陰影角色。[5]

〔104〕原始意象是人類最古老也最普遍的「思維形式」（thought-forms）。它們如同思想一般敏銳；的確，它們有自己獨立的生命，而非靈魂的一部分，[6] 就如同仰賴無意識感知作為知識來源的哲學，或諾斯替（Gnostic）體系裡常見的一樣。天使、大天使、使徒保羅所稱的「權天使及能天使」（principalities and powers）、諾斯替教派所謂的空中掌權者、亞略巴古的丟尼修（Dionysius）的天階等級，以上這些概念全都來自於具有相對自主性之原型的感知。

〔105〕我們現在發現，當力比多被個人的，與幼稚的移情釋放出來時，它會自己選擇客體。順著自己的梯度深入無意識，且活化了從一開始便沉睡的東西。它發現了人類早已不時地在掘取的祕密寶藏，鬼神從中生起，而若沒有這些強而有力的思想為支柱，人

---

4 集體無意識代表客觀的心靈，個人無意識代表主觀的心靈。
5 陰影，我是指人格的負面部分，那些所有我們想隱藏的不愉快的東西，以及未充分發展的功能與個人無意識的內容。沃爾夫（T. Wolff）的《複雜心理基礎知識介紹》（*Einführung in die Grundlagen der komplexen Psychologie*）中有淺顯易懂的敘述（頁 107 起）。
6 參閱，〈情結理論的評論〉（A Review of the Complex Theory）。

便不足以為人了。

〔106〕讓我們舉十九世紀誕生的最偉大思想之一的能量守恆定律為例。羅伯·梅耶（Robert Mayer）是這想法的真正創造者，他是位內科醫師，而非更適於創造這種概念的物理學家或者自然哲學家。但很重要的是，嚴格來說，我們要了解到這個想法並非梅耶「製造」出來的。也不是融合了構想或科學假設，然後成為現在樣子，而是如一棵植物在它的創造者心中生出來。梅耶在1844年寫信跟格瑞辛格（Griesinger）說過這個過程是這樣的：

我絕非在案牘上孕育出這個理論。【他接著說在1840及1841年擔任船醫時，所觀察到的特定生理現象。】好的，如果有人想了解生理學，就必須具備某些物理變化的知識，除非有人寧願採取讓我極度討厭的形而上學研究方式。因此我開始研讀物理，並以歡喜的心情浸淫其中，雖然很多人可能因此笑話我，我對現在我們身處地球哪個角落並不太在意，寧願待在船上不停工作，度過無數個小時靈感泉湧的時間，那種感覺在以前或自彼時之後都再也沒有過。前往印尼泗水（Surabaya）途中，一陣靈光乍現，令我孜孜不倦地隨之馳騁，在它們帶領下出現了新的主題。那些時刻過去了，但對冷靜審視當時浮上我意識表面的經驗後，我知道那就是真理，不僅能夠主觀地感受到，也可以被客觀地證實。不過像我這樣不精通物理學的人，是否足以完成這項工作，則尚待觀察。[7]

7　梅耶，《短文與信箋》（*Kleinere Schriften und Briefe*），頁213，〈致威爾海姆·格瑞辛格的一封信〉（letter to Wilhelm Griesinger，1844年6月16日）

〔107〕在他談論力學的書中，[8] 海姆（Helm）表達這樣的看法：「羅伯‧梅耶的新想法，並非深入研究傳統能量概念後逐漸出現的，而是直覺領會到的觀念，它們從心靈另一個領域出現，可以說是，佔領了心智，並迫使以它們的樣貌重塑傳統概念。」

〔108〕現在問題來了：這帶著強大力量，將自己推上意識層面的新想法從何而來？以及它如何取得這個讓意識如此著迷的力量，竟連熱帶處女航的繽紛燦爛都相形失色？這些問題都不是那麼容易回答。但如果把我們的理論應用在這兒，那麼只有一個解釋：具備與保存能量概念的必然是個原始意象，它潛藏於集體無意識之中。這個結論自然迫使我們要去證明，有這種原始意象真實地存在於人類的心靈過往裡頭，而且貫串時代地運作著。事實上，要證明這點並不太困難：遍布全球各地最原始的宗教都奠基在這個意象上頭。許多所謂動力性宗教，唯一與具決定性的思想，就是主張世界存在一種巫術力量[9]，萬物都以其為中心運轉。泰勒（Tylor）這位著名的英國學者，還有弗雷澤（Frazer）也一樣，都將這種概念誤解成泛靈論。就其能力的概念（power-concept）而言，事實上原始的事物完全不是指靈魂或者鬼魂等，而是有點像美國學者拉弗傑（Lovejoy）曾經適切地以「原始能量」（primitive energetics）稱呼的東西[10]。上帝、健康、體力、生育力、魔法、影響力、權力、威望、醫藥，以及可以釋放出內在情感的特定感覺狀態。某些玻里尼西亞人（Polynesians）裡，「母浪古」（mulungu）——同樣是原始

---

8 海姆（Helm），《能量發展史》（*Die Energetik nach ihrer geschichtlichen Entwicklung*），頁 20。
9 一般稱之為神力（mana），參考瑟德布盧姆（Söderblom），《上帝信仰的形成》（*Das Werden des Gottesglaubens*），由瑞典語《上帝信仰的形成》（*Gudstrons uppkomst*）翻譯而來。
10 拉弗傑（Lovejoy），〈原始哲學的基本概念〉（The Fundamental Concept of the Primitive Philosophy），頁 361。

的能力概念——意指鬼魂、靈魂、魔鬼、魔法、威望；只要發生令人驚異的事情，人們就會喊著「母浪古！」這種能力的概念也是在原始人間最早出現的神的觀念，同時也是個在歷史中已經歷過無數次變形的意象。在舊約聖經中，神奇的力量如燃燒荊棘中的火焰，並在摩西（Moses）的臉上顯現；福音書的說法則是，它則隨著聖靈（Holy Ghost）以形狀像火燄的舌頭的形式降臨。在赫拉克利特（Heraclitus）的想法裡，它以世間能量，「永恆之火」（ever-living fire）的方式呈現；在波斯人則是「蒿瑪」（haoma）的炙熱光輝，象徵著神聖的榮耀；以斯多亞學派（Stoics）的說法，它就是「原熱」（original heat），是命運的力量。此外，中世紀的傳說中以靈光（aura）或者榮光（hola）的方式顯現，它由陋屋房頂竄出如火焰般閃閃放光，因為有聖人在裡面正處於法喜充滿的狀態。聖人在這些意象中看見太陽的力量，完全的光輝。古老的觀念認為，靈魂本身就是這股力量；以靈魂不滅的想法來說，就暗示著它是永存的概念，而對佛教徒以及原始轉生的想法來說——靈魂的輪迴——暗指它在無窮盡的生生世世中可無止盡地變化。

〔109〕所以，這樣的思想被烙印在人類腦海中已歷億萬斯年。這也就是為什麼它在每個人的無意識裡隨手可得的原因。但只有在某些條件下它才會出現。羅伯・梅耶的案例很明顯地是符合這些條件的。人類最偉大與最優秀的思想，是根據這些原始意象形塑而成的，就如同依據藍圖製造一般。我常被問到這些原型或原始意象來自何方的問題。在我看來，它們似乎僅能夠以人類持續反覆經驗沉澱的假設解釋。最常見也最令人印象深刻的經驗之一，就是太陽顯而易見地朝升暮落。就目前所知，我們當然還無法在無意識中發現任何這類物理運作。但是就另方面而言，我們看到的是無數變

形的太陽勇士（sun-hero）神話。形成了太陽原型的是神話，而不是物理運作的過程。同樣的道理也適用於月亮的盈虧循環。原型就是一種一再重複產出相同或類似的神話思想的心理趨勢。因此銘記於無意識上的，看來會好像這種主觀的幻想是被物理運作過程所喚起產生的。這樣的話，或許我們可以因此假設，原型是由主觀反應所產生的一再重複的印記。[11] 自然地，這種假設只是再把問題回頭丟得更遠，卻沒有真正予以解決。我們不是說不能假設，甚至在動物心理中也有特定的原型存在，它們是根植於活生生的有機體本身的特質當中，而得以直接表達無法真正說清楚的生命本質。顯然，原型不僅是不斷重複特有經驗的印記，它們同時也像是傾向於重複這些經驗的媒介，憑藉著經驗起作用。因為當有個原型出現夢中，或於幻想裡頭，或在生活裡時，由於它不是運作出神祕或者迷人的結果，就是迫使人去行動，所以總會帶著特定的影響或力量。

〔110〕這個例子已經顯示了，新的想法是如何從原始意象的寶庫中產生，我們將繼續深入討論移情的過程。我們看到力比多為了得到新的客體，利用這些看起來有點荒謬且奇異的幻想，也就是集體無意識的內容。如我之前所說，這個治療階段中，對醫師所投射的原始意象是個危機，不可輕忽。這些意象涵括的，不僅是人類思想與感受過的所有美好與良善的事物，也包括了人所曾造作過的最大醜事與惡行。由於它們獨特的能量——因為它們表現得就像充滿高度活力具自主能力的動力中心——會對心智產生迷人且具控制性的影響力，因此可以深刻地改變主體。我們可在宗教信仰中看見這種因受暗示而產生影響狀況，也特別可以在某些形式的精神分裂

11　參閱，〈心靈結構〉（The Structure of the Psyche），頁 152 起。

症（schizophrenia）發作時見到。[12] 如果現在病人無法分辨出醫師的人格與這些投射是不同的，最終會完全失去理解的希望，也無法建立具人性的關係。但如果病人要避開克里布地斯海怪（Charybdis）的漩渦，就會撞上這些把意象向內投射成錫拉女妖（Scylla）的岩礁——亦即，將它們的特質歸於自己而非醫師，這有著同樣的災難性後果。在投射中，他搖擺於過度及病態地神化醫師，以及充滿憤恨的輕蔑之間。向內投射時，他陷入荒謬的自我神化，要不然就是在精神道德上自我折磨。兩種錯誤都是因為他將集體無意識內容當成是個人所有而造成的。他以這種方式讓自己或者伴侶變成神祇或惡魔。我們於此看到原型的獨特作用：它以一種力量攫取心靈，驅使自己越過人的邊界。它造成舉止誇張、態度膨脹（驕矜自大）、失去自由意志、妄想，並且對善與惡都同樣地積極追求。這就是人類總是需要惡魔，且又不能沒有神的原因，除了少數過往特別聰明的西方人（homo occidentalis）自認為是超人，說「上帝已死」（God is dead），因為他們自己已經變成了神，事實上卻是腦袋不清楚且冷酷無情的低級偶像。神的概念是非理性，但卻絕對必要的心理運作功能，這與神是否存在的問題完全不相干。人類的智識永遠無法回答這個問題，更別說要去證明神的存在了。況且，這種證明也是多餘的，因為有個全能神聖存在的觀念到處都有，這種表現若非有意識地，就是無意識地，因為它是個原型。在人類心靈中有個優勢的力量，如果不是一個可意識到的神，最少以使徒保羅的話來說就是「肚腹」（belly）。因此我認為有意識地承認神的概念會

12　在《轉化的象徵》裡，有個這類案例的詳細分析。也參閱，奈肯（Nelken），〈有關幻想式精神分裂症的分析觀察〉（Analytischen Beobachtungen über Phantasien eines Schizophrenen, 1912），頁504。

聰明一些；因為，我們若不這麼做，就有其他東西變成神，通常是些十分欠妥，而且愚蠢的東西，只有「被啟蒙了」（enlightened）的聰明人才想得出來。我們的智識很早就知道我們無法形成適當的神的概念，我們自身實在難以想像他存在方式的樣子，假設他真的存在的話。神是否存在是個永遠無解的問題。人類社會輿論（consensus gentium）從過去到現在一直在談論著神，之後也會永遠繼續說下去。無論人類相信他的理性可達到多麼美好和完善，他隨時可確定，那僅是可能的心理運作之一，且僅涵蓋與理性一致的片面表象世界而已。但與理性無法共存的非理性卻無所不在。而非理性也是心理的一項運作功能——一言以蔽之，就是集體無意識；反之，理性基本上與心智緊緊相依。心智必須具備理性，首先，是於發生在這世界上無序個別事件的混亂中找出一些規律，再來，則是至少在人類事務中創造秩序。我們被竭盡全力掃除內在與外在之非理性混亂這個值得讚賞與有益的努力目標而感動。顯然地，這個過程已經進行地相當深入。如同一位心理病患有次所告訴我的：「醫師，昨晚我用昇汞把整個天堂都消毒了一番，但我沒見到上帝。」類似這樣的事情也會發生在我們身上。

〔111〕老赫拉克利特，果真是個偉大哲人，他發現了最了不起的心理法則：對立面的調節作用。他稱之為「物極必反」（enantiodromia），往相反方向的運動，他的意思就是說每件事情早晚都會走到它的對立面（在此我要提醒各位有關先前那位美國商人的案例，那就是物極必反的漂亮例子）。因此文化的理性態度必然走入其對立面，也就是非理性的文化毀滅。[13] 我們決不能把自

---

13 這句話是一次世界大戰期間寫下的。我保留了它的原樣，因為它包含了在歷史上被一再確證的真理（寫於1925年）。就目前狀況看來，不用太久就要證實了。誰想要盲目的毀滅？但我

己等同於理性,因為人類不是,也不可能僅僅是理性的產物,這是個可由文化販子賣弄學問看出來的事實。非理性無法也絕對不能被根除。上帝不可也絕不能死。我剛才說過,在人類的心靈中看來,似乎有些東西存在,一種優勢的力量,而如果這不是神的概念,那麼它就是「肚腹」。我想要表達的是,不管是哪種基本本能或者是思想情結,它總是會盡其所能地將所有的心靈能量聚集到它自己身上,藉此迫使意識自我為其所用。一般來說,意識自我會被這股能量拉進其中心,它力量如此強大,意識自我會對它產生認同,覺得自己再也不會想望,或者需要任何東西了。於是產生了一種狂熱,一種偏執或者著魔,一種最常嚴重危害心靈均衡平靜的嚴重片面性。無疑地這種片面性的能量正是成功的祕密——勉強稱得上如此,由於這個因素,我們的文明努力不懈地在培育這種片面性。以這些偏執形式所累積出來的,是古人用以召喚「神」的狂熱,我們至今日常仍使用這般的語言。難道我們不會說,「他把這個或那個當成神」嗎?人以為自己有自由意志選擇,沒想到已經著魔了,他看重的東西已經成了主宰,大膽妄稱所有力量都屬於它自己。像這樣讓人著迷的東西確實就是某類的神,一旦為多數人認同,漸漸地就形成「教會」),然後聚集了一群信徒。我們於是稱之為「組織」。隨之而來就會產生瓦解組織的反作用力,目標是用魔王別西卜(Beelzebub)驅逐魔鬼。在一個運動獲得無上權力之際,卻對物極必反隨時帶來威脅的問題束手無策,因為它對組織瓦解一無所知,就如同組織成形時一樣。

〔112〕唯一可逃出無情的物極必反法則的,就是知道如何讓

們也都助紂為虐。喔,多虔誠的單純愚昧!(O sancta simplicitas!)(寫於 1942 年)。

自己與無意識分離的人，不是去加以潛抑——這樣它只會暗中偷襲——而是清楚地把它擺在眼前面對，才知道他不是它。

〔113〕這麼一來，便有了解決先前所提到的，面對岩礁及漩渦的進退兩難問題之道了。病人必須學習區辨什麼是意識自我，以及什麼是非意識自我，亦即集體心靈。這樣一來，就可以發現從今爾後自己必須去適應的東西。他於此之前處於無用且病態形式的能量，現在起被妥適地安頓好了。一個人在意識自我以及非意識自我區分開來時，絕對要牢牢地掌握意識自我的功能；也就是說，他必須實踐生命的任務，如此才能成為在社會各方面有所發揮的一員。他在這部分所忽略的東西將沉降至無意識當中，且地位更加強化，他便因此身處被無意識吞噬的危機。這種結果極為苦澀沉重。如從前西尼修斯（Synesius）認為，變成神和魔的，不過就是「被喚醒的靈魂」（inspired soul）（πνευματιχή ψυχ），而就以神和魔這樣的身分，受到如扎格列歐斯（Zagreus）被撕成碎片一樣的神性的懲罰。這也是尼采開始生病後所經驗到的狀況。物極必反意即被撕裂成為一組對立物，它是「成神」（the god）的特質，因此也是那如神一般的人的特質，他會拿自己所擁有的神一般的能力，去征服他的眾神們。在談論集體無意識時，我們會發現自己被侷限在一個範圍裡，擔心會有把對年輕人，或長期處於嬰兒期者的臨床分析，完全排除在外的問題。無論如何，只要父母的無意識意象仍須克服，生活裡不管怎樣總有大小俗務得處理，一般人自然都得忙於這些瑣事，這時我們最好都別提集體無意識及對立面的問題。不過，一旦父母移情與青春幻覺已經被控制，或至少時機成熟到足以掌握時，那時我們就必須正視這些了。此刻所論及的已經超出佛洛伊德學派以及阿德勒學派化約方法的範疇；我們不再關心要如何去移除

對一個人財產,或者對他的婚姻,或關於任何拓展生命的方法的障礙,而是面臨找尋能夠讓他繼續完整生活下去的意義的任務——一個超越全然放棄與哀悼過去的意義。

〔114〕我們的生命就像太陽運轉的過程。早上持續增加強度,直到天頂——正午的熱度。緊接著就發生了物極必反:平穩前進,但強度不增反減。因此我們處理年輕人的任務,與處理較年長者的是不一樣的。對於前者,只要去除所有妨礙拓展及進步的障礙就足夠了;然而後者,我們必須提供任何足以支持其衰退問題的協助。經驗不足的年輕人可能會認為就隨老人家愛怎樣就怎樣吧,反正來日無多:他們了無生趣,猶如古舊的石柱。但生命意義會隨青春輝煌時期結束而耗盡的假設是大錯特錯的;那種說法就好比,一個女人一旦停經後就「完了」(finished)一樣。生命的黃昏與清晨一樣充滿了意義;只是意義和目的不同。[14] 人類目的有二:第一是天性的目的,繁衍生子以及保護血脈;為此應該賺取金錢以及獲得社會地位。當這個目標達成後,新的階段開始:文化目的。為了達成前者,我們有天性的幫忙,緊接著就是教育的支持;而對於後者,幾乎沒有任何協助。的確,經常有不死心的老人想要返老還童,或覺得自己至少要表現得像年輕人,儘管他內心都已不能再偽裝了。對許多人而言,就是這樣使得從自然面向到文化面向的**轉變**如此艱難與苦澀;他們緊抓著青春幻覺或者他們的小孩,期待以此獲得最後青春鴻爪的救贖。特別在一種母親身上可見到的,是她們在孩子身上尋找唯一的意義,且想像著如果必須離開他們,生命將陷入無盡的空虛。難怪許多嚴重的神經症都發生在生命的下半場。

---

14 參閱,〈生命階段〉(The Stages of Life)。

它是種二度青春期，另一個「狂暴與壓力」的階段，屢屢伴隨激情風暴——是個「危險的年齡」。但在這年齡所浮現的問題再也不能用老方法解決：時間無法回頭。年輕人所找到的以及必須尋找的是外在的，然而身處下半生的人必須往自我內在找尋。我們在這裡面臨了常造成醫師茫然頭痛的新問題。

〔115〕清晨到午後的轉變意味著對早期價值觀的再評價。因此出現了要去欣賞與我們先前想法價值觀相反的迫切需求，去察覺我們先前信念的錯誤，去承認我們先前認為是真理的，當中有著不是真理的部分，以及去感受有多少對立、甚至是仇恨藏在被誤以為是愛的東西裡頭。那些陷入於對立衝突的，於是放棄過去認為是好的，以及值得去追求的每件事情的人不在少數；他們嘗試去過先前意識自我完全不接受的生活。改變職業、離婚、陷入宗教狂熱、各式各樣的背離，這些都是轉變到對立面的症狀。當意識所接受的善與價值的對立部分仍被潛抑而無從看清時，急遽轉變成一個人的對立面，會帶來意想不到的障礙，讓一個人的一生苦於潛抑，因而產生與過去所存在的失衡一樣的狀態。正如過往，也許，出現神經症失調是因為對立的幻想都存在無意識中，所以現在其他疾患會透過潛抑先前所崇拜的東西而產生。當然，以為當我們做出視無價值為有價值，或者視非真理為真理的想像時，價值和真理就會消失不再存在，這當然是犯了根本大錯。這已經變成僅僅是相對的（relative）。人類一切的事物都是相對的，因為任何事物都基於一種內在兩極對立而存在；所有事物都是一種能量的現象。能量必然取決於預先存在的兩極性，沒有極性就沒有能量。一定總是有高有低，有熱有冷等等，因此平衡的過程——那就是能量——才會發生。所以，去否定先前所有的價值觀，改而採取其對立面的立場，

與先前的片面性一樣都是過度失衡的。而既然問題在於拒絕普遍公認與被無疑義地接受的價值,致命損失的結果就會產生。正如尼采說過的,這樣做的人是在以其價值觀讓自己變得空虛。

〔116〕重點不在於轉變成為相反對立的那一面,而是應保存先前的價值,同時也認可它們的對立面。這自然意味著衝突和自我分裂。非常可理解地,一個人必然會明智地迴避這種狀況,也確實會如此;因此,所選擇的,通常不是改變成為相反立場,而是更固執地堅持舊有態度。必須承認的是,以老人的例子而言,這現象不論多麼令人不同意,是有不少優點的:也許至少他們沒有背叛自己,仍可抬頭挺胸,不會成為老糊塗,也不至於保守反動;他們並非失責者,僅僅是無用之人而已,或者禮貌一點地說,已是明日黃花。伴隨這些老在懷想往日美好的人(laudatores temporis acti)所出現的固執、心胸狹窄和冷酷的癥候,雖令人不舒服,但也不能說有害;他們支持真理或其他價值的方式是如此缺乏彈性與極端,其粗魯無禮令人反感,所信奉的真理讓人興趣缺缺,反而與其良善意圖背道而馳。他們固執的根本是出自於害怕對立面:對「美達爾杜斯邪惡的兄弟」(sinister brother of Medardus)有不祥的預感,並且暗自恐懼。因此只容唯一真理,行為準則也只能有一個,且必然是絕對的;否則將無法自我保護,避免掉除了自身之外,到處都可以感到的迫在眉睫的災難。然而其實最危險的大變動在自身當中,想要安然過度到下半生的人都必須明瞭這點。當然這代表要把目前所安於的外在安全感轉換成不安全的、內在分裂的、信念對立的狀態。最糟糕的是,這種狀況似乎無法避免。根據「排中律」(Tertium non datur)所表明的邏輯——這是沒有折衷之道的。

〔117〕因著治療的實際需要,迫使我們去找出可以走出這種

難以忍受的狀態的出路或方法。每當一個人面臨不能克服的障礙時，他就退縮：嚴格來說，是在朝退行（regression）的方向進行。他退回到先前發覺自己身處類似情況的時候，然後嘗試再度借助那些當時度過難關的方法。但年少時有用的方法，現在年紀大了一點效果都沒有。那位美國商人回去原來的工作崗位後有什麼用？根本起不了作用。於是繼續直接退行到兒時（因而許多老人神經症患者都會孩子氣），且生命於童年期到來時結束。這也許聽來怪異，但事實上不但符合邏輯，且完全可能發生。

〔118〕我們先前提到無意識可說是囊括了：個人的與集體的兩個層次。個人部分終止於最早的嬰兒期記憶，而集體部分則包含了前嬰兒期的時期，也就是，殘留著先祖生活的記憶。個人無意識的記憶意象可說是被填入的，因為它們是個人經驗過的意象，而集體無意識的原型則不是被填入的，因為它們不是個人所經驗的形式。就另一方面來說，當心靈能量退行時，甚至進入到比早期嬰兒時期還要更早的時期，闖入先祖生活的遺緒當中，神話的意象被喚醒：這些就是原型[15]。我們從未察覺到有個內在心靈世界存在，它所吐露與展示的內容，似乎與我們所有的舊時想法有著最鮮明的對比。這些意象如此強烈，因此可以理解為何那麼多受過教育的人會受到神智論（theosophy）及人智學（anthroposophy）的吸引蠱惑。會這樣純粹是因為這些現代神祕教派的知識系統，比起任何現

---

15 讀者會注意到這兒在原型概念中加進先前沒有提過的新元素。這個新加入的元素並非一種某種意義上的蒙昧（obscurantism），而是有意地以印度哲學中非常重要的業力的（karmic）因素來擴大原型的意涵。業力（karma）觀點是深入了解原型本質不可或缺的基礎。我在此沒有更深入描述這個因素，但至少提及它的存在。我因原型概念而被猛烈地抨擊。我立即承認它是有爭議的想法，且頗令人困惑不解。不過我仍然一直在懷疑，這些批判我所用的概念，有多少是根據經驗的材料而考量的。

存的基督教（Christianity）和天主教（Catholicism）信仰，都更能滿足將一直發生在我們身上那無法以筆墨形容的狀況的表達和分析需求。當然後者的教義與儀式象徵系統對所討論的那些實相，表達的遠遠比新教（Protestantism）來得更好。但天主教信仰不論過去或現在，都沒辦法做到像古老非基督教信仰那樣，如此豐富地使用象徵，這就是為何這些從前深入存留於基督信仰中所使用的象徵系統，之後逐漸轉入地下，從中世紀早期到現代，形成潮流而永不式微。在很大的程度上，它們表面上消失了；然而是改變了形式，它們帶著現代性的樣貌，又回來補償我們心智的片面性。[16] 我們的意識被基督教義滲透到如此飽滿，被它形塑成如此完整，無意識的相反立場完全找不到立足之地，就因為一個簡單的理由──我們支配對立面的想法似乎太多了──所致。只要所持態度越片面、僵化與絕對，另一個態度就會變得越具侵略性、敵意以及矛盾，因此乍看之下，兩者似乎是無從調和的。但一旦心智至少可承認人類所有意見都具有相對正確性，那麼對立面就會放棄一些它不妥協的特性。與此同時，衝突矛盾就會尋求以諸如東方宗教的形式──佛教（Buddhism）、印度教（Hinduism）、道教（Taoism）等方式，加以適當表達。神智論的調和主義朝著滿足這個需要邁進了一大步，這也解釋了它為什麼能夠相當成功。

〔119〕分析治療的工作導致必須被表達出來的、具體化的原型特質的經驗產生。顯然，這並非表達這類經驗的唯一時機；通常它們會非常自動地出現，不會只發生在「有心理理解能力」（psychological-minded）的人們身上。我看過一些會說出最稀奇古

16　參閱，〈心靈大師帕拉塞爾蘇斯〉（*Paracelsus as a Spiritual Phenomenon*）以及《心理學與煉金術》（*Psychology and Alchemy*）。

怪的夢境與幻想的人,這些人神智清醒,即使專業心理師也無從懷疑。原型的經驗經常被當作個人最深層的祕密而保護著,因為它在深入到一個人存在的極深度核心中被感受到。它如同一個非意識自我的,一個對認識提出挑戰的內在反對者的原始經驗。非常自然地,我們會在環境中尋找有用的可類比的事物,原初事件太容易被以衍生的概念詮釋。這類典型事例之一是馮祿的尼古拉弟兄(Nicholas of Flüe)所看見的三位一體(Trinity)幻相,[17] 或者是聖依納爵(St. Ignatius)所見到有各種眼睛的蛇,他先用「神見」(divine apparition)詮釋,然後又說是惡魔的到訪。透過這些迂迴的詮釋,真實的經驗就被從外借來的意象和文字所取代,不再是從靈魂中滋長出來的,而與心靈無關了。沒錯,我們的思想無法明確掌握它們,因為它們並非從其而來的。這是盜竊不致富的狀況。這般的替代物讓人們感到虛無且不真實;它們以空泛的字眼來替代活生生的現實,脫離對立的痛苦緊張,進入一個蒼白、平面、空想的世界,在那兒具活力與創造力的萬物都枯萎然後死亡。

〔120〕被退化到前嬰兒時期而喚醒之無以言喻的事物毋需替代比擬;它們需要被獨立地在每個人各自的生命與工作中形塑出來。它們是來自於我們先祖歡樂與悲傷的生活意象;它們尋求回到生命中,不僅是以經驗的方式,而且是真實地回歸。因為它們與心智對立,不能被直接轉變進入現實世界;因此必須找到一種方法,來傳達意識及無意識兩者之間的真實。

---

17 參閱,〈克勞斯弟兄〉(Brother Klaus)。

VI. 合成或建構方法

〔121〕與無意識達成合諧的過程艱苦卓絕，是個同時需要行動與受苦的工作。它被稱為「超越功能」（transcendent function）[1]，因為代表一種基於現實和「想像的」（imaginary），或者是理性與非理性的訊息數據而運作的功能，透過它可以連接意識與無意識間的深溝裂口。這是個自然的過程，是一種由對立的緊張中噴發出來的能量形式，它存在於一系列自發出現在夢境以及幻相當中的想像事件。[2] 某些特定形式的精神分裂症初期階段也有同樣的過程。古典作品中也出現過這種過程的描寫，比方說，傑拉德·奈瓦爾（Gérard de Nerval）於其自傳體作品——《奧蕾莉雅》（*Aurélia*）中，就片段地提及。但地位最為崇高的文學範例則是《浮士德》的悲劇第二部。對立面藉由這種自然過程，整合出可為自身所用的模式，以及方法的基礎，主要包括：在天性的指揮下，無意識地自動發生的所有事，都是被蓄意喚醒而被整合進心智以及其觀點裡的。許多失敗的案例，起於身心皆缺乏準備，無法掌握發生在他們身上的大事。醫療協助於此必須以一種特殊治療方法的形式介入。

〔122〕如我們所見，本書開始時所討論的，是一種基於排他的因果以及化約程序的理論，將夢（或幻想）分析成為記憶的成分，以及潛藏於下的本能過程。我已於上文指出它的正當性，以及此過程的限制。這樣的理論在於夢的象徵無法再被化約成個人記憶

---

[1] 我後來發現超越功能的概念也出現在高等數學，也就是使用實數與虛數的函數（function）的名稱。也請參閱我的論文〈超越功能〉（The Transcendent Function）。

[2] 像這樣系列的夢的案例分析之一可參閱《心理學與煉金術》。

的聯想物或者是渴望,也就是當集體無意識的意象開始出現時,就進行不下去了。試圖將這些集體的觀念化約成任何屬於個人的,是毫無意義的──不僅無意義,甚至絕對有害,這是我自己痛苦的經驗學習到的。在長期遲疑,與被許多失敗警醒,我十分艱難地決定放棄以上指出的那種醫學心理學的純個人主義式概念。首先我對分析有著根本的理解,它僅僅只是化約的方法,接下來一定得採用合成法(synthesis),只分解特定心靈素材幾乎沒有意義,而事實上,如果素材不被分解,透過由我們能夠控制運用的所有有意識的方法,可以將之加強與擴展,呈現出豐富的意義──這種方法就是所謂的擴大法[3]。只有接受合成的治療模式,集體無意識的意象或象徵才能產生獨特價值。當分析瓦解了象徵性的幻想素材,觸及它的組成分子,合成程序因而將它整合成一個普遍且可理解的狀態。這個做法不是空口白話那麼簡單,我來舉個例子解釋。

〔123〕一位女性病患,她被分析到了一個關鍵臨界點,正處在個人無意識與集體無意識內容物浮現之間,她做了這個夢:她正要跨越一條寬廣的河流。沒有橋,但找到一處可以橫渡的淺灘。正起身渡河時,就被一隻藏在水裡的大螃蟹夾住腳而不讓她走。於是她驚恐地醒來。

聯想:

〔124〕河:「形成了難以跨越的邊界──我必須克服這個障礙─儘管我可能會進行地相當緩慢──但應該可以到達彼岸。」

〔125〕淺灘:「一個安全渡水的契機──是個可能的方式,不然這條河實在太寬廣──治療中存在著克服障礙的可能性。」

3　原編者註:擴大法的說明可參閱〈精神分析理論〉(The Theory of Psychoanalysis),段 326 起。

〔126〕螃蟹:「螃蟹完全隱身河水中,我之前沒看到——癌症(cancer,德語 Krebs 等同於 crab〔螃蟹〕)是一種恐怖的疾病,無藥可醫(與死於惡性腫瘤〔carcinoma〕的 X 女士有關)——我很怕這種病——螃蟹是種退行性動物——顯然是要把我拖進水裡——它以一種可怕的方式抓住我,讓我很害怕——是什麼讓我無法渡河?喔!對了,我跟我(一位女性)朋友又吵架了。」

〔127〕她與這位朋友之間的關係有些特別。是一種感情上的依附,近乎同性戀,已持續多年。這位朋友在許多方面與這位病人相像,同樣焦慮緊張。她們有明顯共同的藝術興趣。兩人中,病人的個性較強。由於彼此關係過於緊密,因而錯失太多生活中許多其他可能性,兩人都精神緊繃,儘管友誼親密,還是會因脾氣暴躁而發生衝突。無意識以這種方式試著要將兩人分開一些,但她們卻拒絕聽從。口角通常都起於其中一人覺得沒被充分理解,而急於把話向對方講的更直白些;於是兩人都熱切地努力表露心跡。肯定地,誤會接踵而來,場面越來越難看。既然都不願意放手,爭吵就成為長期以來「退而求其次」(Faute de mieux)的甜蜜替代品。我的病人特別無法失去這種被最好朋友誤解的甜蜜痛苦,雖然每次爭吵都「讓她累得要死」。她很早就知道她們的友誼已在垂死當中,僅因盲目的堅持,讓她相信還是能夠達到某種理想的狀況。先前她與母親的關係誇張且古怪,母親死後,她便把這種情感轉移到她朋友身上。

分析(因果-化約)式詮釋:[4]

〔128〕這種詮釋,一言以蔽之:「我十分明白自己應該渡河

---

[4] 在赫伯特・席巴爾(Herbert Silberer)值得一讀的作品,《神祕主義及其象徵的問題》(*Problems of Mysticism and Its Symbolism*)中,可以找到這兩種詮釋觀點的比較。

（亦即，放棄和我朋友的關係），但更寧願她緊抓而不讓我離開（換言之，擁抱）——如同嬰兒期的渴望般，代表我想要媽媽給我一個再熟悉不過的滿懷擁抱。」這種事與願違的衝突可於強大的同性戀潛在情感中發現，完全可以由螃蟹夾住她腳的事實所證明。病人有雙「昂藏」（masculine）大腳，她在與她朋友關係中扮演男性的角色，性幻想也如此。眾所周知，腳一直以來就是陽具的象徵。[5] 因此整體的詮釋會是：她之所以不希望離開她朋友，是因為潛抑了對她的性慾望。這些慾望無論在道德上或者美感上，都與她可自我意識到的個性不相容，它們被潛抑，因此多多少少成為無意識的。她的焦慮相當於被潛抑的慾望。

〔129〕這樣的詮釋對病人理想上的高貴友誼是嚴重的貶謫。毫無疑問地，分析至此，她對這樣的詮釋不再有異議。稍早前的某些事實，足以令她相信自己的同性戀傾向，所以她現在可以坦率地承認這種性格趨向，雖然先前她絕不可能同意。如果我於當前階段已給了這樣的詮釋，就不會遇到任何阻抗。她會因理解的緣故，早就克服這種她所討厭的痛苦性向。但她一定會跟我說，「為什麼我們還在分析這個夢？它只在重複我早已知道的事。」事實上，這樣的詮釋並沒有給病人任何新的認識；因此既無趣也沒用。這樣的詮釋不可能發生在治療初始之際，因為病人基於特有的矜持，絕不會承認這種事的。理解的「毒素」（poison）必須很小心地注射進病人體內，且劑量得非常小，直到她逐漸地變得更為理性。如今，當分析或因果化約詮釋法已到了不能再給病人指引新路，而只是新瓶裝老酒地炒冷飯之時，就是設法尋找可能的原型主題的時機了。若

---

5 艾格爾蒙（Aigremont），（西格瑪男爵馮·舒爾茲〔Siegmar Baron vaon Schultze-Galléra〕的假名），《腳和鞋的象徵意義及情色》（*Fuss- und Schuh- symbolik und –Erotik*, 1990）。

這樣的主題已經清楚地浮現檯面,就該立即改變傳統詮釋的做法了。因果化約法在這個特殊個案上有某些不利的條件。首先,它並沒有準確說明病人的聯想,例如,螃蟹(crab)與癌症(cancer)的關聯性;再者,為何選擇這個特殊的象徵仍未加以解釋。為什麼母友關係(mother-friend)表現為一隻螃蟹?以「水妖仙子」(water-nymph)來表現豈不更美麗而生動(「她邊拖著他,他自己邊隨著往下沉」等等)?章魚、龍、蛇或魚也都可以是用以表現的意象。三則,因果化約法忽略了夢是一種主觀的現象,因此即使竭盡心力,也不可能單單以螃蟹就做出是她的朋友或母親的詮釋,還是必須把它歸因到主體本身上,也就是夢者自己。夢者即夢;她就是河流,淺灘,螃蟹,更確切地說,這些細節所表達的是主體的無意識裡的狀態或傾向。

〔130〕我因此提出以下學術名詞:我視有真實客體對象的夢境意象的所有詮釋為「客體層級的詮釋」(interpretation on the objective level)。相對於此種的詮釋,是將夢境所有部分,以及每個角色都回溯到作夢者本身。我視此為「主體層級的詮釋」(interpretation on the subjective level)。客體層級的詮釋是分析性的,因為它將夢分解成源於外在情境的記憶情結。主體層級的詮釋是合成性的,因為它將潛藏的種種記憶情結從它們的外在原因分離出來,將它們視為主體的種種傾向或者構成要素,然後將它們與主體重新結合(我體驗任何經驗時,不僅僅在於體驗客體,最早和最重要的,還有對自己本身進行體驗,那當然提供了我給自己對於此經驗的解釋)。所以,就此案例而言,夢境所有內容都被當作是主體內容的象徵。

〔131〕因此，詮釋的合成或者建構的過程[6]就是主體層級的詮釋。

合成（建構）詮釋：

〔132〕病人本身並未意識到需要克服的阻礙就在自己身上：亦即，一道難以踰越的且會阻礙進一步進展的界線。儘管此道障礙有可能被超越。但有個特殊且預想之外的危機此刻陰陰逼近──某種如「動物」（非人或類人獸）的東西，攫取住夢者整個人，產生退行沉淪的威脅。這種危險就如致命疾病，好發於隱微之處，且無藥可醫（難以降伏〔overpowering〕）。病人幻想她的朋友一再阻礙她，並試圖拖她向下沉淪。只要她如此相信，她必然持續嘗試「提升」（uplift）她朋友，對她進行教育與改正；無疑地，她用以阻止自己被拉扯向下的努力嘗試，是既無效又無意義的想像。自然地，她的朋友也在做類似的掙扎，因為她與病人也處於同樣的困境。所以兩人如鬥雞般地彼此緊張挑釁，都想佔上風。而她自己越來越高張的情緒，就成為另外那一位越來越強烈的自我折磨。為何如此？因為每個人都認為錯在對方，問題出在客體。主體層級的詮釋可以解脫此種愚行；因為夢境顯示，病人自身中有某些阻撓她跨越邊界的東西，亦即，阻止她脫離一種情境或改變態度。把地點改變詮釋成態度的改變，可以在某些原始語言中的說話形式得到證明，比方說，「我正想離開」（I am thinking of going）就可以說成「我現處於（正待在）啟程的所在（I am at the place of [on the point of] going.）」。我們需要取材自原始民族的心靈思考，以及古老歷史象徵的眾多類比之物，好讓夢的語言更容易理解，因為夢實質上

---

[6] 參考〈心理學理解法〉（On Psychological Understanding），我於別處曾稱此做法為「詮釋」（hermeneutic）的方法；此外參閱，段493起。

是由無意識所湧現的,這裡頭包含人類文明化之前,所有可能引起作用的遺緒。對此,最典型的例子就是《易經》(*I Ching*)的卦辭:「涉大川」(Crossing of the Great Water)。

〔133〕顯然地,現在所有事都要看螃蟹所代表的意義來決定。首先,我們知道它和這位朋友有某些關係(因為病人將它與她的朋友聯想在一起),且與其母亦有關聯。截至目前為止,這位病人所聯想到的,與母親或朋友是否真的具備這特質都無關。這種情況下,只能藉病人先改變自己,才能進而改變狀況。她的母親無法改變,因為已經死了;她也不能迫使朋友改變。如果她願意改變,那是她自己的事。我們所討論的特質會與母親有關,事實上是指向某些嬰兒期的東西。然而,病人與其母及與其友間關係的共同點為何?共通之處在於,對愛有著強烈的、善感的需求,如此激昂,令她感到難以承受。這種需求有一種嬰兒期強烈渴望的特徵,如我們所知,它是盲目的。所以我們正在面對的是,力比多狂野、未進化,也未人性化的部分,它有著本能性的衝動特質,且這部分尚未因教化而受壓抑。某些動物足以成為這種部分的適當象徵。但為什麼會以螃蟹這種動物出現?病人將它聯想成癌症,X女士在與病人現在年齡相仿之際死於該疾病。所以這暗示著對X女士的認同感。我們必須就此繼續深入探索。病人講述了以下有關於她的事情:X女士早年成寡;她生活快樂充實;她經歷了一連串探索男性的冒險,當中有位特別有才氣的藝術家,病人也認識,她對他極度迷人以及異樣的感覺,一直印象很深刻。

〔134〕認同感只會出現在不太能夠實現的類似點,亦即出現在無意識的基礎上。那麼我們病人與X女士有哪方面的相似呢?我於此能夠讓病人回憶起一連串早年她也有輕浮傾向時的幻想與

夢境，得以清楚顯示出一個她永遠都在焦慮地潛抑的部分，因為她害怕她內心這個隱約存在的傾向會背叛她，令她墮落沉淪。有了這些線索後，我們對此「動物」元素有更重大深入的理解；再一次地，我們遇見同樣未經教化的本能慾求，而這回直接指向男性。我們同時也發現了另一個她無法放掉她朋友的原因：她必須對她緊捉不放，才不至於淪為另一種性格傾向的受害者，這看來對她而言是更加危險的。因此，她仍停留在嬰兒期、同性戀的層次上，因為這成為她的一種防衛方式（經驗顯示，為了緊捉不適切的嬰兒期關係不放，這是最有影響力的動機之一）。然而，於此動物性的成分當中，她仍展現出健康的，萌發出未來不屈服於生命困頓的健全人格。

〔135〕但病人卻從 X 女士的遭遇中得到十分不同的結論。她把後者意外的重大疾病以及早逝，看作是她放蕩生活的懲罰，而雖不承認，但這種生活卻一直為病人所艷羨。當 X 女士死亡，病人表現出令人難忘的嚴肅神情，以掩飾其人性使然的惡意快感。她不斷拿 X 女士為例自我折磨，警惕自己要脫離生活及所有深入的發展，而讓自己背負著一段不愉悅友誼關係的悲慘重擔。自然地，她過去從未搞清楚整件事的來龍去脈，否則她絕不會一直如此表現。我們可以輕易地從所掌握的資料中，來證實這項推測的正確性。

〔136〕這個認同感的狀況絕不僅止於此。病人接著強調，先生死後，X 女士開始擁有不尋常的藝術能力，然後她才與那位藝術家建立了友誼關係。這項事實看來是這項認同感的根本原因之一，如果我們還記得，那位病人曾說過，那位藝術家曾給她留下多麼強烈與特別迷人的印象。這種魅力是不會單方面出現的；它永遠是個關係的現象，需要有兩個人，當中被迷戀的也必須要有同樣的意

願。但這個意願一定得是無意識的，否則就不會產生迷戀。迷戀是一種衝動的現象，因此缺乏可意識到的動機；它不是非自願的過程，而某種從無意識出現的東西，把自己強加於心智之上。

〔137〕所以必須假設病人有類似於那位藝術家的無意識意向。因此她也等同為一位男性。[7] 回想對她夢境的分析時，我們間接提及了她男人般的大腳。而在與她朋友之間，病人確實扮演著陽剛的角色；她永遠是主動積極定調的一方，指揮她的朋友，事實上有時會強迫她去做一些只有自己想做的事。她朋友明確地女性化，連外表都如此，而病人則清楚是有些男性化的類型。她的聲音也比她朋友低沉宏亮。以和善與柔情相較之，X女士被病人形容為女性化十足的女人。這給了我們另一個線索：在與她朋友的關係中，病人顯然扮演著在藝術家與她之間關係裡等同於那個藝術家的角色。所以她無意識地完成對X女士及其情人的認同，也因此，她不顧一切，出現以往內在所焦慮地潛抑的輕佻怪異舉動。但她並非有意識地將它表現出來，她不過是被無意識操弄的玩物；換言之，她被它控制了，而成為她的情結的無意識代言人。

〔138〕我們現在更加理解螃蟹了：它相當於力比多未被教化部分的內在心理狀態。無意識的認同感持續把病人往下拉，沉淪得越來越深。作為無意識，它們之所以有這種力量，是因為不存在深刻理解與教養的可能性。因此螃蟹是無意識內容物的象徵。這些內容物一直努力拖著病人倒退到與她朋友的關係（螃蟹之運動為退行）。但與其朋友的連結等同於疾病，正因如此，她罹患了神經症。

---

[7] 我並未忽略她認同藝術家更深層的理由，是在於病人自己也有特定創作才能的部分。

〔139〕嚴格說來，這些實際上都屬於客體層級的分析。但我們不能忘了，只有透過利用主體層級，才能夠獲得這些知識，這也就證明主體層級為重要的啟發原則。對於實用的目的來說，我們也許可以對當前達到的結論感到滿意；但必須滿足理論的需求：並非所有的聯想物都已經被評估過了，所選擇象徵的涵義也還沒被完整解釋。

〔140〕我們現在應該來看病人所說的螃蟹藏在水中，而她一開始卻沒有看到。起初，她也沒有看見我們剛剛所討論的無意識關係；它們都埋藏在水裡頭。河流是阻止她跨越到對岸的障礙。這很明確，是這些把她與她朋友綁在一起的無意識關係在阻擋她。無意識就是那個障礙。所以水代表著無意識，或應該說，無意識狀態，隱藏著的狀態；因為螃蟹也是某種無意識，事實上它是潛藏在無意識深處具有活力的內容物。

VII. 集體無意識的原型

〔141〕我們現在所面臨的任務,是把至今在客體層級上理解的現象提升到主體層級。為此我們必須將它們與客體分離,視作在為病人主體的情結做象徵性的代言。如果試圖要在主體層級上詮釋 X 女士的角色,便必須把它視為體現了部分的靈魂,或更確切地說,是夢者顯露了某個面向。於是 X 女士變成一個病人想要,但卻又害怕的象徵。某種程度上,她代表著病人對未來性格的偏頗想像。而迷人的藝術家沒那麼容易出現在主體層級上,因為 X 女士早就已經有了沉睡於病人無意識中的藝術能力。不過,正確地說,藝術家是病人未意識到,因此尚處在無意識當中的陽剛形象化身。[1] 某種程度上,病人真的是在這件事上自我欺騙。她眼裡的自己極度脆弱、敏感與柔美,一點也不陽剛。當我指出她的男性特質時,她因此忿忿不平地感到訝異。然而她身上就是缺乏異樣、迷人的成分。這些東西好似完全不存在。但既然她自身可產生出這種感覺,那麼一定隱藏於某處。

〔142〕經驗告訴我們,每當夢者身上找不到這樣的特性時,它總是會被投射出來的。但投射到誰身上呢?是否仍是藝術家?病人眼裡早已沒有他,所以不太可能還留有這種投射意象,因為它是固著於病人無意識當中的,況且,儘管他很迷人,但與病人並無私交。對她而言,他更像是個幻想的人物。不對,這類投射總是反映

---

1 我曾經將女性內在的陽性成分稱為阿尼姆斯(animus),而男性內在所對應的陰性成分為阿妮瑪(anima)。參見以下第 296 至 340 段;以及艾瑪・榮格(Emma Jung)的〈關於阿尼姆斯的本質〉(On the Nature of the Animus)。

現實，也就是說，這個內容必定是被投射到某處的某人身上，否則她一定可以很容易地以自身意象去覺察到。

〔143〕我們在此回到客體層級，不這樣的話，我們無法找到投射到哪裡去了。除我之外，病人沒有想到有哪個男人對她來說是有特殊意義的；作為她的醫師，我代表好典範。因此推測，那就投射到了我的身上，雖然我完全沒有意識到這些。但這些微妙的投射內容從未在表面上顯露；它們總在離開諮詢室後出現。我因此小心翼翼地問她，「告訴我，我們不在一起時，你覺得我怎樣？我還是一樣的我嗎？」她說，「與你會談時，你十分和藹親切，但當我獨處，或者一段時間沒看到你，你在我心中的形象就有很大的改變。有時你看起來相當完美，然後又有些不一樣。」她在此有所猶疑，我則繼續追問：「怎麼樣不同？」接著她說：「有時你看來相當危險、惡毒，如同一位邪惡的魔法師或惡魔。我不知道為什麼會這樣想──你一點都不像那樣。」

〔144〕所以投射內容作為部分的移情落在我身上，這也就是為何她的心靈檔案遺漏了這部分的原因。這裡我們找出了另一個重大事實：我染上了（被認為是）那位藝術家的形象，因此在她的無意識幻想中，自然會以 X 女士的角色出現和我在一起。我可以輕易地以先前所發現的性幻想資料對她證明這點。但這樣一來，我自己成了障礙，就是那隻阻礙她過河的螃蟹。在這類特定的案例中，如果我們把自己侷限在客體層級，立場就會變得非常曖昧難處裡。我該怎麼解釋才好，「不管怎樣，我就不是那位藝術家，我一點也不邪惡，也不會是個邪惡的魔法師！」那會讓病人很洩氣，因為我所說的她完全清楚。但投射依然繼續，而我真的就成了她持續進步的阻礙。

〔145〕許多治療於此停滯,無法逃出無意識製造的困境,除非醫師把自己提升到主體層級,並承認自己為當中的某個意象。但是,是個什麼意象呢?這裡最大的困難出現了,「好,」醫師會說,「病人無意識中的某種形象。」她隨之會答以,「什麼,所以我是一個男人,一個邪惡、迷人的男人,而且還是個邪惡的魔法師或惡魔?絕不可能!我無法接受,全都是胡說。我寧可相信你才是!」她是對的:把這樣的東西轉移到她身上是非常荒謬的。她無法接受自己變成一個魔鬼,正如同醫師也不能接受一樣。她眼睛一閃,臉上浮現出一種邪惡的表情,閃現出過去所未見過的抗拒。我突然面臨到自己嚴重誤解的可能。這是什麼?落空的愛?還是她覺得被冒犯、被貶損?她閃爍的眼神裡潛藏著某種掠食性猛獸的意圖,某種正是邪惡的東西。難道她真的是個魔鬼嗎?還是我是嗜殺的猛獸、魔鬼,而在我面前的,難道是個嚇壞了的受害者,試圖抵抗我的邪惡詛咒,進行絕望地奮力一擊?這些當然都是無稽的——純然妄想。我觸動了什麼?撩動到哪根新的心弦?不過那個瞬間旋即消失。病人神色回復,她好似鬆了一口氣地說,「很奇怪,但剛剛我有一種感覺,你碰觸到那個我在與我朋友的關係中,一直沒法跨越之處。那是種可怕的感覺,是某種非人的(inhuman)、邪惡、殘忍的東西。我就是說不出來那是多麼怪異的感覺,雖然奮力抵抗,但那種感覺一來我就會憎惡與蔑視我的朋友。」

〔146〕以下這段評述對出了什麼狀況有所解釋:我已經取代了那位朋友的地位。那位朋友已然被超越了。病人還不知道潛抑的冰層被消解,而自己已經進入新的生命階段。我知道現在所有她與朋友之間痛苦,以及不好的關係都由我來接替,包括好的關係亦然,但這樣一來,將陷入病人一直無法控制、神祕的未知數 x 的影

響的嚴重衝突。雖然現在投射到我身上的 x 還沒有清楚顯示出其特質，但已經開始了移情的新階段。

〔147〕有件事情是確定的：如果病人加速這種形式的移情，這是未來橫在前頭最麻煩的誤解，因為她一定會像對她的朋友一樣對我——也就是說，x 會繼續散布，引發誤解。無可避免地，她會視我為魔鬼，因為她沒有辦法接受自己是魔鬼。所有無法解決的衝突都以這種方式轉移方向。而衝突不能解決代表生命停滯。

〔148〕另一種可能性是：病人也許使用舊防衛機轉對付新問題，也或會對費解難懂之處視而不見。也就是說，她可能再度潛抑，不讓事情浮出意識，但令無意識內容意識化卻是整個方法最必須，也顯然為必要的部分。這樣做的話她將一無所獲；與此相反地，未知的 x 現在於無意識中威脅病人，而這是更糟糕的。

〔149〕當這樣一種令人無法接受的內容物出現時，我們必須仔細思考，根本上它是否為個人的。「魔法師」（magician）及「魔鬼」（demon）適足以恰當地表露其特質，這種特定的稱呼讓人得以一眼看出，這些特質不屬於人類或個人所有的，而是出自於神話。魔法師與魔鬼為神話角色，代表的是病人身上無所不在的、未知的、「非人的」感覺。它們絕非人類擁有的特質，然而，它們卻經常成為較不經批判的直覺判斷，被投射到我們周遭人等身上，傷害人類間的關係。

〔150〕這些特質總暗示著，超個人或集體無意識的內容物正被投射出來。個人的記憶無法產生「魔鬼」，或產生「邪惡的魔法師」，當然，儘管每個人多多少少都看過或聽過這些東西。我們都知道響尾蛇，但我們不會僅僅因為曾被蜥蜴或無腳蜥蜴發出沙沙聲嚇到，就把它們叫做響尾蛇，而流露出同樣的恐懼。同樣地，除非

有人真的施以某些惡毒的力量,作用在我們身上,不然我們不會把同為人類的人叫作魔鬼。但若這種影響力果真出自於其人格,它將隨時隨地顯現,那麼此人便真的是魔鬼,比如像狼人一般的東西。但那是神話傳說,亦即集體心靈,而非個人心靈。只要透過自己的無意識,我們便參與了歷史集體心靈,我們自然地、無意識地活在一個有狼人、魔鬼、魔法師等等出現的世界中,因為這些是過去所有時代已然賦予巨大情感活動的東西。我們同時有著神與魔,是善人亦為惡徒的部分;但若認為這些無意識的潛能為我們個人自身所有,那便太荒謬了。因此絕對有必要把心靈中個人與非個人的特質屬性盡可能地區分。這並不是要去否認有時集體無意識難以對付的事實,而是強調說,作為集體心靈的內容物,它們與個人的心靈對立且相異。當然,心智單純的人們從來不會把這些東西當成是屬於他們個人意識的,因為神與魔不是心靈投射出來的,因此也不是無意識的內容物,而是不言而喻的現實。不料在啟蒙時代,人們真的發現神並非實存,純粹只是投射。神的問題就這樣被處理掉了。但相對應的心理作用卻完全沒有處理;它沉降進無意識裡,人們因此被過往以神聖意象的崇拜形式存在的過剩力比多所傷害。將一個作用如此強大的功能貶抑為宗教性的,自然對個體心理運作產生嚴重後果。無意識驚人地被這股力比多反撲逆流增強了,且透過古老的集體內容物,開始對心智產生強大影響。如我們所知,啟蒙時代隨法國大革命的恐怖而結束。而當前時代也如此,我們正再度經驗著無意識的摧毀力量由集體心靈中升起。規模空前的集體大屠殺已經出現。[2] 這正是無意識所要的結果。受到現代生活中的理性主義態

2　這段話寫於 1916 年;但不消說,其言至今仍為真(1943)。

度所影響，它的狀態已被超越限度地增強，也就是說，因為所有的非理性事物被貶抑，所以加速了非理性的功能沉降進無意識當中。一旦這項功能發現自己處在無意識裡，它就不斷地進行破壞，如同一個病灶因為被漠視，而成了無法根除的不治之症。於是個人及國家兩者類似，都被迫以它們自己的生命去實踐非理性，甚至以最淋漓盡致的形式，奉獻崇高的理想，以及盡一切才智，表現非理性的瘋狂。在我們病人身上我們看到同樣的狀況，她逃離一個在她看來是不理性的生命課題——X 女士——可是是以病態的形式表現出來，且完全犧牲了她和她朋友的關係。

〔151〕對此，因為它總是存在的，除了承認非理性為一個必要的心理功能之外，餘者別無他法，且還得不將其內容物視為具體的真實——因為那就會退行！——而是心靈的真實，它們是真實的，因為它們在起作用（work）。集體無意識是人類經驗的儲藏庫，同時也是這個經驗的先決條件，反映了花費縣長歷史而形成的、這個世界的意象。在時間的長河裡，以此意象結晶產出特定的角色，也就是原型，或者優勢的內容物。它們是主宰的力量，是神，是支配的法則和原理的意象，以及在靈魂運行經驗中慣常發生之議題的典型意象。[3] 就這些形象而言，它們多多少少成為心靈議題——這個它們的原型——的如實複製品，也就是說，它們的普遍性特徵已經透過累積類似經驗的原型而被加以強調，也與物質世界特定的普遍性特徵一致。因此原型意象可以被隱喻性地拿來作為對物理現象的直覺概念。比方說，以太（aether）被認為是世界到處都存在的原始氣息或是靈魂物質（soul-substance），而同樣廣為周

---

[3] 如先前所指出的（段 109），原型可視為已經發生過的經驗的作用及沉澱，但它們同時似乎也是造成這些經驗的因素。

知的直覺想法,則是將它當成能量或者魔法的概念。

〔152〕由於它們類同於物理現象[4],原型通常會以投射的方式出現;而且,因為投射是無意識的,它們大部分會以激發誤解、爭執、狂熱,以及造作各式各樣愚行蠢事的方式,在周遭左近的人們身上顯現。因此我們會說,「他視某某人如神一般」,或「某某人為 X 女士所厭惡(bête noire)」。現代迷思形式也以此方式逐漸形成,亦即,荒誕的謠言、猜疑、歧視。因此,原型為具強大影響力的重要事物,我們應該極度關注。它們不能無緣無故地被抑制,因其具心靈感染力的危險性,得小心翼翼地加以權衡與斟酌。由於它們經常會以投射的形式產生,且因為這些投射只會在有合適的誘導下出現,所以它們不是那麼容易被評價的。例如,當有人把他的鄰居投射成惡魔,他之所以這樣做,是因為這個人身上有某種他具備的特質,因此讓這樣的意象得以附著。但不是說基於這個理由,這個人就是惡魔;相反地,他可能還是個特別好的人,但卻被產生投射的人所嫌惡,因此在他們之間產生了「邪惡的」(devilish,亦即,區別)作用。也無需說,如此一來,投射者必然就是個惡魔,雖然他必須承認在他身上剛好有某種邪惡的東西,且只能透過投射而偶然發現它的存在。但這不會讓他成為惡魔;他確實也可能跟另外那人一樣光明磊落。在這種案例中出現惡魔,僅能表示這兩個人於現時互不相容:因為這樣的理由,無意識將兩人強迫分開,讓他們互相遠離。惡魔其實是一種其「陰影」原型的變種,也就是,還沒被承認的人格黑暗部分的危險面向。

〔153〕有個擁有神祕力量的「恐怖惡魔」(magic demon)原

---

4 參閱〈心理結構〉(The Structure of the Psyche),段 325 起。

型,幾乎總會在無意識集體內容的投射中出現。古斯塔夫‧梅林克(Gustav Meyrink)的作品《魔像》(*Golem*),是闡述此種狀況的佳例,此外他筆下另一部《蝙蝠》(*Fledermause*)裡會以魔法引爆世界戰爭的西藏巫師也是。當然,梅林克絕不是從我這兒學到這概念的;他是藉用文字及意象,去包裝一種與我的病人投射到我身上的狀況有點類似的感覺,而獨立地從自己的無意識中得到這些想法。魔法師形式也出現在《查拉圖斯特拉如是說》當中,與此同時,於《浮士德》裡,他則是實際上的男主角。

〔154〕魔鬼意象是在神的概念成形過程中最粗略與最古老的階段裡產生的。那是原始部落巫師或巫醫的象徵,一個具有魔法特殊天賦的奇人。[5] 這個角色常以深色皮膚以及黃種人的樣子出現,也因此它抽象地表現出負面與潛在危險的概念。如果真的有這種事發生的話,有時它甚至與陰影難以區分;但其魔力越是重要時,兩者就越容易區分,而就魔鬼也可以有如「智慧老人」(old wise man)的正面形象而言,這也不是不恰當的[6]。

〔155〕認識原型讓我們往前跨進了一大步。當這種神祕感被回溯到集體無意識中一個明確的實體時,我們左近之人所散發出來的魔力或邪惡的影響就消失了。但現在我們有了全新的任務:要如何達成自我與這個心理上的、非自我的和諧?我們可以滿足於證實原型真的存在後,就此罷手嗎?

〔156〕倘若如此,那將會造成永久的分裂,也就是個人脫離

5　許多原始民族如此根深蒂固地相信,巫醫能夠與神靈溝通且擁有魔法,他們甚至相信「醫生」(doctors)是在動物中形成的。因此加州北部的阿丘瑪維人(Achomawi)稱尋常的土狼為「醫生」(doctor)土狼。

6　參閱,〈原型與集體無意識〉(Archetypes of the Collective Uncouncious),段 74 起。

了與集體心靈的關係。我們會有分化了的現代化意識自我的一面，而另一面則是有那麼點類似黑人的文化教養，一種非常原始的狀態。事實上，我們當然有，也確實存在著——為文明化所粉飾的黝黑獸性；這種對立分裂就清楚展現在我們眼前。這樣的一種分裂需要立即接合，並發展出尚未發展的東西。兩部分必須統整；因為，如果不這樣做的話，這個問題的解決方式無疑地會是：原始的那傢伙必然潛抑回去。但那樣的統整唯有在有令人信服的，且因此而生氣勃勃的宗教信仰存在的狀況下，才有可能發生，這讓原始人透過一個高度發展的象徵作用，有著得以進行適當表達的方式。換言之，以其教條與儀式，這個宗教必須掌握一個可以回溯到問題最原始層次的思考及表現模式。以天主教信仰的狀況而言就是這樣，而這是它特別的優勢，也是最大的危機。

〔157〕在進入關於統整的可能性的新問題前，讓我們回到拉開討論序幕的那個夢。這麼完整的討論已經讓我們對這個夢有廣泛性的了解，尤其是理解到它當中一個本質的部分——恐懼的感覺。這樣的恐懼是一種對集體無意識的原始畏懼。如我們先前所看到的，病人內在認同自己為 X 女士，從而顯得她與那位謎樣的藝術家也有某種關聯性。它證實了醫師被視作那位藝術家，且在主體層級上，我們更深入地在集體無意識當中，看到有個魔法師角色的意象。

〔158〕所有這一切都被具退行象徵的螃蟹隱藏在夢中。此螃蟹是無意識中實存的內容，它無法經由客體層級的分析排除，或者將其作用消弭。不過，我們可以將虛構的或集體心靈的內容，與意識到的客體分離，而將它們統合為個體心靈之外的心理實質。透過知識追尋的認知行動，我們「推測出」（posit）原型的實存，

或者,更精確地說,我們在認知基礎上假定這類內容存在於心靈當中。必須嚴正說明的是,這不僅是認識到的內容物為何的問題,也是個超越主體的內容物為何的問題,由於它們在很大程度上被自主的心靈運作系統控制,只有在條件很嚴苛的狀態下可為心智所控制,然而絕大多數時候,它完全不受羈縻。

〔159〕只要集體無意識與個體心靈還結合在一起,沒區分開來,就不會有任何進步;或者就夢的角度而言,這是在傳達有道界線無法跨過的訊息。儘管,每當夢者準備好要跨越邊界時,無意識就開始活動起來,控制她,並且牢牢地將她掌握住。夢及其素材,部分地將集體無意識描繪成潛藏在深水中生活的低等動物,而部分地則將之說成只有立即手術方能治癒的危險疾病。我們已經可以看到這樣的描述傾向於何種範圍。先前說過,動物象徵特別顯示為超越人性之外的,亦即超個人的;因為集體無意識的內容,特別是在人類的運作模式上,不僅為古老的遺緒,同時也是人類先祖獸性功能的殘留,其存在的時間絕對遠超過特別是人類生活的相對明確時期。這些殘留,或者如西蒙(Semon)所稱的,為「記憶痕跡」(engrams)[7],一旦活動起來,不只極度可能阻礙發展的步伐,且實際上還會迫使它退行,直到激發了無意識的儲存能量被耗盡為止。但人通過對待集體無意識的有意識的態度,將它發揮出來,這些能量便將可以再度為人使用。透過與神的儀式性交流,宗教已經

---

[7] 甘茲(Ganz)在他討論無意識的萊布尼茲(Leibniz)理論的哲學專論中《萊布尼茲關於無意識的現代理論》(*Das Unbewusste bei Leibniz in Beziehung zu modernen Theorien*),曾使用西蒙(R. W. Semon)的記憶痕跡理論來解釋集體無意識。我所提出的集體無意識概念與西蒙的系統發育的記憶基質(mneme)概念只有在特定的幾個點上剛好一致。參閱西蒙,《記憶痕跡是維持變化發生的原則》(*Die Mneme als erhaltendes Prinzip im Wechsel des organichen Geschehens*, 1904);英文版《記憶基質》(*The Mneme*),賽門(L. Simon)翻譯。

以具體的方式確立了這種能量的循環。不過這種方式與我們理智的道德觀分歧過大,且更有甚之,已過於極端地為基督教所根除,所以令我們難以接受它為一種典範,甚或不能把它當成解決無意識能量問題的可能方法。另一方面,如果我們把無意識中的人物視為集體心靈的現象或者功能,這種假設與我們理智的道德觀則完全沒有牴觸。它提供了一種理性上可接受的解決方案,於此同時,也是一種處理我們人類種族歷史中,被激發的殘留物問題的可能辦法。透過這樣的解決方案,得以完全實現跨越先前界限的可能性,因此可恰如其分地將之稱為「超越功能」(transcendent function)。它與採行新態度以朝向進步發展,意義相同。

〔160〕具英雄色彩的類似神話令人印象非常深刻。英雄與怪獸(無意識內容)戰鬥的典型場景經常出現在水邊,也許就在一個淺灘上。朗費羅(Longfellow)以北美印地安人(Redskin)傳說為藍本所寫的《海華沙之歌》(*Hiawatha*),就是一個我們特別熟悉的例子。在決定性的戰役中,這位英雄就如約拿(Jonah)一樣,被怪獸吞噬,如福畢尼斯(Frobenius)[8]詳細描寫的那樣。但,一旦進入怪獸體內,英雄就開始用自己的方式進行復仇,於此同時,怪獸則帶著他朝東方冉冉升起的太陽游去。他切開怪獸部分內臟,比如說心臟,或某些怪獸賴以維生的重要器官(也就是,激發無意識的珍貴能量)。他就這樣殺了怪獸,然後漂流到岸上,由於超越功能,英雄在那兒重獲新生(即福畢尼斯所稱的「夜海之旅」〔night sea journey〕),向前邁進,有時候是會在所有先前被怪獸吞噬的同伴陪伴下同行的。因為無意識已經被剝奪了能量,不再具

---

8 福畢尼斯,《太陽神的時代》(*Das Zeitalter des Sonnengottes*)。

控制地位,所有事物便恢復了正常。神話生動地描述這個也困擾著我們病人的問題。[9]

〔161〕我於此必須強調一個不可忽略事實,集體無意識在夢中以相當負面的形式出現,是某種危險且有害的東西,那必定已令讀者印象深刻。這是因為病人充分發揮了生命幻想力,確實十分華麗,這也許與她的文學天賦有關。她幻想的能力中有個疾病的症狀,也就是她過於耽溺於其中,而遺忘了現實生活。再加入神話可能會對她更危險,因為眼前她都還沒體驗過絕大多數的外在生活。她對生命的掌控力太弱,以致於無法突然地冒險完全扭轉其生活觀點。集體無意識已經開始攻擊她,有著將她帶離尚未被充分滿足的現實的危險。因此,如同這個夢境所表明的,集體無意識必須呈現出某種危險的樣貌給她看,否則,她只會想接受它的庇護,逃避生命的需求。

〔162〕判斷夢境時,我們必須仔細觀察這些角色是如何現身的。舉例來講,螃蟹將無意識具體化成負面的,它於夢境中「退行」(walks backwards),除此之外,且於重要關鍵時刻拉回夢者。由於被佛洛伊德學派虛構的所謂夢的機轉所誤導,像是置換、倒置等等,人們想像透過假設夢的真實想法是藏在夢境背後,使自己不受夢境「表相」影響。與此說法相較,我一直都認為,我們沒有權力指控夢是個精心構築的欺騙策略。大自然往往就是隱微或難以理解的,但她不似人類那般會狡詐欺瞞。我們因此必須這樣來看

---

[9] 關於對立面問題與其解決方式,以及對無意識的神話活動有深入興趣的讀者們,可以參閱《轉化的象徵》、《心理類型》,以及《原型與集體無意識》(Archetypes and the Collective Unconscious)。【原編者按:也參閱,《神祕結合》(Mysterium Coniunctionis)。】

待，夢便是恰如其分地如其所是，不多也不少。[10] 如果它以負面觀點顯現，就沒有理由認定它說的是反話。「淺灘遇險」（danger at the ford）的原型相當明顯，以致人們禁不住將此夢當作警示。但我不贊成所有這種擬人化的詮釋。夢的本身什麼都不想要；它的內容不證自明，就像糖尿病患血中含糖，或罹患傷寒的病人會發燒一樣，都是純粹直白的事實。把它轉成一種警告的就是我們自己，就當是我們有點小聰明，可以去解開自然徵兆吧。

〔163〕但——在警告什麼？是在無意識於渡河關鍵時刻也許會有壓垮夢者之明顯危險的示警。那麼壓垮是什麼意思呢？在進行關鍵的改變與下定重大決心之際，也許非常容易被無意識入侵。如我們當前所知，從岸邊接近河流是指她的狀態。這個狀態已經讓她陷入神經病症的僵局，彷彿再度遇到一個無法超越的障礙。這個障礙由夢抽象地以一條完全可以通過的河流表現。所以事情看來並沒有那麼嚴重。但在河流中，萬萬沒有料想到的是，螃蟹藏在裡頭，這代表了真正的危險，因此這條河流無從跨越，或者看起來像是沒法跨越的。因為她若事前便知曉那隻危險的螃蟹正潛藏此地的話，也許早就從其他地方涉險渡河，或者也另採預防措施了。以夢者當前的處境而言，她極度渴望跨越。跨越首先意即為一個傳遞——一種移情——將先前的狀態轉移到醫師身上。這是個新發現的特徵。若非因不可測的無意識，這就不至於那麼危險。但我們看到，透過移情，原型角色便容易停止活動，這是我們沒預期會發生的事情。我們沒有考慮我們的主人，因為我們「遺忘了眾神」（forgot the gods）。

10　參閱，〈夢境心理學的普遍性觀點〉（General Aspects of Dream Psychology）。

〔164〕我們這位做夢者並無宗教信仰，她相當「時髦」（modern）。她已經忘記自己曾一度被引領信教，對那些眾神出現干擾的契機一無所知，或者該說她不知道那些自古以來就有的狀態，本質就是要促使我們去探索深度的內在。其中一種狀態就是愛，愛的熱情以及愛的危險。愛可能召喚出靈魂中不可預期的力量，我們對此最好有所準備。那便是我們現正討論的問題，從一個對未知的危險與作用有著「誠惶誠恐」（careful consideration）態度的意義上來解釋「宗教性虔敬」（Religio）。從一個單純的投射開始，愛帶著它所有致命的力量降臨到她身上，那是種迷亂幻覺，可能讓她脫離生活常軌。來者是善還是惡，即將臨降作祟的，是上帝或者惡魔？雖然對此一無所知，但她感到已然落入其掌握當中。誰又能說她得以應付這種複雜糾結！於此之前，她還能控制局面，避免落入不測的結果，但現在被掌控的危險已迫在眉睫。那是個我們應該避免的風險，或者說，如果必得接受這個衝擊，就必須以相信終究會功德圓滿的態度，非常地「信靠上帝」（trust in God），或者「虔誠」（faith）。結果，個人對命運的宗教態度問題不請自來，不預期地悄然浮現。

〔165〕這個夢，如其所示，讓這個做夢的人沒有什麼選擇餘地，只能小心地將腳縮回；因為繼續向前可能會有生命危險。但她還無法脫離神經症的困擾，因為夢並未給出任何出自無意識協助的確切指引。無意識的力量目前還是不利的，且明顯地還想更活躍，期待夢者在冒險渡河前，能先獲得更深的洞察力。

〔166〕透過這個負面的例子，我當然不希望傳達出去的是無意識在所有案例裡都扮演負面角色的印象。因此我要多談兩個夢，這次是個年輕男性，可以闡明無意識較光明的另一面。我做這個

個案比較容易,因為對立問題只能經由非理性解決,就是透過無意識,亦即夢的協助。

〔167〕我首先要將這位作夢者的個性稍稍透露給讀者,因為不先介紹的話,他很難把自己放進這些夢境的特殊氛圍裡。那些是純粹詩意的夢境,因此僅能透過它們所傳達的整體意境去理解。夢者是位二十歲出頭的年輕人,看上去還十分孩子氣。甚至外表與談吐都還帶點女孩兒似的秀氣。舉止優雅透露出他受過很好的教育及培養。他理智聰穎,顯然知性與愛好藝術。他帶有明顯的唯美傾向:讓我們立即體認到他有品味,懂得欣賞所有形式的藝術。他的感情敏感與柔軟,洋溢青春熱情,但卻有些許陰柔。不帶年少輕狂的痕跡。他無疑比較實際年齡稚嫩許多,是一個明顯心理發展遲滯的案例。這與他因同性戀而必須來找我的狀況相當吻合。在我們首次會面的前一夜,他做了以下這個夢:「我身處一座充滿著神祕朦朧氛圍的雄偉大教堂當中。他們告訴我這是盧爾德(Lourdes)的大教堂。教堂正中有座黑暗的深井,一旦進入,我一定往下掉。」

〔168〕這個夢顯然是在呈現他的心情。夢者想法如下:「盧爾德是神祕的療癒之泉。我自然地想到昨天要去找你治療,正在尋找治癒之道。據說在盧爾德有座像這樣的井。下到水裡會很不舒服。教堂這座井真的很深。」

〔169〕這個夢現在告訴我們什麼?表面上看來似乎很清楚,我們可能覺得它就是一種前一天情緒的詩意表達方式。但我們絕對不能就此打住,因為經驗顯示夢境的意義是要更深沉與重要的。有人可能差不多就猜測夢者是帶著高度詩意的心情來見醫師的,正要開始接受治療,就如同在那座莊嚴聖殿的神祕氤氳中進行的神聖儀式。但那一點都不符合實情。病人來看醫師,就只為了治療那讓他

不舒服的問題，他的同性戀，那一點也不詩情畫意。如果接受這麼直接了當的因果關係來解釋夢的起因，我們絕對無法從前一天的心情裡看出為何他的夢境如此詩意。但我們可能可以推測，或許，就是被那件驅使病人來找我治療、絕不詩情畫意的事的印象刺激，使他產生這個夢。我們甚至可能推測，他的夢之所以這麼美，就因為前一天心情惡劣，如同一個人整個白天禁食，晚上夢見吃大餐一樣。不可否認，想接受治療的想法，接受療程與其令人不舒服的步驟，於夢中重現，但卻以最能符合夢者兼有美感和情感熱切需求的偽裝，被詩意地美化。他無法抵擋這個誘人畫面的吸引，儘管事實上這座井既深且冷又黑。夢中情緒會在醒後留存，他這種情緒甚至會流連到當日，那個無可奈何地屈從於那種不悅且不詩意的義務，必須來找我的早晨。也許單調的現實會因夢境裡明亮、絕美的感覺而增色也不一定。

〔170〕也許這，就是夢的目的？這並非不可能，因為在我的經驗裡，絕大多數的夢都是補償性的。[11] 它們總強調另一面以維持心靈平衡。但情緒的補償並非此夢境寫照的唯一目的。這場夢也提供一種心靈修正（mental corrective）。病人當然不了解他將要接受的治療到底為何。但夢給了他一個想像畫面，以詩意的隱喻描述他將面臨的治療的本質為何。如果我們依據他對教堂聯想及說法繼續深入，這一切立刻豁然開朗：「大教堂」，他說：「讓我想到科隆（Cologne）大教堂。我甚至從小就對它著迷。我記得母親第一次告訴我它的事，我都還記得她怎麼說的，每當我看到一座鄉間教堂，就問那是不是科隆大教堂。我那時想當那種大教堂的神父。」

11　補償的概念已被阿德勒（Alfred Adler）大量地使用。

〔171〕病人以這些聯想描述非常重要的兒時經驗。如同幾乎所有此類案例一般,他與母親關係特別地緊密。我們要藉此了解的,並非表面上關係的特別好或壞,而是要去了解好像是有點祕密性質的東西,是有意自我透露的隱密關聯,也許僅是以心理發展遲滯特質的方式呈現,亦即是相對的幼稚症(infantilism)。發展中的人格自然地會轉向,脫離這種無意識的嬰兒期連結;因為沒有什麼比無意識的堅持更能阻礙發展——我們也可以說,是一種心靈處於萌芽期的——狀態。因為這樣的理由,本能掌握先機,以其他客體替代母親。如果它要成為母親真正的替代物,就某些程度而言,這個客體必得與她相似。我們這位病人完全就是這樣。他帶著強烈情感而緊緊捉住科隆大教堂象徵的童稚幻想,相當於他尋找母親替代物的無意識需求。在嬰兒期連結可能變得有害的狀況下,無意識的需求會進一步被提高。因此帶有他童年想像的熱情接受了教堂的概念;因為教堂,就某種意義來看,就是母親。我們不僅會說母堂(Mother Church),甚至還會說教會的搖籃(Church's womb)。在知名的祝福之泉(benediction fontis)儀式中,洗禮池是純潔神聖泉源子宮(immaculatus divini fontis uterus)之省略用語——神聖之泉的純潔子宮。我們自然會以為,某物得以在一個人的幻想中起作用,他一定先得意識到這個意義,因此一個無知的小孩不可能被這些意義影響。這樣的類似物當然不可能透過心智起作用,而是以完全不同的方式運作。

〔172〕教堂代表著取代與父母親間純粹自然的,或者與是「世俗的」(carnal)連結的一種更高的靈性替代。因此它讓個體從一種無意識的天性關係中解放出來,更嚴格地說,那也不是關係,而是一種初始的、無意識認同的狀態。正因為它是無意識的,

所以有強大慣性，會對任何靈性發展產生最大的阻礙。很難說這種狀態與一隻動物的靈魂間有什麼本質上的差別。於此，這絕非說，只有基督教會試圖去讓個體把自己與其原始的、獸性的狀態分離；教會僅是一種本能反抗的最晚近的形式，特別是在西方發生的形式，而本能反抗的歷史，可能跟人類本身存在一般久遠。那是一種無論在任何方面都已成熟且尚未開始衰退的所有原始民族中都可以發現，以盡其眾多的繁複形式所呈現的反抗：我指的是成年禮的習俗或者儀式。到了青春期，年輕人就會被帶到「男人會所」（men's house），或者另外其他神聖的地方，他在那兒被有計畫地與家人分開。與此同時，他被授予宗教性的奧義，因此不僅被引領進入一組全新的關係，且，作為一個新生的與改變了的人，進入一個新世界，如同重生一般（自性復活〔quasimodo genitus〕）。儀式中經常伴隨著種種的酷刑，有時包括如割禮這類的事情。這些習俗無疑地由來已久。它們幾乎已經等同於本能機制，因此無需外在的強制作用，它們還是持續重複，如德國學生的「新生洗禮」（baptisms），甚或如美國學生兄弟會狂野的入會儀式所呈現的一般。它們被以原始意象刻畫進無意識當中。

〔173〕母親在他還小時告訴他有關科隆大教堂的事，生命中的原始意象就被激醒。但因為沒有神職人員進一步引導，這孩子還是被母親控制著。然而男孩心中對男人陽剛優勢的渴望，以傾向於同性戀的形式持續滋長——如果有個男人曾經教導他那是幼稚的幻想，也許那種錯誤的發展就不會發生。毫無疑問地，歷史上有許多誤入同性戀的先例。在古希臘時代裡，以及某些特定的原始部落也如此，同性戀和教育實際上是同義的。有鑑於此，青少年同性戀不過是對來自男性的教育引導一種非常正常需求的誤解而已。也有

人可能會說,那是因戀母情結而產生的亂倫恐懼,擴展到了一般女性;不過就我的看法而言,一個不成熟的男性本來就害怕女性,因為他和女性的關係通常都很糟糕。

〔174〕於是,根據夢境,對病人來說,開始治療意味著他可實現同性戀真實意義,亦即,進入成年男性的世界。為了更徹底地了解我們於此被迫討論的所有乏味冗長細節,夢已經被濃縮成少數的生動隱喻,因此創造出比基於想像、情感而來,更令人印象深刻的畫面,藉此了解夢者,遠比任何學術論述要來得多。病人也因此能更明智地做好接受治療的準備,總比被醫學及學術教條壓垮來得好(基於這個理由,我認為夢不僅為有價值的訊息來源,也是格外有力的教育工具)。

〔175〕我們現在開始看第二個夢。我必須先說,與他的第一次諮商過程中,我沒有用任何方式論及我們剛才一直在討論的夢。連提都沒提過。甚至也未曾涉及絲毫相關隻字片語。這是第二個夢:「我在一個宏偉的哥德式(Gothic)大教堂裡。祭壇前站著一位神父。我與我朋友站在他面前,我手中握著一個小小的日本象牙雕像,我有種這個雕像即將受洗的感覺。突然一位老婦出現,把我朋友手指上的兄弟會戒指搶走,然後自己戴上。我的朋友害怕這樣在某種程度上他可能會與她產生連結。與此同時卻響起了悠揚的管風琴樂聲。」

〔176〕我在此只會簡要說明那些延伸與補充前一天夢境的重點。第二個夢無疑地與第一個夢有著連貫性:夢者再度身處教堂,也就是,處於步入成人儀式的狀態。但出現了一個新角色:神父。我們注意到了,在先前夢中沒有他。所以這場夢確認他同性戀的無意識意義已經獲得實現,可以開始進行進一步的發展歷程。真正進

入發展階段的儀式，也就是洗禮，現在可以開始了。這個夢的象徵性確證我說過的，引起這般的轉化以及心靈轉變，並非基督教所獨有的，而是基督徒背後有個鮮活的原始意象，在特定狀況下會迫使這些轉變出現。

〔177〕夢裡，接受洗禮的是個日式小象牙雕像。病人說：「那是個很小、怪異的侏儒小孩模型，讓我想起男子性器官。這個小東西要受洗當然很詭異。但畢竟以猶太人割禮而言，也算一種洗禮。那一定與我的同性戀有關，因為和我一同站在祭壇前的這位朋友，就是曾經與我有過性關係的那一位，我們隸屬於同一個兄弟會。兄弟會的戒指顯然象徵著我們的關係。」

〔178〕我們知道戒指一般是作為一種連結或者關係的標誌，比方說婚戒。因此，就這個個案來說，我們可以大膽地，將兄弟會戒當做是在象徵同性戀的關係，而夢者與朋友一起在夢境裡現身，也有相同的意指。

〔179〕他想處理的是同性戀的問題。夢者被引導脫離這種相對幼稚的狀態，經由神父所主持的割禮，取得成人的身分。這些想法與我對之前夢境的分析完全吻合。因此，在原型意象的協助下，已經有條不紊地，取得相當大的進展。但現在有個干擾因素出現。一位老婦突然搶走兄弟會戒；換言之，她讓自己涉入截至目前為止還是一種同性戀的關係當中，因而引發夢者對自己將捲入一種責任義務難以預料的新關係的恐懼。既然戒指現在落在一位女性手上，有某種形式的婚約，亦即同性戀關係已經被超越，而進入到一個異性戀的關係中，但卻是一種怪異的異性戀關係，因為對象是個老女人。「她是我媽媽的一位朋友，」病人說。「我很喜歡她，事實上她有點像是我的另一個媽。」

〔180〕從他的話中，我們可以看出夢境的意義：同性戀關係的束縛已經由於成年禮儀式的發生而切斷，被與一位如母親的女性的柏拉圖式精神愛戀情誼之異性戀關係所取代。儘管她如母親，但這位女士畢竟不是他的媽媽，與她的關係因此象徵著跨越與母親的關係，朝向男性氣概進展的一步，從此部分地克服了他年少的同性戀困擾。

〔181〕恐懼新的連結關係很容易理解，首先，是這位女士與母親相像，也許自然地喚起他的恐懼——或許是同性戀關係束縛瓦解，導致完全退行到與母親的關係——其二，則是涉及成人異性戀，可能帶來全新且未知的責任與義務的因素，像是結婚等等。因此，事實上我們所關心的，並非退步，而是進步，這似乎也被同時響起的音樂證實。病人喜愛音樂，特別容易被莊嚴的管風琴樂音感動。所以音樂對他來說，代表著非常正面的感覺，因此讓夢有個平靜悅耳的結束，而這樣美麗且神聖的感覺，還繼續完好地保留到次日早晨。

〔182〕如果考慮到病人至今只找我諮商過一次，這樣的會談除一般性回憶，很少進一步討論，那麼無疑地，你一定可以同意我說的兩個夢都做出驚人的預測。它們高度明確，清楚地呈現病人狀況，但心智對這個角度卻還很陌生，然而與此同時，卻能給予平庸的醫學界一個難得地可以理解此夢者心理特殊之處的概念，從而得以將他藝術、學術以及宗教的興趣等，和諧地相互貫串。從這些夢境的意義去看，一個人幾乎就要相信了，病患有著高度的意願，並且懷抱無窮希望開始接受治療，做好遠離青澀，且迎向成年的完全準備。然而，事實上卻完全不是如此。他在意識上還是滿懷猶豫與抗拒；更有甚之，在治療當中，他持續地表現出自己的抗拒與困

難，甚至就要再回到先前的幼稚症狀態。結果這些夢境的立場，與他有意識的態度完全矛盾。它們沿著進步的路線前進，且扮演教育者的角色。它們清楚地顯示其特別的功能。我已將此功能稱之為補償（compensation）。無意識的進步與有意識的退行，形成一組對立物，在某種程度上，可以保持局面的平衡。而教育者的影響力讓平衡較傾向於進步的方向。

〔183〕這位年輕男子的案例中，集體無意識的意象扮演完全正面的角色，這是因為他沒有倒退回依靠幻想替代物以取代現實，以及躲在自掘的壕溝後面對抗生命的真正危險。這些無意識意象的作用有些致命的東西。也許——誰知道？——這些永存的意象是男性命定的意義。

〔184〕當然，原型隨時隨地都在起作用。但實際治療裡，特別是年輕個案，不需要讓他們一直去靠近它們。但另一方面，當處在關鍵的轉折期，就必需特別注意集體無意識的意象，因為解決對立問題的暗示可能從中出現。藉著有意識地精心闡釋此素材，超越功能顯示自身可做為透過原型中介的一種領悟模式，且有能力整合對立面。所謂「領悟」（apprehension），我並非單指學術上的知見，還有需要透過經驗得到的理解。如同我們先前說過，原型是一種動態的意象，是客觀存在的心靈片段，只要把它當成具自主性的實體加以體驗，就能夠如實地理解。

〔185〕這個運作也許得花上很長一段時間，想普遍概括性地描述這個歷程進可能沒那麼簡單——即使有可能這麼做——因為其形式會根據不同個體，而有超乎想像的千變萬化。唯一共同點是出現某些特定原型。我特別會提陰影、動物、智慧老人、阿妮瑪、阿尼姆斯、母親、小孩，此外還有無窮無盡的原型，反映種種典型

情境狀況。具體態度必須與這些原型要求的一致,因為它們代表發展過程的目標。就這一點來講,讀者可以在我的《心理學與煉金術》(*Psychology and Alchemy*),《心理學與宗教》(*Psychology and Religion*),以及與衛禮賢(Richard Wilhelm)合著的《金花的祕密》(*The Secret of the Golden Flower*)裡查到所需的資料。

〔186〕超越功能並非漫無目的地運作,而是旨在啟發人性的本質。首先它是純粹的自然過程,某些狀況下,可能就依著自己的方式進行,無需個體的知識或協助,且有時還會不畏橫逆地自我實現。就所有面向而言,整個過程的意義及目的,是在認識原本潛藏於原初基因當中的人格;把本有的、潛在的整體性釋放與揭露出來。無意識為了達成這個目的所使用的象徵,與那些人類為了表達整體性、完整以及圓滿,所一直在使用的是一樣的:一般說來,是四位一體(quaternity)及圓的象徵。因為這些理由,我稱此為個體化歷程(individuation process)。

〔187〕個體化這個自然天生的歷程,在我的治療方法中,同時被用以當作模式與指導原則。無意識對神經症可意識到的態度的補償,包含所有可以有效與健康地修正心智慣於片面性的元素,前提是這些元素要能夠被意識所察覺,亦即被視為實質去理解,且被整合進意識中。不過鮮少有夢能夠足以將心智驚嚇到離鞍墮馬的強度。一般說來,夢的力量太薄弱,意義也太晦澀,以致難以對心智有徹底的影響。因此,補償作用在無意識中潛藏運作,沒有立即性的影響。但它仍具某些效力;只不過,是在無意識的對立面當中間接作用,如果持續忽略,它就會安排一些症狀及狀況,強烈打擊我們有意識的意圖。因此,只要行得通,治療的目標在於理解與感激夢,以及所有其他無意識所呈現的東西,一則為了防止形成會隨時

間而加深危險的無意識對立面,二則是善用補償作用的療癒要素。

〔188〕自然地,這些進行過程奠基於一個人有能力達成整體性的假設上,換言之,他內在有達到健康的能力。我會特別提到這個假設,是因為無疑地,不管什麼理由,有些個體在直接面對他們的整體感時,將完全無法存活而迅速凋萎。就算不會如此,他們也只能以破碎的生命狀態或者殘存的人格,在餘生過著卑微的生活,以寄生於社會或者心靈的病態形式支撐生命。這種人會給其他人帶來相當大的災難,他們大半是積習成癖的騙子,以展現外在的光鮮亮麗,來掩飾其極度的空虛。以我們所討論的方法治療他們,是絕對無效的。唯一有「助益」的,是讓他們繼續演下去,因為揭露真實,將令其無法忍受,也是徒勞的。

〔189〕個案依前述方法治療時,主動權在於無意識,但所有的批判、選擇,以及決定權在心智。如果決定正確,就會做象徵進步的夢加以確認;反之,會出現從無意識這端而來的修正。整個治療過程,因此很像是在與無意識進行持續的對話。因此,正確地詮釋夢境重要性極大,上面的論述應該已經說得非常清楚了。但,你自然會問,人們何時可以確認詮釋正確與否?是否有什麼較可靠的衡量詮釋正確性的標準呢?令人振奮地,答案當然是肯定的。如果我們作出錯誤的詮釋,或者不盡完整,下一個夢就會告訴我們了。比方說,早先的主題會以更清楚的形式重複出現,夢境或者會嘲諷我們的詮釋,或者乾脆直接激烈地反對。假設現在這些詮釋都還不得其門而入,我們的治療充滿的不確定性及徒勞感,將使病人本身很快地感到失望、貧乏以及沒有意義感,因此而失去耐性,對醫病雙方都一樣,會因厭倦或懷疑而感到窒息。如同正確的詮釋會帶來生命向上提升的回饋,錯誤的詮釋注定讓他們陷入僵局、抗拒、

懷疑，以及相互厭倦。阻礙當然也可能是來自病人的抗拒，例如執著陳年過往的幻想，或者嬰兒期的需求。有時，醫師也缺乏必要的理解，如同有回我面對一位非常聰明的個案所發生的，因為種種原因，在我眼裡，這位女性是位奇特的顧客。在有了個好的開始後，我越來越強烈感覺到，不知道那裡出問題，我對她夢境的詮釋無法完全切中核心。當我不能準確地指出問題何在，我試著說服自己別再懷疑。但諮商期間，我發現我們之間對話越來越沉悶，極度白費功夫的感覺持續升高。最後我下定決心在下一次機會中對病人說這事，看來，她也不是沒注意到這個狀況。隔日夜裡，我做了以下的夢：我正沿著一條鄉間小徑穿越灑滿黃昏金光的溪谷，我的右側，有座矗立在一個陡峭丘陵上的城堡，於高塔尖頂，像是欄杆的地方，有個女人坐著。為了看清她，我把頭極度後仰到連頸子都扭傷了。即使身處夢中，我都認出那位女士是我的病人。[12]

〔190〕我從這個夢裡得到一個結論，就是說如果我在夢中需要極度仰望，顯然現實裡我是輕視病人的。當我連同詮釋告訴她這個夢以後，情況立即完全改變，治療遠超過預期，飛速地進展。這種經驗雖然代價可觀，卻會對信賴夢的補償產生更堅定的信心。

〔191〕過去十年，我所有心力與研究都投注在這個治療方法所涉及的林林總總問題之上。不過，既然我所關注的是以分析心理學的解釋觀點提出普遍性的概論，其他涉及廣大範疇的科學、哲學以及宗教等蘊涵之各式各樣更詳盡的闡述，必須於此暫停。因為針對這些部分，我會建議讀者去參閱曾提及的文獻。

12　進一步細節可參閱《心理治療實踐》（*The Practice of Psychotherapy*）第二版，段 540 開始的〈實用心理治療的現實〉（The Realities of Practical Psychotherapy）。也參閱本書之後的第 281 段。

VIII. 無意識治療法概述

〔192〕如果我們認為無意識無害,可以當作娛樂標的,一種室內遊戲,那可大錯特錯。無意識當然不會隨時隨地造成危險,然而只要神經症出現,那就是能量在無意識當中一種特殊累積的徵兆,如同可能造成爆炸的充電。這裡表明有警訊出現。人們永遠不知道,當一個人開始分析夢以後,可能有什麼東西被釋放出來。某種深藏且無形之物可能因此被啟動,無論如何,某物很可能遲早浮現——但再次強調,也可能不會。就如同挖掘自流井,會有挖到火山的風險一樣。當神經症症狀出現,就得提高警覺,繼續前進。但無論如何,神經症並非最危險的。有些人明明十分正常,沒有出現神經症的特殊症狀——他們本身也許就是醫師與教師——為自身正常感到驕傲,是優秀教養的典範,對生活有著極度平常的看法及習慣,然而他們的正常是人為對潛在精神疾病的補償。他們從不思疑自己的健康狀況。可能只會間接表達猜疑,事實就在於,他們可能特別對心理學或精神醫學感興趣,如飛蛾撲火般地被這些吸引。但既然這個分析方法激發了無意識且讓它浮現,因此有益的補償被摧毀了,無意識以無法控制的幻想,以及過於緊張的狀態突然爆發,在特定情境下,有可能導致精神疾病,甚至會自殺。不幸地,這些潛伏性的精神病並非極罕見的。

〔193〕偶爾出現像這類案例的危險,威脅所有涉及無意識分析的人,即使他經驗豐富、技巧純熟亦然。因為笨拙、錯誤的想法、武斷的詮釋,諸如此類等等,他甚至有可能毀了或許本來結果不是那麼糟的個案。對無意識分析而言,這絕非稀有,但卻是所有

失敗的醫療處置所造就的惡果。堅稱分析會令人陷入瘋狂，顯然正如說精神科醫師因為看過太多瘋子，所以必然也會發瘋的市井流言一樣愚蠢。

〔194〕除了治療的風險外，無意識也可能因自身因素變得危險。最常見的一種危險形式，就是挑起意外的發生。遠超乎人們能想見的，有極大量的形形色色意外事件是由心靈因素造成的，小至微不足道的事故，如跟蹌失足、自撞跌跤、手指燙傷等，大到像車禍、山難：所有這些都可能是心靈因素造成的，有時可能已經醞釀了數週甚或數月之久。我曾檢視過許多這類個案，經常可以在數週前，夢境便預示有自我傷害的危險。為了找出這些關鍵要素，對那些所謂無心之過的意外，都應該檢視這類有決定性的因素。我們當然明白，無來由的情緒不佳時，我們不只容易做出小小蠢事，有時真的是以身犯險，這時就給了預期心理最佳機會，可能便剛好危及我們自身性命。常聽人說，「某某老人死得其時」（Old so-and-so chose the right time to die），就是感知到我們討論中的那種祕密心理因果的結果。以同樣的方式，生理性疾病也可能因而產生，或者病程延長。心靈錯誤運作會對身體做出很大傷害，相反地，身體疾病會影響心靈也一樣；因為身、心並非分離的實體，而是在同個生命當中的一個整體。因此少有生理疾病不帶有心理併發症的，即使它不是心理因素引起的也一樣。

〔195〕不過，若僅強調無意識令人不悅的一面也不盡公允。在所有的普通個案中，無意識之所以會令人不悅或危及人身，都是因為我們沒能和它合而為一，且還與之對立。敵視無意識或者和它決裂，是有害的，就無意識的機能作用而言，它等同於本能的能

量。[1] 與無意識決裂，就等於是失去本能，沒有依靠。

〔196〕如果我們可以成功地發展我所說的超越功能，不和諧就會消失，我們也就可以享受無意識令人愉悅的那一面。無意識生性慷慨，它傾力而出的激勵與協助，將傾盆灌注到我們身上。它掌握著為心智深鎖隱藏的潛在價值，因為它控制了所有潛藏於意識之外的心靈內容物，所有那些已經被遺忘或者忽略的東西，以及過去無盡歲月中所積累的智慧與經驗，都被保留在其原型機制裡。

〔197〕無意識仍持續活躍中，以各種於未來發揮作用的方式結合素材。由它所產生、將於未來出現的下意識合成物，並不比心智所造的要少；只不過，它們不論在細緻性或者寬廣度，都明顯地要比心智優越。基於這些理由，無意識可以被當成人類最好的指引，讓他能夠抵抗被誤導的誘惑。

〔198〕實務上，治療會根據所達到的療效而做調整。幾乎任何治療階段都會出現成果，都可能會有治療成效，與病況的嚴重程度，或者罹病時間長短完全無關。而相反地，治療嚴重的個案也可能在很長的時間內，還無法達到進一步發展的階段，或者是沒有出現達到發展的需求。相當多的人，甚至在已經接受治療而獲得成效之後，為了自身發展的需要，會繼續探索更深入的轉化階段。所以，不是說非得是嚴重的個案才能走完全部的療程。無論如何，只有那些可以到達更高意識階段的人，從一開始就命定於此，並且為此而被召喚，亦即，他們有能力，也強烈冀求可以有更深入的分化（differentiation）。在這方面，人們彼此間有極大的差異性，如同動物種類之多，他們當中有保守者，也有進步者。大自然是高傲挑

1　參閱〈本能與無意識〉（Instinct and the Unconscious）。

剔的,但它並不會因此只將分化的潛能保留給階級較高的人類。對心理發展的潛能而言也是如此:並非某些特別有天賦的人才具備。換句話說,要經歷深遠的心理發展既不用傑出才智,也毋需其他任何天分,因為在這樣的發展裡,心理的特質足以彌補智性上的不足。千萬別以為治療是將普遍的準則與複雜的教條移植到人類的腦海裡。絕對非如此。人人皆可用他自有的方法,以及表達方式各取所需。我在此呈現的是一種學術論述;這不是那種可以用一般的臨床實務運作方法來討論的事情。我放進討論主題的臨床個案病史片段,會有助於建立粗淺的實務概念。

〔199〕如果,講完之前的內容後,萬一讀者覺得還是對我的理論,以及現代醫療心理學的臨床應用,不能形成清楚的概念,我倒也不會太意外。反而,我會對自己說明能力不佳感到愧疚,因為實在很難對醫療心理學這個寬廣的思想及經驗領域做出完整的描述。夢的理論性詮釋看似是武斷、混亂且謬誤的;但在現實中,同樣也會出現與夢境相同的超現實小戲劇性事件。真正經驗一個夢後的詮釋,與在你面前不溫不火地以理論再解釋一遍是很不同的。從最深刻的意義上來說,這個心理學所涉及的一切都是經驗;即使披上最抽象的外衣,整個理論都是由值得重視的經驗直接產生的。我一直歸咎佛洛伊德的性的理論過於片面,並非說它是缺乏根據的臆測;它也基於我們臨床觀察而來,是有憑有據的事實描述。而若把基於那些事實所得到的結論擴大發展成片面理論,那只能說,是因為所討論的事實,無論從主觀或者客觀層面去看,都極具有說服力所致。個別的研究者幾乎無法不受自己最深刻的想法,以及印象所形成的抽象理論性表述影響;因為要得到如此的想法,以及掌握它們的概念,是需要花費一生努力的。對我本身而言,我比佛洛伊德

和阿德勒佔絕大優勢,因為我的理論不是在狹隘的神經症心理學範疇中成形的;而是,我從精神醫學的角度處理它們,尼采是現代心理學的先聲,而除了佛洛伊德之外,我也親眼目睹阿德勒觀點的萌發。就這樣我知道自己從一開始就有著極大的衝突矛盾,不只被迫要視現有的理論為相對的,同時也得將自己的當作一種特定心理類型的表達。如同我們先前所討論的布魯爾的個案對佛洛伊德具有決定性的影響一樣,經驗也是形成我的觀點的重大關鍵。在我受醫學訓練即將結束前,我看了一位夢遊症的年輕女子很長一段時間。這成為我博士論文的主題[2]。熟悉我科學論著者,會有比較這份四十年前研究,與我之後思想差異的興趣的。

〔200〕這個領域的工作是在努力拓荒。我經常犯錯,且多次必須放棄所學過的東西。但我知道,也欣然地理解,堅信如同光明來自黑暗,真理也始於過錯。我一直將古列爾莫·費雷羅(Guglielmo Ferrero)對「科學家悲哀的虛榮」(misérable vanité du savant)[3]的警語(mot),奉為警惕自己的圭臬,也因此我既不畏懼犯錯,也不會因犯錯而遺憾懊悔。對我而言,永遠不會將科學研究工作當成搖錢樹,或者是沽名釣譽的手段,而是一種掙扎,通常是很痛苦的,把病人的心理經驗日復一日地強加到自己身上。因此,我筆下所言不僅是思考的成果,也更是心領神會的結晶,請求

2　〈論所謂神秘現象的心理學與病理學〉(On the Psychology and Pathology of So-called Occult Phenomena)。

3　「人類有著承認科學會出錯,且能夠接受評論的道德,這使得科學可以保持進步……有天分的人面對著嚴肅冷酷的聖靈,並不輕信會有真理與永恆。這樣的道理可以取代科學理性,遠較學者們可悲的虛榮心與平庸的自尊心來得重要。」——出處為,《法律心理的象徵意義》(Les Lois psychologiques du symbolisme),頁 vii,翻譯自《心理學與社會學有中關歷史與哲學的符號》(I simboli in rapporto alla storia e filosofia del diritto alla psicologia e alla sociologia, 1893)。

可敬的讀者們，依循思想的學術脈絡，如果發現疏漏之處，千萬不吝賜與批評指教。一個人除非寫的是眾所周知的東西，才有辦法行雲流水地暢所欲言。但是，當基於亟於助人與治療的緣故，扮演開路先鋒的角色，即使是迄今還不為人知的真相，我也得如實地說出來。

結語

　　我必須藉最後結語懇請讀者諒解，在這麼短的篇幅裡大膽地說了那麼多不僅是新穎，或且還是難以理解的內容。我之所以得坦誠地接受讀者們的批評指教，是因為我覺得，當一個人選擇走上一條前人未知的道路時，他便負有將冒險過程所獲公諸於世的責任，不管是足以灌頂的醍醐，抑是一無所用的糟粕。一者益人，另者警世。可以批判冒險者所發現的價值者，不在於同時代的個別人等，而是得等待後人的論斷。有些今非黯淡者，或許是因無人敢妄置一語，待至明日，反而日朗天清。因此，每個對自己所選擇道路恪守不渝的人，都得時時志氣高昂且滿懷警惕，清楚明白自己的孤獨與危險。我現在所說的方法之特殊性，主要是基於我見到的事實而產生的心理學，它們源自於現實生命，且對現實生活有所作用，我們不能再套用狹隘的知識與科學觀點，而是得對面對現實，去思考情感的立場，繼而考量到心靈實際的所有方方面面。在臨床心理學中，我們面對的不是人類的共同心理，而是個體以及困擾著他們的種種難題。僅以理性建構的心理學是永遠不可能在臨床實戰中面面俱到的，因為理智絕對無法掌握心理的整體性。無論我們願不願意承認，哲學思想不斷地勇往直前，破冰突圍，只因為心靈就在尋求得以表達其整體本質的方式。

分析心理學二論 ── | Essay 2 |
Two Essays on Analytical Psychology

意識自我與無意識之間的關係

前言

第二版前言（1935）

　　這部短論源於一次講座，1916年整理成篇，以〈無意識的結構〉（La structure de l'inconscient）為題出版為論文。[1] 同場演講稍後英譯成〈無意識的概念〉（The Conception of the Unconscious）收錄進我《分析心理學論文合集》（Collected Papers on Analytical Psychology）[2] 當中。我之所以提這些事，是因為希望留下紀錄，讓讀者知道本文並非首度面世，而是我長期致力於掌握以及——至少就其本質特徵——描繪內在無意識的迷離魔幻歷程。早在1902年，當我研究一位罹患夢遊症少女的精神病史時，我就有了無意識具獨立自主性的想法，這使得我與佛洛伊德對無意識的觀點出現重大分歧。[3] 在蘇黎世（Zurich, 1908）那場「精神病要旨」（The Content of the Psychoses）講座裡，我從另一個觀點去討論這個想法。1912年時，我用一個個案說明這個歷程的一些要點，與此同時，我也看到這些心靈狀態看來是普遍存在的，在歷史學與人種學都有相似的例證可循。[4] 前面提到的〈無意識的結構〉一文，便是

1　參照下註文獻〈無意識的結構〉，段437起。
2　〈所謂神祕現象的心理學與病理學〉（On the Psychology and Pathology of So-called Occult Phenomena）。
3　參照下註文獻〈無意識的結構〉，段437起。
4　《力比多的轉變與象徵》（Wandlungen und Symbole der Libido），萊比錫與維也納，1912；《無意識心理學》（Psychology of the Unconscious），比阿特麗斯・辛克爾（Beatrice M. Hinkle）英譯，紐約，1916；倫敦，1917。【原編者按：改寫為《轉化的象徵》（Symbole der Wandlung），蘇黎世，1952。英譯本收錄於《全集》，第五冊：《轉化的象徵》（Symbols of Transformation）。】

我對無意識完整歷程全面闡述的首度嘗試。這是一個令我強烈意識到自己不足的初步涉獵。該處理的材料如此廣泛龐雜，以一篇短短論文的篇幅，我實在無法全然正確以對。因此，暫止息力，且視之為階段性的「臨時報告」（interim report），一旦時機成熟，堅信來日回頭將能更完整以對。經過十二年的累積，我的經驗見長，於是在 1928 年著手徹底修訂我在 1916 年所提出的理論論述，成果便是現在呈現給讀者的這部小冊《分析心理學論文合集》（*Die Beziehungen zwischen dem Ich and dem Unbewussten*）的德文版。[5] 這一回，我的重點放在說明意識自我（ego）的意識與無意識歷程的關係。就這個重點，我特別把注意力放在有意識的人格因為受到無意識影響而產生的症狀反應的種種現象。我想要透過這種方式間接地觸碰到無意識運作本身的歷程。這個研究仍待突破，尚無決定性的結論產生，因為我們對無意識運作歷程的天性與本質為何的關鍵問題仍然一無所知。在沒有積累到充足經驗之前，我無意莽撞地便承擔如此艱難的任務，貿然涉險。結果就留待未來給出的答案。我相信讀者可以體諒我，要我提出請求也可以——如果他如此堅持——把這部書當作我探索一個嶄新且迄今為止未曾涉獵的經驗領域的真切渴求，希望能夠形成一個理性研究的概念。其重點不在於提出一個精妙的思想體系，而是關乎該如何表達這些尚未成為科學研究主題的心靈經驗。既然心靈所產生的資料訊息概屬非理性，而按照舊有的世界圖像，它便與多多少少被視為神聖的偉大理性有所區別，

---

5 【H.G. 貝恩斯與 C.F. 貝恩斯（H. G. and C. F. Baynes）翻譯為〈意識自我與無意識之間的關係〉（The Relations Between the Ego and the Unconscious），收錄於《分析心理學二論》（倫敦和紐約，1928）。】
～本章結束

我們在心靈裡極其頻繁出現的經驗，它們的運作與狀況如果都和理性的預期有所落差，那麼它們被我們的理性態度排拒，也算理所當然，我們就不必大驚小怪。秉持這種態度，自然地便不擅於觀察心理活動，因為在嚴格的標準下，這種態度自是不科學的。如果我們想要在不干涉自然天性的狀況下觀察她的運作，就不該對其設限。

我於此試圖總結出二十八年來的心理學與精神病學的研究經驗，或許這部短論可以提出一些值得關注的癥結。我自然無法在一篇論文裡一語道盡所有問題。讀者可以在我與我的朋友衛禮賢（Richard Wilhelm）合著的《金花的祕密》（*The Secret of the Golden Flower*）一書裡，看到我所寫的導讀評論，文中對本書最後一章（有關自性的概念）有進一步的論述拓展。我不能忽略這部著作的文獻價值，因為東方哲學關注心靈內在歷程已不下數百年，有鑒於比較性心理學研究需要大量材料支持，其價值自當不容小覷。

1934 年 10 月

榮格

第三版前言（1938）

與上一版相較，新版沒有做出更動。既然初版誕生迄今，觀點依舊，因此並無修訂的必要。我想要本書保有其特色——直白說明個體化歷程的心理學問題——不要因為細枝末節上糾纏，反而傷害了可讀性。

1938 年 4 月

榮格

【第一部分】無意識對意識的影響

I. 個人的與集體的無意識

〔202〕眾所周知,佛洛伊德認為,無意識的內容可追溯還原至嬰兒期的癖性,那些是因不被接受而遭潛抑的性格。潛抑有個過程,始於童年早期受環境道德觀影響,然後持續終生。透過分析,各種潛抑會被移除,被潛抑的願望也因此得以被意識到。

〔203〕按照這個理論的說法,無意識只包括那些本來有意識的,卻因為教養,而已被壓抑的那部分性格。雖然從某個角度看,無意識最明顯的特徵是嬰兒期的傾向,然而若只依此說來定義或者評價無意識,則無異謬論。無意識還另有一面:不僅包含被潛抑的部分,還有著未達意識層面的所有心靈素材。我們不太可能單用潛抑理論去解釋所有這類落入意識門檻以下的材料的性質,假設如此,那代表一旦沒有潛抑,人們的記憶力將變得驚人,從此再也不會遺忘任何東西。

〔204〕因此我們十分確定,除了被潛抑的材料之外,無意識涵括了所有那些已然沉降到意識以下的心靈組成物,以及下意識的感知能力。猶有甚之,基於大量的經驗及理論的依據,我們知道,無意識也包含了尚未(not yet)到達意識起點的所有材料。它們是未來意識內容的種子。同樣地,我們也有理由相信,無意識絕不甘於長期蟄伏,而是不容間歇地時時在聚集與重組其內容。我們相信,這種活動只有在病態時才具有完全的自主性;正常狀況下,它與心智互補,得以相互協調。

〔205〕有人主張,這些內容物都出自於個人生活經驗,因此具個體性。既然生命有限,無意識能得到的內容也必然有限。因

此，我們可以想成，要不就透過分析，不然是徹底清點無意識的內容，便可將之全然去除，因為無意識無法製造出我們不知道，且還能為意識所吸收消化的東西。正如先前說過的，我們還必須假設，如果可以停止潛抑，便可阻止意識的內容物沉降進無意識，無意識的生產能力將被癱瘓。但就經驗所知，這樣做的效果有限。我們極力敦促病人牢牢掌握住已經重新與意識產生連結的潛抑內容，並讓它們進入生命中，成為生活的一部分。雖然我們可以每天跟自己說事情就是這樣的，但無意識卻毫無所動，它依然默默地繼續產生夢境與幻想，而根據佛洛伊德原本的理論，這些必然是個人潛抑的結果。若在這種狀況下，持續有系統地且不帶偏見地觀察，儘管我們還會發現一些形式上與先前個人性相似的東西，但有些看起來，卻帶著遠遠超越個人的隱喻性內容。

〔206〕我這時心中出現了一個例子，正好可以說明剛才所說的狀況，我對一位患有輕微歇斯底里神經症的女病人記憶特別深刻，用當時的話是說（大約是 1910 年），她的病源於「父親情結」（father complex）。使用這個名詞是想指出，病人與父親的關係比較特別，因此阻礙了她的發展。她與父親感情非常好，他過世了。那主要是一種基於情感功能的關係。這類的案例通常發展的是理性思考的心理功能，之後成為與外在世界溝通的橋樑。果不其然，我們這位病人後來成為哲學系的學生。她殫精竭力地追求知識，因為想脫離與父親的情感羈絆。如果她的情感可以在新發現的知性層次上找到宣洩的出口，這種做法就有可能成功，可能是找到一個適合的男性，產生一個新的，等同於先前與父親的情感連結。然而這個個案特殊之處卻在於，轉化沒有發生，因為病人對父親依舊牽掛，情感在爸爸和一位不是非常合適的男士之間擺盪。於是她

的生活停滯，內在失去統整，迅速出現了典型的神經症。無論如何，一個所謂的正常人可能會有能力以強大的意志力，就某方面去打斷那個情感羈絆，或者——這可能更常見——他會依本能順勢而為，糊裡糊塗地便度過難關，甚至完全沒有意識到令他產生頭痛或其他身體不適的背後衝突為何。但任何本能上的弱點（這可能有諸多原因）都足以阻礙無意識的順利轉變。然後所有進展就會因衝突而延滯，所造成的生活停擺，就等同於神經症。由於停滯，心靈能量漸漸從所有想像得到的領域中流失，表面上看來十分喪志。舉例來說，交感神經系統能量過多，導致胃和小腸的神經疾患；或是迷走神經（必然為心臟出問題）受到刺激；或是過度重視沒那麼有趣的幻想和記憶，以致於心智受到折磨（小題大作）。這種病態的停滯需要有個新動機來終止。透過移情這種特殊現象（佛洛伊德），天性自身對此會無意識地或間接地找到出路。治療的過程中，病人將父親意象轉移到醫師身上，使得醫師成為某種意義上的父親，但實際上他又不是（not）父親，這也讓他成為她無法企及的男性的替代物。醫師因此既是父親，某方面又似愛人——換言之，是一種矛盾的客體。兩個對立矛盾相結合成為了他，因此他成為準理想的矛盾解決方案。在病人看來，他就是個救世主，或如神一般，但他絲毫不願意過度自抬身價到讓這種離譜的程度。這種說法實際上並未如乍聽之下那樣可笑。既是父親且為愛侶確實過於沉重。沒有人可以長期承受，撐腸拄腹難消氣。一個人要時時扮演給予者的角色，至少也得是個半神的神話英雄才行。對處於移情狀態的病人來說，這種暫時性的解決方案看來自然相當理想，但這只是一開始而已；終究她會停滯，回復到如過去神經症衝突一樣糟。基本上，截至目前為止，沒有出現任何真正的解決方案。衝突只不過被轉移。

儘管成功的移情，可以——至少暫時性地——使得神經症完全消失，也因此，佛洛伊德將之視為最佳療癒因子，但，與此同時，卻也僅是暫時見效，它雖然提供了治癒的可能，但離真正的痊癒差之何止千里。

〔207〕依我之見，要理解這個案例，是有必要進行稍為冗長的討論，因為我的病人已經有了移情的狀況，且停滯不前，到達令人難以忍受的極限。問題來了：接下來呢？我當然已經完全成了她的救贖者，病人不僅沒有離開我的意思，甚至想到如此就害怕。這種情境下，往往會出現諸多「想當然爾」（sound common sense）的勸誡：諸如「你只要」（you simply must）、「你真的應該要」（you really ought）、「你就是不該」（you just cannot）等等。還好，想當然爾的安慰不乏多有，也不是完全無效（悲觀主義者來了，我知道），在你處於因移情而心情放鬆，有著豐沛的情感時，理性的動機大量釋放熱情，便可以帶著意志的堅持冒險進行痛苦犧牲。如果成功——有時是會成功的——那麼犧牲的代價就很值得，病人會一次性地躍進到基本上可說是已痊癒的狀態。醫師通常會很高興不必處理與這個小奇蹟有關的理論性困難。

〔208〕倘若躍進失敗——而我的病人的確沒有成功——就得面臨解決移情的問題。「精神分析」（psychoanalytic）理論對此一籌莫展。顯然地我們是回到對命運有某種朦朧信任的狀態：船到橋頭自然直。「病人錢花光了，移情於是自動停止，」如同一位帶點悲觀的同事有回對我說的。或者病人迫於生命所需，無法繼續停留在移情當中——被迫產生不由自主犧牲的需求，結果就是或多或少症狀再度惡化（在頌揚精神分析的著作中，根本找不到對這類個案的解釋）。

〔209〕當然,一定有完全無望的個案存在,什麼都幫不上忙;但同時也有個案不至於停滯,且不必然會帶著辛酸與痛楚脫離移情。我告訴自己,陪同病人來到這個關鍵時刻,一定有個脫離困境的明確好方法。我的病人錢早花光了——如果她真的有錢過的話——但我很好奇地想知道,天性會怎麼找到走出移情困境的合適出路。既然我從未想像自己有幸擁有「想當然爾」的常識,得以恰如其分地因應各種不同情境,而病人所知也如我一般地少,因此我建議她,我們最少可以仔細留心,那些出自於尚未受到人類優越智識,以及被有意識的計畫汙染的心靈所出現的動靜。意指最重要的是她的夢。

〔210〕夢包含了不是人們有意創造的意象以及思考的聯想物。它們毋須我們協助而主動出現,是不被主觀意志控制的心靈活動表徵。因此,合理地說,夢是心靈高度客觀的、自然的產物,我們理應可以從中獲知某些心靈運作基本方向的指示,或者至少也有暗示。現在,既然心靈運作就如同其他的生物性運作一樣,不僅有因果順序,且朝有目的性的方向進行,也許可就此期待,夢可以提供有關客觀因果性,以及客觀方向的指示（indicia）,因為夢境乃是心靈生命運作的自我表現。

〔211〕基於這些思考,我們開始仔細地檢視這些夢。鉅細靡遺地描述接下來要談的夢境無異於緣木求魚。只談重點即可:夢境大部分與醫師有關,也就是說,夢中的角色就是夢者自己及她的醫師。然而,後者卻很少以本身形象出現,通常變形很明顯。有時他高大異常,有時卻極端蒼老,還會像她父親,可是同時自然地交織在一起,如同下面的夢境:父親（事實上身材瘦小）與她站在覆滿小麥田的山丘上。在他身旁,她顯得很瘦小,相對於她,他則像個

巨人。他擁她入懷，像個小孩般地把她從地上舉起。風吹過麥田，麥穗隨風飛揚，她被他摟在懷裡搖來搖去。

〔212〕我從這個夢和其他類似的夢中察覺到許多事。首先，我覺得她的無意識堅定地把我看作她的父親愛人，因此，這個我們一直想要打破的命運枷鎖，似乎現在更加緊繃了。此外，大家幾乎一定會看到無意識特別強調出的那種不可思議，父親愛人近於「神聖」（divine）般的特質，移情引發的過度評價更加嚴重。我自問，病人是否仍不知道她的移情全然是幻想的，又是否無意識根本無法被了解，必須盲目又愚昧地繼續無意義的幻想。佛洛伊德認為無意識「只能想望」（do nothing but wish），如叔本華所說的盲目且無目標的意志，如出於虛榮而將自己視為完美的諾斯替造物主，看不見自己的弱點，而製造出來的一些蒼白不完美的作品——所有這些悲觀懷疑同屬一個在本質上負面的世界觀與靈魂觀，它們具威脅性地接近。除了一句善意的「你應該」，加上金斷觸決一勞永逸地斬除幻想，否則，這些問題的確永遠無解。

〔213〕然而當我反覆思維這些夢境，心中頓時出現另一種可能性的想法。我對自己說：無庸置疑地，這些夢一直在說同一種古老的隱喻，我們反覆在談的這些，已然熟悉到令病人與我自己都厭煩了。不用說也知道，病人絕對理解自己的移情幻想。她知道自己眼裡，我是個半神半人的父親愛人，但至少理智上，可以區別出幻想裡的我與實際上的我是不同的。所以，這些夢顯然在重申意識的觀點，而非意識的反對意見，因為夢全然忽略批判的部分。它們一直重複意識的內容，但卻是不完整的（in toto），堅持以幻想那部分的立場去對抗「想當然爾」的常識。

〔214〕我當然會問自己，哪兒來的那麼固執，目的何在？我

確信它必然帶著某些目的性的意義,因為凡真實存在者都有意義,換言之,那可以被解釋成不過是種種前因的殘留。但移情的能量實在太強大,讓人們以為這是生命本能。那麼,這類幻想的目的為何?仔細檢視與分析這些夢境,特別是方才說的那個,會發現都有個非常明顯的傾向——與總是將事情簡化到人性範疇內的有意識批判相較——它們賦予醫師超越正常人類的形象。他必須比她父親巨大、粗獷,且龐然,如同席捲大地的風——這樣他被當神了嗎?又或,我假定,是否更可能是無意識試圖要藉醫師的人格形象創造出一個神來,可以說是從隱匿在屬於個人特質背後的地方釋放出神的幻覺,因此對醫師人格形象的移情,不過是心智對這部分的誤解,是「想當然爾」玩的愚蠢把戲?是否無意識表面上針對某人的強烈慾望,其實內心更深處的真正渴望是指向神的?對神的渴望是否可能是我們本能天性最隱晦之處湧現的激情(passion),一種不可受任何外在影響撼動的一種激情,也許比對人性位格的愛更深刻且強烈?又或者這是我們稱之為「移情」的那種不適當的愛的至高至真的意義,有點兒從十五世紀後就被人類意識所丟棄的、真正對神的愛(Gottestminne)的意味呢?

〔215〕沒人會懷疑那分對一個人類形象的熱情渴望;但那卻只是宗教心理學的一個小片段而已,是一種過時了的歷史產物,確實有點中世紀古老珍品的味道——讓我們想起馬格德堡的麥赫蒂爾德(Mechthild of Magdeburg)——現在於眼前活生生地出現在現實的諮商室裡,且通過醫師這樣的普通人表現出來,這似乎超越想像,以致無法被認真看待。

〔216〕真誠的科學態度必須不帶偏見。判斷假設有效性的唯一標準取決於它是否具啟發性——亦即,解釋性——的價值。問

題是,我們可以將上述各種可能性當成有效的假說嗎?並沒有先驗的(a priori)理由可以說,無意識有可能天生抱持著超越人性位格的目標,因此無意識「只能想望」。只有經驗本身才可以決定何者為更適當的假設。這個新的假設對我這位非常挑剔的病人而言,似乎完全不合情理。先前把我當成父親愛人的想法,對她的情感模式具更高的吸引力,那是她解決衝突時最想採用的理想方案。然而她的理智十分敏銳地領悟到這一新假設理論上有可能發生。與此同時,夢持續變化醫師的人格形象,將他誇大到碩大無比的地步。這時還發生了一件剛開始只有我察覺到的事,令人極度驚訝,即有種暗中逐漸破壞移情的狀況出現了。可以感覺到,她與某位朋友的關係加深了,儘管她仍有意識堅持移情。因此,當她該和我分離的時刻到來,沒有出現任何悲傷場面,而是完美地理性道別。我有幸身為唯一見證整個分離過程的當事者。我見到超越個人的控制點(control-point)如何發展出來——我無以名之,只好如此稱呼——它是一種引導的功能(guiding function),一步步地將所有先前個人極度重視的事物集中到它自己身上;然後見到隨著能量的湧入,它如何在沒有意識到事情發生的狀況下,對有意識的抗拒心態產生影響。因此,我明瞭了,不能把夢僅當成幻想,而是無意識發展的自我表達,病人的心靈於是逐漸停止無意義的個人連結關係。[1]

〔217〕正如大家看到的,透過無意識地發展出一個超個人的控制點,改變發生了;它如同一個虛擬的目標,只能以象徵的形式自我表達,這種形式只能說是對神的想望。夢把醫師的人格誇

---

[1] 參閱,「超越功能」(transcendent function),收錄於《心理類型》,定義51,「象徵」(Symbol)。

大到超乎正常人類的尺度,把他變成一位同時也是風的巨大的、粗獷的父親,在其臂彎的保護裡,夢者如嬰兒般地酣眠。就算我們認為病人夢境中關於神的概念是出自意識裡的基督教傳統,我們還是得注意當中意象的扭曲。病人對宗教抱持著批判與不可知論的態度,她腦海中早就不存在神性的可能的概念,亦即,已經縮減至全然為抽象名稱而已。與此矛盾的是,神在夢裡的意象卻與古老的自然神的概念一致,有點像是沃坦(Wotan)。「θεòs τò πνεῦμα」,亦即「神是靈」(God is spirit),回到它原意,πνεῦμα 指「風」(wind):神是風,強而有力更勝於人,是股不可見的靈氣。如同希伯來文中的 ruah,或阿拉伯語的 ruh 也是,都意指氣息和靈魂。[2] 夢超越了純然的個人形式,產生了與意識中所認識的神天差地遠的古老神祇的意象。有人可能會反駁,說這僅是嬰兒期殘留的意象,是兒時回憶。如果我們在談的是一位坐在天堂黃金寶座上的老人,那我對此假設沒有任何意見。但這裡並沒有任何那種懷舊的跡象;反而,出現在我們心中的,是只與一個古老心理狀態有關的原初概念。

〔218〕我在《轉化的象徵》中曾大量舉例討論這些原初概念,它們迫使人們將無意識素材區分為「前意識」(preconscious)和「無意識」,或者「下意識」(subconscious)和「無意識」。做這些區別的理由在此無須多談。它們有其獨特的價值,是值得進一步闡釋的觀點。經驗讓我知道,基本上就是這些區分而已。前文應該已經說得夠清楚了,我們得明白無意識可分出一個或可稱之為個人無意識(personal unconsicious)的層次。這個層次所包含的材

---

[2] 有關這個主題更詳盡的論述,參閱,《轉化的象徵》中的索引詞條「風」(wind)。

料是屬個人性的,它們由個人經驗取得,部分從個人生活而來,部分則是可以剛好被意識到的心靈要素。我們很容易理解,矛盾的心靈元素容易被潛抑,而成為無意識。但就另一方面而言,這也意味著一旦這些心靈元素被意識到了,被潛抑的內容就有進入到意識,並留存其中的可能。我們把它們當做屬於個人性的內容,是因為我們可以在個人過去歷史中,發現其影響,或部分的表現形式,或者出處。它們是人格不可分割的組成成分,是部分的人格,它們自意識中減少,某方面就會出現自卑——此外,與其說這是器官的缺損,或天生的缺陷,不如說是一種引起道德憤怒感升高的缺失。之所以感覺到個人道德低落,必然表示失去的,在情感上為某種感覺不該失去的東西,或者只要一個人足夠盡心盡力,這個遺失的元素就能被感知到。道德低落的自卑感,並非因為違反普遍接受的,且就某種意義而言是專斷的道德律,而是出自於為了心靈平衡,缺陷需要被矯正,而與一個人擁有的本性起衝突的因素。只要道德自卑感出現,就代表不但需要將某部分無意識同化吸收,且有進行同化吸收的可能性出現。到最後,道德特質會強迫他直接認知這樣的需求,不然就是間接透過痛苦的神經症發聲,去同化吸收他的無意識自我,並讓他自己保持完全的清醒。只要走上這條自我了解的道路的人,個人無意識的內容必然將浮出意識,從而擴大其人格的範疇。我要立即補充的是,這樣的擴大主要是涉及個人的道德意識,與對自我的認識有關,因為經由分析被釋放,而浮現意識的無意識內容通常是不愉悅的——這也是為何這些願望、記憶、性格、想法等等會被潛抑的原因。透過告解,也會有相似的內容浮出意識,只不過程度相當有限。其他的則通常是透過分析夢境而顯露。看著夢是如何一點一點地擇要吐實,過程相當有趣。所有材料進入意識

中，會令眼界大開,那種更深入的自我認識,遠超過一個人所能想像,會讓人更具人性,且行止愈形合宜。不過即使所有睿智的人都認為是達到自我認識的最佳及最有效的手段,但對不同性格者,仍會有不同的影響。我們在臨床分析當中,對此有相當重大的發現,但這個問題會留到下面章節才會繼續討論。

〔219〕如同我在對神的古老概念的例子所說的,除了個人自外獲取以及原屬本身所有的東西之外,似乎還有其他的事物存在無意識當中。我的病人對「靈」（spirit）的語意是由「風」衍生,或兩者間的對應類似之處,全然無所知悉。這並非她想出來的,而且她也沒學過相關內容。她完全沒有讀過新約聖經中那段關鍵內容——風隨著意思吹（τὸ πνεῦμα πνεῖ ὅπου θέλει）——因為她不懂希臘文。如果,我們一定要把它完全視作個人從外獲取而來的東西,它可能是一種所謂的潛藏記憶（cryptomnesia）[3],也就是夢者無意識地回憶起曾在某處見到過的想法。我不排除有這類特殊案例存在的可能性；但我見過更多他種案例——在上述書中,大多數都可以找到——這些個案可以排除潛藏記憶的可能性。甚至就算是潛藏記憶的個案,雖然我覺得不太可能,我們仍應該去解釋,是什麼樣的體質會剛好保留了這意象,而隨後,如同德國生物學家西蒙（Semon）所說的,還「會產出」（ecphorated, εχφορειν, 拉丁文 efferre, to produce）。無論如何,有潛藏記憶也好,或者沒有也好,我們面對的是真實且全然原始的神的意象,它在已開化的人的

---

[3] 參考弗盧努瓦（Flournoy）,《從印度到火星：關於精神病患夢遊症的研究》（*Des Indes à la planète Mars: étude sur Tsukasaun cas de somnambulisme avec glossolalie*）,由佛密利（D. B. Vermilye）翻譯為《從印度到火星》（*From India to the Planet Mar*）：也參閱榮格,〈心理學及所謂潛伏性現象的病理學〉（Psychology and Pathology of So-called Occult Phenomena）,段 138 起。

無意識中滋長，同時產生實際影響——一個可能正好可以讓心理學家進行反思的宗教性資料的影響。這個意象沒有任何部分可以被稱做是個人的：它是全然的集體意象，源自種族，而我們心靈早已知曉。出現在我們面前的是一個遍布世界的古老意象，它透過自然的心靈運作再度出現。這並不令人意外，因為我的病人帶著的應該是如其過往，至今仍依此方式繼續運作的人腦出生，而來到這個世界的。我們所面對的，是一個再度活躍的原型，如同我在其他地方曾稱之為原始意象的東西。[4] 這些古老的意象透過特別是做夢這種原始的、與原始人類相似的思考模式，重新進入生命當中。它不是一種遺傳的概念，而是一種經遺傳而來的思維模式。[5]

〔220〕有鑑於這些事實，我們必須假設無意識內容不僅涵括個人的，也包含以遺傳而來的類型的認知方式[6]，或者以原型的形式等所組成的非個人的集體部分。我因此進一步假設，無意識在更深層之處，會以相對活躍的狀態運作集體內容。這就是我為何要討論集體無意識的原因。

4　參閱，《心理類型》，定義 26。
5　因此，對我加諸「想像的神祕主義」（fanciful mysticism）的指控是缺乏根據的。
6　赫柏特（Hubert）及茂思（Mauss），《宗教歷史論文集》（*Mélanges d'histoire des religions*），頁 xxix。

II. 無意識同化作用所造成的現象

〔221〕同化吸收無意識內容的過程,會導致某些值得注意的現象發生。有的病患會有種明顯的,且通常為令人越來越不舒服的驕矜自大感:他們目中無人,自以為見多識廣,認為自己對自身無意識無所不知,深信已全然了解一切。他們隨著每次與醫師會面,越來越妄自尊大。相對的,其他則有人面對無意識排山倒海而來,反而越來越喘不過氣,他們失去自信,自我放棄,完全屈從於這些無意識所產生的異常現象。前者,過度狂妄自大,自以為可以完全承擔無意識產出的責任;其他的則逃避放棄,抗拒挑戰無意識的命運,被自我的無力感所壓垮。

〔222〕若我們更深入地分析這兩種反應模式,會發現樂觀自信的前者,隱瞞了深深的無力感,因為他們有意地表現出意氣風發,補償自身的不成功;與此同時,後者的消極退卻是在掩飾大膽的權力意圖,其傲氣遠遠超過前者有意識的自信樂觀。

〔223〕我只大略以兩個最極端狀態代表這兩種反應模式。實際的情況會有更細緻的層次變化。我曾說過,每個接受精神分析的人,為了符合他異常的、神經質態度的需求,開始都會無意識地濫用全新獲致的知識,除非早期階段便脫離症狀,方可完全不必接受更進一步的治療。當所有事都還處在以客體層面理解的早期階段,有個影響因素非常重要,亦即意象與客體不分,如此一來,所有的事都直接被連結到客體。因此,對將「他人」(other people)當作是具根本重要性客體的人而言,他會依在分析階段所獲得的自我認識下結論:「啊哈!所以其他人就是那樣的!」他因此覺得有責任

根據自己的性格特質,透過包容或者其他方式,去啟蒙這個世界。但其他認為自己在同儕間是比較屬客體而非主體的人,則會因這種自我認識而產生沮喪,同時變得憂鬱(很自然地,我不考慮那些為數眾多,且較淺薄的類型者,他們只是蜻蜓點水式地經驗這些問題)。這兩種人增強與客體間的關係——第一種人是主動的,第二類個案則是被動的。集體元素於此被強烈突出。前者積極採取行動,後者則深陷痛苦泥淖。

〔224〕阿德勒曾借用「與神相似」(godlikeness)這個詞,以描繪神經症患者權力心理的基本特徵。如果我也依樣畫葫蘆,從《浮士德》中借用同樣名詞,我在這兒會引用意義更為通俗的一個段落,梅菲斯特(Mephisto)在學生的筆記本寫下「你們便如神能知道善惡」(Eritis sicut Deus, scientes bonum et malum),並加註提醒:

當聽老人言
我蛇弟兄亦如是說。
你與神相似的時刻終將到來
必令你心驚膽顫且毛骨悚然。[1]

與神相似明顯與知識有關,也就是分辨善惡的知識。分析然後得以有意識地理解無意識內容,會產生一定程度的高度容忍力,感謝這樣能力的出現,令無意識性格中相對難以理解的部分都變得可以接受。這樣的容忍性看來也許相當睿智且超然,但無非是種好整

1　《浮士德》,第一部,第三景〈書齋〉。

以暇地面對各式各樣結果的高傲姿態。之前焦慮地分離的主、被動兩種樣貌已經合而為一。克服了重大的抗拒之後，至少在外表上，已經成功整合了兩個極端。由此獲得更深層的理解後，先前分離對立的，於今則並列對等，從此明顯克服了道德衝突，產生一種足以用「與神相似」表示的優越感。但平等看待善惡，對不同個性者會有不同的影響。不是人人都自以為高人一等，得以一手掌握分辨善惡的天秤。他也可能看起來像是個腹背受敵的可憐蟲；不是處在抉擇路口的海克力斯（Hercules），倒像是一艘失舵的迷船，在洶湧海潮中進退兩難。由於對處境一無所知，他所遭遇的也許是最巨大與最古老的人性衝突，在衝擊中經歷宇宙不變鐵律的痛苦掙扎。也許他會覺得自己像被鏈鎖在高加索山的普羅米修斯，或是個被釘上十字架的人。這就是處於「與神相似」的痛苦中。與神相似自然不是個科學概念，雖然它可以巧妙地描述這個討論中的心理狀態。我也不至於妄想每位讀者都能夠立刻掌握「與神相似」所意指的特殊心理狀態。這個詞事實上專屬於純文學（belles-lettres）的領域。因此，或許我最好該先更詳細地描述這種狀態。接受精神分析的人所獲得的洞見及理解，通常會揭露許多先前所未曾意識到的東西。他自然會將此知見應用在理解周遭環境上；結果他會看清，或者自以為看清許多先前所看不見的事物。既然他的知見對自己有幫助，也很容易認為對別人一樣受用。這麼一來便陷入自負的毛病；他也許出自好心，但卻給人帶來困擾。他彷彿覺得自己掌握了得以開啟許多，甚至是所有門的鑰匙。精神分析本身也同樣有因其本身侷限性而出現幽微的無意識，這從它妄加評論藝術作品的方式，就可以清楚地看出來。

〔225〕由於人性並非全然光明，同時存有大量陰暗面，透過

臨床分析所獲得的洞見往往會帶來些許痛苦，通常，如果這個人已然忽略掉陰暗的另一面，就會越痛苦。因此，有些人會太過關注自己全新的眼光，事實上是過頭了，全然忘記並非只有他們有陰暗面。他們過度壓抑，對一切都不信任，覺得到處都不對勁。這就是為什麼許多優秀分析師一直無法將其佳思妙想公開，因為他們看著心靈問題如此浩浩茫茫，幾乎不可能有系統地當成學問處理。態度樂觀讓一個人過度自信；而悲觀的另一個，卻會過度焦慮與失去勇氣。這是面對重大衝突所採取的兩種簡化模式。但即使簡化，衝突的本質仍然顯而易見：驕傲的，與沮喪的另一位，在各自領域中，有著個別的不確定感。一者過於膨脹，另者則極度萎縮。就某方面而言，他們之間並無差別。如果我們考慮到由於心理補償的結果，極度謙卑與過分驕傲僅一線之隔，而「驕兵必敗」（pride goeth before a fall），我們不難在傲慢背後發現自卑焦慮感的特定跡象。事實上，我們會清楚地看到他的善變是如何讓熱情的支持者去吹捧他的真理，對那些真理，卻連他自己都沒什麼把握去爭取他人改變立場來支持他，以令追隨者們向他證明其信念有價值且值得信任。當所積累的一肚子學問只能獨享時，他也不會真的開心得起來；實際上，他所感到的是自己因學識而孤獨，暗藏著懷才不遇的疑懼，導致他無時不刻地在大肆炫耀自己的主張與見解，因為只有在說服別人時，被疑惑所折磨的他才會感覺到安全。

〔226〕我們另一位意志消沉朋友的情況剛好相反。他越是退縮與自我隱藏，被了解與認可的隱藏性需求就越大。雖然，他嘴上說自己自卑，但打心裡根本就不這麼相信。他內心傲然升起的是一股對自己價值未被認同的想法，讓他連遭到些許的責難都非常敏感，總帶著為人誤解，與合法權利被剝奪了的被害者姿態出現。就

這樣,他懷抱著病態的驕傲與憤世嫉俗——而他真的很不想如此,為此他周遭的人必須付出更高昂的代價。

〔227〕這兩種人都不是太自卑,就是過於矯情;他們個別一般來說,非常缺乏安全感,至此甚至比往常更為緊張不安。我們竟說這叫「與神相似」,聽來近乎可笑。但既然他們每位都以自己的方式超越人類尺度,兩者多少有些是「超越人性的」(superhuman),也因此,象徵性地說與神相似的。如果我們想避免使用這種隱喻,我會建議代之以「精神膨脹」(psychic inflation)。對我來說,就我們正在討論,涉及超越個人限制之人格延伸的狀態而言,這個名詞還算恰當,換言之,是種膨脹的狀態。這種狀態下,人們需要填充的是在正常狀況下不能填滿的空間。他只能選擇適合自己的內容和特性加入,而這些東西實際上是獨立於我們的範疇而自有存在的。獨立於我們之外,要不就是屬特定對象所有的,要不就人人皆有,再不然就是非人類所有。既然精神膨脹絕非只是心理分析所引發的專有現象,日常生活中也一樣會頻繁發生,我們對其他個案進行調查研究也可以得到同樣結果。我們常見到,許多人會一本正經地自我認同於其職業或者頭銜。我的職務肯定是我特有的能力;但它也是個已經成為歷史現實的集體因素,是過去眾人協同合作而來的,其名聲尊嚴是基於集體的認同而被認識的。因此,當我認同於自身的職務或頭銜的同時,我表現得就如同自己便是由職務所構成的社會因素的整體,或者好像我不僅擔任這項職務,且同時獲得了社會認可。我格外地將自己擴張延伸,佔據了某些由外而來,但實際上卻不屬於我的特質。據說是法國太陽王路易十四的名言,「朕即國家」(L'etat c'est moi),就是這種人的座右銘。

〔228〕要處理因獲得知識而膨脹，其原則也是類似的，只不過心理層面問題更加微妙。這裡說的並非因位居要職所導致的膨脹，而是很明顯地在幻想。我舉一個臨床案例來解釋，一個剛好有私交的精神病個案，這個案例，梅得（Maeder）也曾在他的書中提及此事。[2] 這個個案有著高度膨脹的特點（我們可以看到所有在一般人身上往往只是曇花一現的現象，但精神病人卻會以粗野且誇張形式表現出來）。[3] 這位病人罹患了妄想性失智症合併躁狂發作（megalomania）。他可以用電話與聖母瑪麗亞及其他偉大的人物溝通；而回到現實裡，他卻是個貧苦的鎖匠學徒，十九歲時發了不可治的瘋病。他沒有天賜的聰明才智，但卻有個偉大的想法，認為世界就是他的繪本，他可以隨意翻頁，翻轉世界。證據很簡單：他只要轉過身，就可以看到新的一頁。

〔229〕這就是把叔本華「作為意志與表象的世界」（world as will and idea）具體視覺化，以質樸和原始的幻想所表達的結果。這的確是個驚人的想法，因為他極端異化且與世隔絕，卻表達地如此天真與質樸，讓人們在一開始只能對其怪誕一笑置之。然而，叔本華看待世界的出色視野的核心概念，也正是基於這種質樸的方式而來的。只有天才，要不就是瘋子，能夠從現實的枷鎖中自我解放出來，而視世界為自己的繪本。這個病人真的能夠想出，或者建構這

---

[2] 梅得，〈早發性痴呆病人的心理研究〉（Psychologische Untersuchungen an Dementia-Praecox-Kranken. 1910），頁 209 起。
[3] 我在蘇黎世的精神醫學診所擔任醫師時，有一次帶一位很聰明的菜鳥醫師查房，他之前從未看過精神療養院的內部。我們查完房後，他說：「我說呀，這裡簡直就是蘇黎世的縮影！所有市民菁英會聚一堂！我們每天在街上看到的所有類型的人，在這裡彷彿以最典型純粹的形式都出現了。不外乎是社會最底層到最高級群體中的怪異代表性人物！」我之前從未用這樣的角度看待精神病房，不過我的朋友的說法實在中肯。

般的視野，亦或靈感從天而降呢？又或者他陷入這樣的幻想中？他所出現病態的崩潰與膨脹的狀態，看來比較像是後者。現在思考與說話的不再是他（he），而是他內在的它（it）在想和說：他聽見它的聲音。所以他與叔本華的不同在於，就他而言，這種見解處於僅僅是不由自主增長的階段，而叔本華則加以抽象概念化，並用普遍有效的語言表達。他做的是把它從隱密的初萌階段喚起，明白地公諸於集體意識當中。但若把病人的見解視為帶有其個人的特質或價值，彷彿那本屬其所有，那麼就錯得離譜了。如果這樣，他便是個哲學家了。只有能夠成功地將原始的、僅僅為自然的觀點，轉換成可意識的一般性知識的抽象概念，一個人才得以是位優秀的哲學家。這樣的成就，且只能是這樣的成就，可構成其個人性的價值，因為只有這樣，他才能夠贏得信賴，不至於被膨脹壓垮。但生了病的人，其見解不是其個人性的價值，而是因為他無力自我防衛而出現的自然的增長，如此，他實際上只是在吞入，然後向世界大眾「一吐」（wafted）為快。絕不是他（he）在主宰此概念，且還能將它（it）擴展成為普世的哲學觀，更貼切地說，他見解的偉大是無庸置疑的，但卻已讓他（him）膨脹到病態的地步。個人性的價值僅由哲學的成就決定，而非樸質的見解。對哲學家而言亦如此，這種見解的增長與人無異，它不過是人類共同資產的一部分，原則上，人皆有之。金蘋果從同一棵樹掉下來，看是被憨傻鎖匠學徒或者叔本華撿到而已。

〔230〕不過，這個例子還有其他的意義，亦即這些超個人的內容物，並非只是一些可以隨意獲得的、暮氣沉沉或者骨化形銷的東西。它們是活生生的實體，對我們心智有吸引力。與職務和頭銜融為一體確實非常吸引人，這很清楚說明了為什麼那麼多人不會踰

越社會賦予他們的、與身分相襯的期待。脫去身分外殼,這個人其實一無所有。在楚楚衣冠之下,都藏著一隻可憐的小傢伙。這就是為何職務——或者不管這個外殼是什麼——如此吸引人的原因:它提供個人缺陷一種簡單的補償。

〔231〕外在吸引力,像是職業、頭銜及其他社會身分標誌,並不是唯一會造成膨脹的因素。這些是社會中大量不屬個人之超個人的東西,存在集體意識裡頭。不過,正如有個在個人之外的社會,個人心靈之外也有個集體心靈,叫作集體無意識,如上例所示,不乏吸引人的成分隱藏著。而正如同一個人會突然以其專業地位登上人間舞台(女士們先生們,讓我們介紹羅依出場〔Messieurs, à présent je suis Roy〕),同時就有另一位同具此專業地位者,會因此突然失去地位而消失,那些欺瞞著世人的某個偉大意象於是變換了個新面孔上台。這些就是口號、標語,以及,在更高層次上的詩人及神祕主義者等語言所說著的神奇集體表徵(représentations collectives)。這讓我又想起另一位精神病患者,他既不是詩人,成就亦非卓著,只是個文靜、多愁善感的年輕人。他熱戀上一位女子,如同一般常見的,他無法確定自己的愛是否有所回報。他質樸的神祕參與(participation mystique)視別人理所當然也該和他有同樣的熱情,這在人類較低層的心理相當常見。他因此構築了一個深情款款的幻想,然而幻想卻隨他發現女孩心中沒有他而瞬間崩解。他非常傷心,立刻衝到河邊打算投水。夜已深沉,群星從黑水倒映朝他閃爍。在他看來,這些星星成對做雙地在水中優游,令他心神頓感舒暢。他忘了自己原想來這裡自殺,心思轉而關注凝視這齣奇妙且甜蜜的舞蹈劇。漸漸地他了悟到,每顆星星都是一張臉,它們是成對的愛侶,沉醉在如夢似幻的擁抱裡。他心中出現全新的領

悟：一切都改變了——他的命運、失望，甚至是愛情，全部遠離與消失。對女孩的記憶遠了，模糊了；然而卻代之以一種必然會獲得無法言喻的富足的篤定感。他知道留給他的巨大財富就藏在附近的天文台裡。結果，他在凌晨四點因企圖擅闖天文台而被警察逮捕。

〔232〕到底怎麼了呢？他可憐的小腦袋，閃過了但丁式的莊嚴幻覺，以往他從未能領悟一首詩的動人之處。但這次他看懂了，而且也被轉化了。傷害他的究竟為何，如今已不重要；一個嶄新、未曾夢想到的星空世界，循著遠離悲傷塵世的靜謐軌跡，在他跨越「地獄的大門」（Proserpine's threshold）之際為他開啟。不可言喻之豐美直覺——豈有人能不為此思想所感動？——對他如同是一種啟示。對他那顆可憐的小蘿蔔頭而言，實在也太過沉重了。他沒有溺斃河中，卻浸死於一個永恆的意象裡，與其美麗同朽。

〔233〕正如一個人可能消失在其社會角色中一樣，另一人也可能被吞進其內在幻相裡，消融進周遭環境。許多不可思議的人格質變，像是突然改變信仰，以及其他重大的心智變化，都是源自於集體意象的吸引力[4]，正如現在這個例子所顯示的，它會導致高度的自我膨脹，使得全部的人格瓦解。這樣的瓦解就是一種精神疾病，可能是暫時性的，或者永久性的，以布洛伊勒（Bleuler）的術語稱之，就叫「心智的分裂」（splitting of the mind）或者是「精神分裂症」（schizophrenia）。[5]這種病態性的膨脹當然會視某種人格上對抗集體無意識自主性內容的先天性弱點而定。

4　請參考《心理類型》，定義 26，「意象」（Images）。里恩・都德（Léon Daudet），在其著作《遺傳》（L'Hérédo）中，稱呼此運作過程為「內在傳粉」（autofécondation intérieure），他的意思是重新喚醒古老的靈魂。

5　布魯爾，《早發性失智症或精神分裂症族群》（Dementia Praecox or the Group of Schizophrenias, 1911）。

〔234〕我們若將意識與個人心靈當作是基於一個有可繼承性以及普遍性的心靈特性的廣大基礎而來的，比如像無意識，也許差不多就接近實情了，因此我們個人的心靈與集體心靈有著同樣的關係基礎，正如個人之於社會的關係是一樣的。

〔235〕同樣的，一個人不僅是獨特的單一個體，同時也具有社會性，因此人類心靈並非自成體系的全然個體現象，也是個集體現象。且正如同特定社會功能或本能，會妨礙個別人們的利益一樣，人類心靈也因其集體特性，會展現出反對個人需求的特定功能或傾向。之所以如此，是因為每個人一出生便擁有一個已高度分化的大腦，從而確保了廣泛的心靈功能不必經個體發展而來，也無需從學習而獲得。人類的大腦均勻一致的分化，卻也使得人類心靈同時具有集體性與普遍性的功能。舉例來說，這解釋了一件相當有趣的事實，各據天南地北的人們或種族之間，無意識運作卻高度一致，這種一致性包括了各個原住民族神話的形式和母主題所展現出的、極不尋常但完全可證實的類似性。人類大腦的普遍相似性，使得人類心靈功能有普遍一致的潛力。這種功能運作就稱之為集體心靈（collective psyche）。有鑒於分化是相對應於人種、族群，甚至家庭的不同而有所不同，集體心靈也受限於人種、族群，以及家庭，超越了「普遍性的」（universal）集體心靈。借用皮耶・賈內（Pierre Janet）的話來說，[6] 集體心靈構成心理功能的「下游」（parties inférieures），也就是說那些根深蒂固於個人心靈當中，幾乎是具有自主性的部分，它們經遺傳而來，且無所不在，因此是非屬個人所有，或者說是超個人的。意識及個人無意識，構成了心理

---

[6] 《神經症》（*Les Névroses*, 1898）。

功能的「上游」（parties supérieures），這些部分是個體所發展出來和學習獲得的。因此，將集體心靈的無意識繼承物增添到他個體自發性發展過程中已然獲得的部分，彷彿那就是自發性發展過程中所產生的，以不合理的方式擴大人格的範圍，然後自食惡果。就集體心靈組成心靈功能的「下游」來說，它形成了每個人人格的基礎，同時也可以摧毀及貶抑人格。這顯示它本身若非處在上述那種令人難受的自負狀態，就是在無意識地自抬身價，到了病態地追求權力意圖的地步。

〔236〕藉由將個人無意識提升到意識層面的方式，分析使得被分析者可以意識到之前他只在他人身上發現，但卻從未在自身當中察覺的事物。這個發現因此降低了他個人的獨特性，且變得較具集體性。他的集體化不盡然是走壞了一步；有時可能會是好的開始。有些潛抑了好的特質的人，會有意識地放任幼稚的幻想橫行。消除了個人的潛抑，起初純粹只會讓個人性的內容浮上意識；但是如影隨形地依附在它們上頭的是無意識的集體性元素，它們是經常性存在的本能、特質、思想（意象），以及所有那些在當我們說，「每個人身上都有些罪惡，有些天分，以及有些聖潔」時，那些在「統計上」（statistical）被我們認同為一般性的美德和一般性的罪惡之林林總總。一個生動的畫面就此浮現，萬事萬物幾乎都在世界的棋盤上挪動，好和壞，正當的與下流的。於是與世界緊密連結的感覺逐漸被建立起來，這種感覺是經由一些非常積極的特質而被感受到的，而這在某些特定的神經症個案裡，會成為治療的決定性因素。我自己就曾親眼目睹許多出現這種感覺的個案，他們生命中首度激起了愛的慾望，甚至還親身地去經驗到愛；又或因勇於探索未知之境，而得以活出與他們自己相應的命運。我見到堅定抱持這種

態度的案例不少，他們可以保持積極進取的狀態經年不衰。我常聽到這類案例被當作分析式治療的經典。但我必須指出，這種樂觀進取類型的案例，沒能盡量與這個世界產生分化，因此也不能說他們被根本治癒了。就我來看，他們並沒有被治好。我曾經有機會去追蹤這類病人的生活，必須承認他們許多人有無法調適的症狀存在，如果持續下去，那些已然放棄了自我的個案，很典型地，生活會逐漸無聊單調。這裡我在談的也是邊緣性人格的案例，而非價值較低、普通、一般世俗的大眾，因為他們適應的問題是較屬技術性的而非疑難性的。如果我的角色定位是治療師多過於研究者，我可能自然地就無法樂觀起來，因為我會一直在意被治癒的個案數字。但本著作為學者的良心，所關心的不在於量，而是質。大自然是具貴族氣派的，一位國王勝過十個百姓。我密切注意著具價值性的人，而從他們身上，我認識到純粹的個人分析結果有其不確定性，也理解到此不確定性的原因何在。

〔237〕透過無意識的同化作用，如果我們犯了將集體心靈涵括進個人心靈功能類別的錯誤，接著將無可避免地出現人格消解，而進入其對立面。除了我們之前已經討論過的成對的對立面，例如明顯痛苦地以神經症形式出現的自大狂和自卑感之外，其他還有許多，我將特別只挑出成對的道德對立面來談，亦即善與惡。人性當中特有的美德與罪行正如同其他東西，就包含在集體心靈當中。一個人無來由地將集體美德當作是自己的個人優點，另一位則把集體罪行看成個人的罪惡。就像自大和自卑兩者都是一種錯覺一樣，因為想像中的美德和幻覺裡的邪惡，不過是包含在集體心靈中的一組道德對立物而已，它們已經開始被感知到，或不自然地被有意識表達出來。關於集體心靈中有多少成對的對立物，可以用原始民

族為例子：當一個遵守傳統的人稱頌他們當中最偉大善行之際，與此同時就會另有一人寫下對同一部落最糟糕的觀感。就我們所知，原始民族的個人分化才剛起步，兩種評斷都為真，因為他的心靈基本上是屬於集體的，所以大部分處於無意識狀態。他或多或少還等同於集體心靈，也因此對集體的美德和罪惡得以平等看待，不帶有任何個人觀感，同時也不會有內在矛盾。只有心靈開始有了個人性的發展，並且以理性發現對立的性質互不妥協時，矛盾才會產生。這項發現的結果是將衝突潛抑。我們想成為好人，所以潛抑邪惡；帶著這種集體心靈的極樂走到人生盡頭。為了發展個體性（individuality），潛抑集體性心靈是絕對有必要的。在原始民族當中，發展人格，或更精確地說，個人的發展，是神祕地位的問題。醫者或酋長的角色引領群眾：兩者都藉獨一無二的裝扮和生活模式，以表示他們的社會角色。外在獨特的裝飾得以區別他與其他人；透過掌握特殊儀式的祕密，使他與大眾的區隔更明顯。利用諸如這些的類似方式，原始人創造了一層外殼把他圍起來，我們或可稱這層殼叫人格面具（假面）。假面，就我們所知，事實上於原始民族當中在圖騰典禮裡頭使用——例如，用來作為強化或改變人格的道具。傑出的個人以這種方式，明確脫離了集體心靈的範疇，某種程度上他成功地自我認同於他的人格面具，真的就脫離了。這種脫離代表著神祕地位。我們可以簡單地說，驅使他這樣發展的動機，是權力的意圖。但這麼一來，會疏忽掉聲望的建立永遠是個集體妥協的產物：不只一定有人想要地位聲望，也必然有群眾會尋求某人，而對之授予聲望。既然如此，一個人出自個人權力意圖目的而創造自己聲望的說法便是錯的；相反地，這完全是個集體事件。既然作為一個整體社會所需要的、具神祕影響力的偶像，它便利用

個人對權力意圖的需求，且以大眾的順從意志為工具，而造就了個人的聲望地位。對國際禮儀而言，正如政治制度史所顯示的，後者是極為重要的現象。

〔238〕個人聲望的重要性不該被高估，因為退行消解於集體心靈的危險可能性很大，不僅傑出的個人如此，連同其追隨者亦然。這種可能性最常出現在當聲望的目的——普遍性的認同——已經達到後。這個人於是成為集體的真理，而那常就是滅亡的開端。獲得地位聲望，不僅是傑出的個人的正面成就，對其同志集團而言亦如是。個人以其功勳突顯自我，眾人則以放棄權力自我突顯。只要還需要奮戰維持這個態勢，且與敵對勢力進行抗爭，那麼成就價值依舊會是正面的；不過，一旦障礙消失，且已達成普遍性的認同，聲望的正面價值就會消失，且通常形同虛有。分裂的運動於是開始，整個程序從頭再來一次。

〔239〕因為這類領導者的人格對於社群的生命至關重要，任何疑似對其發展的干擾，都會被視為威脅。但最大的威脅無疑是出自於集體心靈入侵，因而導致聲望提早瓦解。絕對保守祕密是遠離此威脅最為人所知的原始手段之一。集體思想、感情以及努力的負荷與壓力，當然比個人運作和努力要輕鬆；所以讓集體功能取代個別人格分化，一直是極大的誘惑。不過，一旦人格已然分化，但有神祕的威望防衛，它會漸趨平庸，最終消融於集體心靈當中（例如，彼得否認認識耶穌〔Peter's denial〕），導致個人「失去靈魂」（loss of soul），因為重大的個人成就要不是已經被忽略，不然就是可能悄悄退化消散了。也因此，觸犯禁忌會全然按情況的嚴重性而被嚴厲懲罰。只要我們從因果的角度考慮這些事，如同亂

倫禁忌僅僅是歷史的殘留與轉移[7]，去了解這些手段的目的為何是很重要的。然而，我們如果從目的論的角度來處理問題，許多難以理解的部分即可變得明白易懂。

[240] 為了人格發展，於是，從集體心靈中完全分化出來是絕對必要的，因為不完全或者曖昧不明的分化，將使得個體立即消融進集體。只不過現在，如我之前所說的，分析無意識風險很高，有導致集體和個人心靈融合的遺憾結果的可能。這些結果不但有害於病人的生活感覺，如果這個人對周遭人等也有影響力的話，那麼同時也會傷害其追隨者。由於他認同集體心靈，必然會試圖將其無意識的要求強加於他人；因為認同集體心靈，經常會帶著一種普遍正確的感覺——「與神相似」——完全忽視同儕間個別心靈的差異性（這種普遍正確的感覺，當然是出自於集體心靈的普遍性）。自然地，集體態度會先假設別人也應該具有同樣的集體心靈。但這意味著殘忍漠視的不僅是個體的差異，也不尊重集體心靈本身當中更普遍類型的差異，如種族差異。[8] 這樣漠視個體性顯然意味著壓抑個體，結果造成差異性的元素被社群消滅。差異性的元素等於是個人。而所有最崇高的美德，以及最黑暗的邪惡，都是個人的。社群越龐大，特別是所有立基於有害於個體性保守偏見的社群，集體的要素越多，個體就越容易在道德上、靈性上被壓榨，而結果就是，

7　佛洛伊德，《圖騰與禁忌》（*Totem and Taboo*）。
8　所以，接受猶太心理學為普遍有效的結論是不可原諒的錯誤！絕不會有人幻想將中國人的，或者印度人的心理學套用到我們自己身上。輕率地指控我反猶太，這種批判追根究底，差不多就像說我有反中國的偏見一樣。無疑地，在更早期及更深層的心靈發展上，我們無法區分雅利安人、猶太人、含米特人（Hamitic），或蒙古人的心智，此乃因所有的人類種族，都擁有共同的集體心靈。但隨著種族開始分化，集體心靈在根本上也開始產生一些差異。正因如此，絕不可能將外來種族的靈性全然地（in globo）移植到我們自己的心智當中卻不造成任何傷害，不過，這似乎並不妨礙各式各樣拙劣模仿製造所謂印度哲學等等之類的舉措。

道德與靈性來源單一,社會進步窒礙難行。自然地,唯一能夠在這種氛圍中蓬勃發展的是社會性,以及個人當中任何的集體部分。他身上任何獨特之處,都會沉入心靈底層,換言之注定被潛抑。個體的元素於是陷入無意識當中,在那兒,根據需求的定律,它們轉變成基本上有害、具破壞性且失序的東西。在整個社會裡,這個邪惡法則早已出現在驚人的罪行中——弒君或類似大逆不道的事——由某些特定具預言能力傾向的人所犯下;但對社群絕大多數群眾而言,此法則仍然居於幕後,只間接地以無情的社會道德墮落顯現。這是一個眾所皆知的事實,整體社會越鼓吹道德,道德反而越低落;因為個體群聚數目越多,個體的因素就越被汙名化,而伴隨他們的道德,完全是基於個人道德感,以及道德感所必需的自由。因此就特定意義而言,當他處在社會集體中,所有的人都比獨處時還會無意識地行惡;因為他為社會所支持,而導致他放下了個人的責任感。任何由全然優秀人才所組成的大型團隊,都有一種笨拙、愚蠢及兇猛的動物性道德與睿智。組織越大,越不可避免的就是它的不道德和難以察覺的的愚蠢(羅馬元老院是野獸,而參議員都是好人〔Senatus bestia, senatores boni viri〕)。社會藉著個別典型不自覺地強調其代表全體的特質,而且鼓勵平庸以及所有以安然順從、不負責態度如行屍走肉般度日的生活方式。在這種狀況下,個體性將不可避免地被逼到死角。這種過程始於學校,一直到大學還繼續,國家插足於每個領域當中。小型社會比較能保護成員的個體性,他們相對較自由,而可能會意識到該承擔責任。失去自由就不會有道德。一旦我們察覺到此奇蹟的另一面,對大型組織的艷羨就會大打折扣:這些驚人的堆積物以及所有強調的教條,自遠古以來就存放在人類當中,投此畸形巨獸之所好,個體性無可避免地會被摧毀,

事實上所有大型組織皆然。現代社會的每一分子,或多或少都有類似的集體想法,這已使其心懷邪惡,即使他自己完全不為此所困,也可以由無意識分析加以證實。在這情況下,他通常被「改造適應了」(adapted)[9]環境,的確,只要他多數同儕堅信其社群所自恃的崇高道德,那麼他就不至於對團體的醜惡感到不自在。好的,我於此所說的社會對個人的影響力,與集體無意識對個人心靈的是一樣真實的。但就像我所舉的例子那樣地顯而易見,後者影響力是無形的,而前者卻是有形的。所以無需驚訝其內在效應之難以理解,而發生這些事的人就被視為怪胎,且被當成瘋子對待。如果他們之間出現一個真正的天才,那麼除非等到下一代,或下下代,才有可能為人理解。我們十分清楚,這個人必然帶著他的尊嚴滅頂,實在令人費解,他會如此執意於追尋有別於芸芸眾生想望的其他事物,這讓他在眾人眼前永遠消失。有人可能希望兩種狀況都是一種玩笑話,而——根據叔本華的說法——人類真正的「神聖」(divine)特質,只適用於個人,以維持其靈魂的自由。

〔241〕集體的本能以及基本的思考和情感心理模式,其活動經過分析無意識而被揭示出現,對於意識人格而言,這如同後天學習所獲,不經一番寒徹骨,梅樹就不會有撲鼻花香的同化作用出現。因此在臨床治療裡,至關緊要的是時時謹記維持人格的統整。因為,如果集體心靈取代個體中個人性質的地位,將導致非常難以處理的人格扭曲或者過度負荷。所以嚴格地區分個人的與集體心靈的內容,至關緊要。然而要完整區分絕不容易,因為個人心靈源自集體心靈,且與之緊密相連。所以很難精確地說,何者內容稱之為

---

[9] 參閱《心理類型》中「調整」(adjustment)和「調適」(adaptation)。1923版,頁419。

個人的，何者為集體的。舉例來說，我們在幻想或夢境裡常見到的古老象徵符號，無庸置疑地當屬集體要素。所有基本本能以及思想與感覺的基本形式概屬集體性質。眾人皆同意認定其為普遍性的所有東西是為集體的，任何被普遍性地理解，普遍性被發現，以及普遍被談論與被實踐的事情，都是集體性的。透過仔細檢視，人們經常會吃驚地發現，有多少我們所稱的個體心理學，實際上卻是集體的。真的太多了，以致個人的特質處在集體的陰影下黯然失色。不過既然個體化[10]是不可避免的心理需求，我們就可以看到在集體的優勢陰影下，這株嬌貴的「個體性」（individuality）植物需要多麼地加以用心呵護，才能不讓它被完全扼殺。

〔242〕人類有個能力，雖然這對集體目的至為實用，但對個體化卻全然有害，那就是模仿的能力。集體心理無法免除模仿，因為如果少了它，所有群眾組織、國家以及社會秩序將不復存在。社會之所以組織化，實際上，模仿習性的功效要比透過律法來得大，應用暗示的感應性、暗示以及心靈感染也一樣。但我們經常可以看到，為了達到個人差異化的目的，是如何去利用，甚至濫用模仿的機制：他們甘於東施效顰，學著某些張揚醒目的個性、突出的特質或者行為模式，藉此達到在其活動圈內與眾不同的目的。我們幾乎可說，作為對此行徑的懲罰，他們心智已經與街坊大眾高度一致，被強化成為無意識，強迫性地與環境束縛在一起。這些華而不實的個別性分化嘗試，結果卻僵化成為一種姿態，效顰者依舊原地踏步，停滯不前，不同的只是貧乏更勝往昔而已。要在我們自己身上

---

10 出處同上，定義 29：「個體化是一種分化的過程，其目的為個體人格發展」——「既然個體不僅是獨特的實存，但其特有的存在性之前提也是一個集體的關係，個體化的過程不會導致孤立，而是會走向更強烈的以及更普遍的集體完整性。」

找出什麼才是屬於個人的,需要確切反省;我們就會突然醒悟,尋求個體性是多麼地困難與不尋常呀。

III. 作為集體心靈一部分的人格面具

〔243〕我們在這章會遇到一個問題,如果貿然漠視,很容易造成莫大混淆。還記得前面說過在分析個人無意識時,首先被添增進意識的為個人性的內容,我主張這些是曾被潛抑,但現在漸漸浮上意識的東西,可稱之為個人無意識。我也證明了,吞併了我所說的集體無意識的深層無意識,會產生人格擴張,導致心理膨脹。一般人只要持續接受分析式的治療,就能達到這個狀態,如同先前討論的那位年輕女性個案那樣。透過持續的分析,我們把某些人性中原始、具普遍性,以及非個人性的特質添加進個人意識當中,因此引起了我剛才所說的膨脹[1],這可被視做形成全然的意識當中種種令人不悅的結果之一。

〔244〕從這個觀點來看,可意識到的人格,是集體心靈裡一個多少是很任性多變的部分。它存在於感覺上是一堆屬於人格

---

[1] 這種由於意識的擴張所造成現象,絕不僅為分析式治療所專有。人們每當從知識或某種新的認知當中獲得過多的力量,就會出現這種現象。「知識是叫人自高自大」(knowledge puffeth up),保羅寫信給哥林斯人(Corinthians)說,因為新知曾令許多人精神錯亂,而這也確實經常發生。此種膨脹與知識的種類無關,純粹僅是因為任何新知都可以這樣佔領一顆不聰明的腦袋,讓他對任何其他的東西再也不聞不問。他為其蠱惑,當下相信自己已解決了宇宙之謎。那種自負等同於自視為全能。這過程是個普遍性的反應,在《創世紀》第二章十七節裡,吃掉分辨善惡之樹代表著一種根本大罪。也許無法立即明白,為何接著狂妄自大出現的意識擴大相當危險。《創世紀》抽象地表現意識變得清明的行為是違反禁忌,彷彿知識代表著恣意踐踏神聖的界限。我想《創世紀》是對的,意識一步步地擴張,就如同犯一種普羅米修斯式的罪咎:透過知識,好像盜走了眾神的天火一樣,也就是說,某種歸屬於無意識的力量被扯離了其天然所在位置,成了心智突然興起的幻想。然而佔有了這個新知見的人,卻會苦於轉化或者意識的擴張,這些經驗不再與同儕一樣。他已經把自己抬高,超越同時代的人類層次了(「你會變得有如神一樣」〔ye shall become like unto God〕),但這樣一來,卻足以令他離群索居。寂寞的痛苦等於眾神的報復,因為他再也無法歸回人群,有若這個神話所描述的,他被鏈鎖在孤絕的高加索崖壁上,被上帝與人類拋棄。

性的（personal）心靈元素當中。將其歸屬於「人格性的」意指：僅從屬於這個特定的人。所謂人格性的意識為純然的，是在帶有特定焦慮的狀況下，強調對其內容的所有權與固有權利（original right），而以此方式尋求創造出一個整體。拒絕融入這個整體的內容，不是被忽略與遺忘，不然就是被加以潛抑和否認。這是對一個人的單向教育，但太武斷，也過於粗暴。為了達成個人想要將自己塑造成的那種理想形象，必須犧牲太多的正常普通人性。因此這些純然「人格性的」人們通常相當敏感，因為有些東西會很容易出現，會把他們真正的（「個人性的」〔individual〕）特質裡討厭的部分帶進到意識當中。

〔245〕片面的集體心靈——常帶著重大的痛苦成形——我稱之為人格面具（persona）。以人格面具這個名詞來描述這部分的心靈，再合適不過了，因其本義便是指演員表現角色所配戴的假面。如果我們努力要將心靈精確地區分出何者為具人格性的，而又何為非人格性的，很快就會陷入極大的矛盾當中，因為就定義而言，我們必須說人格面具的內容，就是我們已經說過的非人格性的無意識，亦即，它是屬集體性質的。正是因為人格面具所呈現的是集體心靈中或多或少任意和偶然的部分，因此我們會誤以為它為全屬於一些個人性的東西。正如其名，它不過就是集體心靈的假面，一個使其他人和自己都相信，那偽個體性（*feigns individuality*）的假面是屬於個人性的，然而事實上卻只是在扮演集體心靈傳聲筒的角色。

〔246〕當假面被剝除，對人格面具加以分析時，會發現被當作屬於個人性的內容，實際上根本是集體性的；換言之，人格面具是屬集體心靈的。基本上人格面具完全不真實：它是一個人在個體

與社會間表現出來的妥協性形象。他取了個名字,贏得一個頭銜,發揮一項功能,成為這個或那個角色。就某種意義來說,這全是真的,只不過相較於涉及到人的個體性本質,它不過就是個次要的實在,一個妥協的構成物,用以製造出往往其實自身並沒有,反而其他人可能比他有著更多,但卻虛妄地加諸到自己身上的部分。給它個渾號,人格面具可說是個假象,一種平面的現實。

〔247〕我們如果因為就人格面具的定義,以及它是經過特殊選擇而出現的緣故,沒法同時認知到當中還是有些個人性的東西,而堅持它便是屬於集體性的,那就錯了,因為儘管自我意識只認同人格面具,但無意識中的自性,一個人真實的個體性,總是一直存在的,且如果不是直接的,還是會間接地讓它自己被感覺到,所以還是會參與在人格面具的建構過程當中。儘管自我意識起初會認同人格面具——我們可以用這個妥協角色在人前昂首闊步——但無意識的自性(the self)絕不可能被潛抑到消滅的地步。它的影響力主要是以對比鮮明以及補償性的無意識內容顯現。心智的純粹人格性態度會引發無意識的反應,而這些反應,連同個人的潛抑內容,成為個人在集體幻想的偽裝下發展的種子。個人無意識經過分析後,心智開始充滿帶有個體性元素的集體性素材。我很清楚,這個結論對任何不熟悉我的觀點和方法的人,幾近於晦澀難懂,特別對那些習於從佛洛伊德觀點來看無意識的人而言更是如此。但倘若讀者還記得我所舉那位研讀哲學的學生的例子,就可對我所意指者形成粗略的概念。治療伊始,這位病人全然未意識到她與父親的關係處於固著的狀態,就這樣她一直在找一位像她父親的男性,一位足以與其才智匹配的男子。如果她的聰慧不具特別叛逆的特質,也不是什麼錯,而不幸地她正如許多才智出眾的女子一樣不輕易妥協。這種

聰明人總試圖去指正別人；批判犀利，帶有令人不悅的個人性意涵，儘管它總要表現得客觀性十足。但如同經常發生的，這一定會讓一個男人脾氣變壞，特別如果是要進行有效的討論，最好該避免以批判的態度去觸及某些痛處。但她完全沒想要進行有效的討論，這位女士的慧眼有著挖出一個男人痛處的不幸稟賦，全神貫注其上，然後去激怒他。這並非有意的目的，而是更具有一種想將一個男人驅策到更高地位，讓他變成為人稱羨客體的無意識目標。男人通常不會注意到自己正在被形塑為英雄；他僅僅會發現她的辱罵如此可憎，將對這位女士避之唯恐不及。終究唯一能忍受她的男人，就是一開始就讓步的那一位，而因此他也會是一個平凡無奇的人。

〔248〕我的病人自然也發現事情有許多可議之處，然而她對自己玩的把戲卻茫然不知。猶有甚之，她還必須深入洞察童年起便與父親之間的浪漫情懷。由於年代持續久遠，我們很難詳細描述她如何從非常早期的童年就帶著無意識的憐憫，玩弄母親所沒看到的父親黑暗面，以及隨她年歲增長，又如何成為母親的競爭者。所有這些過往在個人無意識的分析過程開始浮出意識。但願是專業的理由，既然不可以讓自己被激怒，我無可避免地就成為她的英雄以及父親愛人。這樣的移情也一樣，一開始是出自於個人無意識的內容。我的英雄角色不過是個幌子，當它將我變成十足的想像化身，她才得以扮演絕頂聰明、成熟幹練、全然體貼的母親─女兒─情人的傳統角色──一個虛幻的人物，一個人格面具，背後隱藏著她真實可信的實然，也就是她個人的真正的自我。確實，就起初自己完全認同於她的角色的意義上來說，她是全然沒有意識到自己真實的自我。她仍處於朦朧的嬰兒期世界，對真實世界還完全沒有進行探究。但透過分析的進展，她逐漸意識到自己移情的本質，從我在第

一章所談的夢境於是開始具體現實。它們把片片段段的集體無意識帶進夢裡，而那就是在終結她的幼稚幻想世界以及全然的英雄神話。她開始領悟自身以及實際的潛力。如果分析得夠深入，多數案例大概就是按這種方式進行下去。她覺知到自己的個體性與一個古老的神的意象恰好一致，而這並非個別的偶然事件，而是極為常見的，就我的看法，它與無意識的法則相符。

〔249〕離題了，我們繼續回到先前的思路。

〔250〕個人潛抑一旦被移除，個體性及集體心靈開始結合突現，因此會釋放出長期以來被潛抑的個人幻想。幻想及夢境現在則以有點不同的樣貌呈現。集體意象有個明顯特徵，看來帶有些「宇宙性」（cosmic）元素，亦即，以與宇宙特質有所關聯的夢境或幻想的意象出現，像是浩瀚無垠的時空、快速運動與範圍無限和「占星術」相關，類似地球的、月亮的與太陽的星球，身體比例改變等等。夢中明顯出現神話和宗教主題亦表明集體無意識的活動。集體元素出現常常有特定的徵兆[2]，如夢者在夢中像顆彗星般飛越太空，或者感覺自己像大地，或如太陽，或若星辰；又或者碩大無朋，或渺小瘦弱；甚或已然死去，身處異地，也不認識自己，迷惑或瘋狂，等等。同樣地，失去定向、頭暈，以及諸如此類的感覺，也會伴隨著心理膨脹的症狀產生。

〔251〕從集體心靈中噴發而出的力量有著令人困惑與難以理解的影響力。除去人格面具的結果之一就是產生不由自主的幻想，這顯然不過是集體心靈特定的活動力。這個活動所拋出的內容，是一個人從來都沒想像過會存在的東西。不過，一旦集體無意識的影

2　要知道夢境不是只在分析治療的這個階段會出現集體元素。在許多心理情境下，都會浮現集體無意識的活動。但這裡無須詳述那些狀況。

響力增加，心智就會失去主導性。不知不覺地為其牽引，與此同時，無意識以及不具人格性的歷程逐漸掌握控制的地位。因此一不留心，有意識的人格便成為棋盤上的棋子，任由無形的玩家擺布。主宰棋局的是不知名的棋手，並非心智與其計畫。這是我先前所舉的例子中，移情如何解決問題的方式，而顯然心智是不可能做到的。

〔252〕當有戰勝明顯無法克服困難的需求出現時，不可避免地就會陷入這種過程。當然，不是所有神經症的個案都會有這種需求，畢竟或許大多數人首要考量的只是解決眼前的困難。當然，個性或態度如果沒有深度改變，嚴重的個案是無法被治癒的。絕大多數的人都將大部分精力花在適應外在現實，所以不會太去注意到內在適應集體無意識的問題。然而，當內在適應出問題，一種奇怪、無可拒絕的吸引力就從無意識開始產生，且對可意識的生命方向施加強大的影響力。在無意識的優勢力量影響之下，連同人格面具的瓦解以及心智失去主導力量，遂產生了心靈狀態失衡，在分析治療中，為了解決一個困難的治療目的，這種失衡是人為有意引發的，以解決為了進一步的發展可能造成的阻礙。當然，無以計數的障礙都可以經由有效的建議與精神支持而被克服，加上病人的善意與寬容，效果更好。也有個案是不需要談無意識的。只不過，可預見的，這樣就非常難以產生滿意的解決方案。就那些在治療開始前的心靈並未失衡的個案而言，分析中當然會感到心煩意亂，有時甚至醫師沒有任何干擾也會如此。彷彿這些病人長期在等待的，就是找到一位值得信賴的人，只為了放棄努力與崩潰。像這樣的失衡，原則上類似於精神困擾；亦即，它與心理疾患起始階段的差異只在於，因心理疾病來求助者終究會走向更健康的狀態，而後者則造成

更大的破壞。它是一種恐慌的狀態，面對顯然無望的併發症下頹然放棄。多數人在這之前會孤注一擲地努力，以意志力控制困境；然後出現崩潰，支配的意志一次性地完全崩解。能量因此被釋放，從意識消失，轉入無意識當中。事實上，就是在這個時候，無意識活動力的基本徵兆出現（我想到那位不太聰明年輕人的例子）。顯然離開意識的能量已經激發了無意識。直接產生態度改變的結果。我們可以輕易地想像到，聰明點的人會把星空美景看做是療癒的特異景象，並從永恆的觀點（sub specie aternitatis）看待人類的苦難，這種情況下，他的意識已經恢復了。[3]

〔253〕設若這種狀況真的發生，一種表面上難以克服的障礙就被移除了。因此我視失衡為具目的性的，因為它是以無意識自然的與本能性的活動力取代不健全的意識，目的在於創造新平衡，且將進一步地達成這個目標，讓心智得以吸收無意識所產生的內容，亦即，得以理解和領悟它們。倘若無意識只是在欺凌心智，便會發展成精神病。如果既無法完全戰勝無意識又不能理解它，結果就是產生衝突，深入發展完全被癱瘓。但關於這個問題，我們現在面臨了一個令人頭疼的難題，而這也是下面章節要談的主題。

---

[3] 參閱，弗盧努瓦（Flournoy），《阻止自殺的反射性的行為：一個因幻覺而阻止自殺的案例》（*Automatisme t léologique antisuicide: un case de suicide empêché par une hallucination*, 1907），頁113-37；以及榮格，〈早發性失智症的心理學〉，段304起。

IV. 個體性掙脫集體心靈的失敗嘗試

A. 退行性地重建人格面具

〔254〕意識態度崩潰非同小可。這讓人感覺如同末日來臨，彷彿世界墜回原始的混沌。人們覺得被放棄，無路可逃，如同迷失惡海中的失舵之舟。至少看起來會是這樣的。然而實際上，人們是轉而又回到集體無意識，任由它接管主控權，而受其擺布。我們可以舉出更多這種例子，重大關鍵時刻來臨之際，會伴隨著一種無可抗拒的力量信念，出現一個「救命的」（saving）念頭、一個覺察、一種「內在聲音」（inner voice），指點一個嶄新的生命方向。我們可能可以舉許多崩潰就代表生命毀滅大災難的例子，因為這些重大關鍵時刻，恐怖念頭容易烙印心靈，或者理想幻滅，依舊是災難性的。有個案會出現心理怪癖，或者精神病；其他的則處在失去定向感或者失去道德感的狀態。不過一旦無意識內容侵入意識，它具有神奇的說服力，便產生了個案如何反應的問題。他是否會被擊垮？或者毫不猶豫地接受？還是會加以拒絕？（我不管理想的反應，以及批判性的理解）。第一種狀況代表偏執狂或精神分裂症；第二種則可能不是變成喜愛預言的怪胎，就是退行回嬰兒期的幼稚狀態，開始與世隔絕；第三種則意味著「退行性地重建人格面具」（regressive restoration of the persona）。這種說法聽來高度專業；讀者理所當然地可以假設它可能與複雜的、像是在分析治療中觀察到的心理反應有某些關係。然而，如果以為這種個案只在分析治療中出現，那就錯了。這樣的過程也會出現在其他生活情境裡，

甚至還更常見,也就是那些生活中曾經遭遇過的可怕災難性事件以及毀滅性打擊。照理說,每個人都有過生命的逆境,但多數終究會被治癒,而不至於留下重大創傷。但這裡我們說的是毀滅性的經驗,足以完全擊潰一個人,或至少可令其抱憾終身。舉個例子,有位生意人因冒進導致破產。如果他不讓自己因此而懷憂喪志,反而處變不驚,維持一貫的鬥志,也許還輔以些許有益的謹慎,他終能療癒,且不至於就此一蹶不振。但話又說回來,如果他因而崩潰,畏縮不前,在更為狹隘的人格特質範疇裡盡心費力地去修補個人外在社會聲望,帶著受到驚嚇的脆弱心靈,做著平庸的工作,低就於相稱的職務,嚴格地說,他將以退化性的方法重建人格面具。出於恐懼,他會退回到人格的較早階段;會自貶身價,假裝自己跟那位未經此重大打擊「之前」的他一樣,雖然完全無法真的振作,甚至連想都不敢想再冒一次相同的風險。曾經,也許自我要求甚高;如今,卻甚至怯於去嘗試內在的這種雄心壯志。

〔255〕這種經驗可能發生在任何人身上,且以各種可能的形式出現,當然也會出現在心理治療當中。這裡又來了,這是關乎人格擴張的問題,就個人的狀況或者是天性去冒險的問題。哲學學生的個案便可看出實際治療中的危險:它就是移情。如我所說,病人可能無意識地躲過到移情阻礙,一旦如此,那就不成為經驗,基本上什麼事都沒發生。僅僅為了方便,醫師也許希望病人如此。但如果病人夠聰明,自己很快就會發現到這個問題。如同前面的例子,如果接著醫師被抬高成為父親愛人,且要承受不利於他的需求洪流時,他必然該思考避開這些攻擊的辦法與手段,以免捲入漩渦,同時也不傷害病人。移情驟然夢碎可能導致症狀全然復發,甚或更糟;因此問題的處理手法必須相當圓融與深思熟慮。另一種可能性

則是奢望這「荒唐事」（nonsense）能「及時地」（in time）自然停止。當然萬事終將塵埃落定，但可能等到天荒地老，雙方都會難以忍受，大家也許最好立刻放棄船到橋頭自然直的想法。

〔256〕與移情「周旋」（combatting）更好的武器，看來似乎是佛洛伊德的神經症理論。病人的依賴被解釋成一種嬰兒期的性需求，取代了對性慾的理性運用。阿德勒學說也提供類似的有用觀點[1]，把移情解釋為嬰兒期的權力目標，以及「安全感的手段」（security measure）。兩種理論都精準地符合神經症患者的心態，皆有效地解釋了所有的神經症個案。[2] 這個任何不帶偏見的研究者都可證實的高度顯著的事實，只能在佛洛伊德的「嬰兒期情慾」（infantile eroticism）和阿德勒的「權力驅使」（power drive）是同一回事的基礎下才能夠成立，而不去管兩個學派間的不相容之處。它只是一個不受制於原始本能，從一開始便無法控制的部分，現在則在移情現象裡出現。這些古老幻想形式逐漸浮出意識表面，進一步證實了這點。

〔257〕我們可以試著以這兩種理論，讓病人明白他的要求有多麼幼稚、不可思議與荒謬，也許終究可以恢復理智。然而，我的病人並非唯一沒有這麼嘗試過的人。那倒是真的，醫師總可以用這些理論挽回面子，多多少少優雅地擺脫這令人痛苦的情境。的確有病人，對他們而言，或看起來似乎就是這樣，是不值得繼續深入治療的；但這些治療措施也在有些個案身上造成無意義的心靈傷害。以我那個學生個案來說，我模糊地感覺到某種這類的事情，我因此放棄理性的企圖，為了──帶著難以掩飾的不信任──給天性一個

1　阿德勒，《神經症的構造》，1912 初版。
2　參閱前書，段 44 開始，這種個案的例子。

機會,去修正在我眼中看來是她自己愚昧所致的錯誤。有如先前所說的,這教會了我某些格外重要的事情,亦即有個無意識自動調節作用的存在。無意識不是只會「想望」（wish）,也可以停止自己的渴望。這種領悟對建全人格極其重要,任何無法了解這僅是幼稚病（infantilism）問題的人必然還無法接受。所以他無法領悟,然後自我說服:「這當然是全然無稽的。都是我發狂的空想!最好把無意識完全埋葬,或是將它和所產生的東西全然拋諸腦後。」他將明白,自己如此熱切想望的意義與目的,不過是幼稚的囈語。他會理解自己過往的渴望是荒謬的;於是開始學習自我容忍和認命。他還能怎樣?與其面對衝突,還不如走回頭路,且盡其所能,退行回復他已破除的人格面具,不再相信所有那些在移情裡曾經綻放的希望和期待。他會變得更卑微、更受限,比以往更加謹慎理智。我們不能說所有個案都會發生這種不幸,因為有太多人由於他們明知的愚昧,活在理性制式的體系下,會遠比活在自由裡自在快活。自由是最困難的事之一。能夠承受這種方式的人,可以用對浮士德的話來說:

> 紅塵浮沉我了然於心。
> 超越無異癡心妄想;
> 傻瓜——莫將驚羨的眼光投入天際,
> 以為那裡會有同伴!
> 讓他仔細環顧四周,別再迷惘向上;
> 世界對勇敢行事者必有回應。
> 何須寄望於永恆中空虛浪蕩!
> 凡認識的,都該把握。

就這麼如此消磨塵世歲月吧；
即使幽靈出沒驚擾，他依然故我。[3]

〔258〕如果一個人真的可以擺脫無意識，將其能量耗盡，使它不再起作用，那還真是個極其完美的解決方案。可惜經驗告訴我們，無意識的能量只能在某種程度上被去除：它仍持續活躍，因為它不只包含著力比多，甚至本身就是力比多的來源，心靈元素從中湧現。因此，想要透過某種神奇的理論或方法，把無意識中的力比多清空，且就此將其消滅，這無異是個妄想。人們有時可能會這麼地想像，但時候到來，一個人終將被迫以浮士德的話說：

但現在幽靈在空中成群結隊而來
沒人知道如何閃躲，沒人知道何處可逃。
雖然理性的曙光迎接我們開始一天，
夜晚我們卻被夢網纏繞。
我們自春意盎然中歡喜歸來——
而烏鴉卻呱呱淒叫。警告什麼著？某些惡事暗暗滋生。
沉浸在迷信的夜晚和早晨，
它不斷地警告著。
而我們，是如此害怕，孤立無援，
門咯吱咯吱地響起——卻始終無人進出。[4]

沒有人可以依其自由意志免除無意識的影響。充其量僅能以此

3　《浮士德》，路易斯·麥可尼斯（Louis MacNeice）翻譯，頁 283，（第二部，第五幕）。
4　出同上處，頁 281（第二部，第五幕）。

自欺。因為,如歌德所云:

> 雖然聽不見
> 但我心中卻呢喃著恐懼;
> 我以我狂野的力量
> 無時不刻地在改變樣貌。[5]

僅有一件事可以有效抵擋無意識,那就是出現一個困難的外在需求(那些更深刻無意識認識的人,會明瞭從內在而來,一度對他們緊盯不捨的東西,與困難的外在需求背後的因素其實是同一回事)。內在需求可以轉換成外在需求,只要外在需求是真實的,而非佯裝出來的,那麼心靈問題就不會有太大影響。這就是為何梅菲斯特會給不屑於「魔法狂熱」(madness of magic)的浮士德以下建議:

> 是的。有個方法
> 無需金錢、醫師,與巫婆。
> 打包細軟回歸田園
> 在那兒開始開渠犁田;
> 保持在狹窄範圍內即可,約束好自己的頭腦,
> 縮衣節食簡樸度日,
> 與群獸同居;也別忘記
> 自己在小麥田上施肥。[6]

5 　出處同上,頁282(第二部,第五幕),文經本文作者修飾。
6 　出處同上,頁67(第一部,「巫婆的廚房」場景),文經本文作者修飾。

眾所週知「簡樸度日」（simple life）無從偽裝，因此一個窮人，他任由命運擺布，自然家徒四壁，無須虛偽矯情。一個人不僅只是有過這種生活的可能，還真的是要因自己天性所需，驅使他去過這樣的生活，才能對自己靈魂的問題視而不見，因為他缺乏掌握它的能力。然而，一旦他看到浮士德式的問題，則「簡樸度日」的逃避之道不復存在。他當然可以深居鄉間簡樸農舍，也可以閒步花園，粗茶淡飯度日。但靈魂會嘲笑他如此做作。真的有療癒力量的只有自我。

〔259〕只有那些會把人生重大失敗歸因於自己過度誇大的人的身上，才有發生重現退行性人格面具的可能性過程。隨著人格的縮減，他回到自己得以滿足的程度。但之外其他的狀況則是屈從與自貶，那是一種逃避，長期以往，終會付出神經質多愁易病的代價。從我們所關注的這個人所意識到的觀點來看，他的狀況看來全然不是逃避，反而像是因無法應付問題所引起的。他通常很寂寞，當代文化對他幫助不大，甚至無所助益。連心理學都只能給予純粹化約性的詮釋，既然詮釋無可避免地強調這些轉化狀態的古老和幼稚的特徵，所以令他無法接受。事實上是，可以讓醫師或多或少優雅地解套的醫學理論還沒出現。那就是為什麼這些化約性的理論恰好如此漂亮地符合神經症的本質——因為它們的目的主要在於服務醫師。

B. 認同集體心靈

〔260〕第二種方式會導致認同集體心靈。相當於接受心理膨脹，只不過現在是於系統體制內春風得意。也就是說，一個人會成為這個（the）正等待著被發現的偉大真理的幸運擁有者，掌握著

醫治萬民的終極救世知識。這樣的態度不盡然直接表現成自大狂，而是以一種稍微帶有，且更為人熟悉的先知啟示，以及為真理獻身的形式出現。對於心智脆弱的人而言，他們通常信心大於能力、愛慕虛榮，且過度天真，被誘惑的危險性就很高。進入集體心靈代表個人生命的更新，不論這種更新是愉悅的或者令人厭煩的。人人都想獲得更新：有人因此可以增強對生命的感受，有人則獲得豐碩知識的希望，第三種人是就此發現轉化整個人生的金鑰。因此，所有那些不想要讓埋藏在集體心靈中的珍寶被剝奪的人，會努力透過各種可能的方式，維持住與生命古老起源間的全新連結。[7] 認同看來是達成這個狀態的最快速捷徑，因為去除人格面具而消融到集體心靈中，正是誘惑一個人投身於此深淵，在其懷抱裡消去所有的記憶。這種帶有神祕性的空想，是所有較好的人與生俱來的，有如「渴望母愛」（longing for the mother），我們都懷著如此的鄉愁而來。

〔261〕正如我在以前談力比多的書中說過，當中有著佛洛伊德認為是「嬰兒期固著」（infantile fixation）或「亂倫渴望」（incest wish）的退行性願望的深層基礎，也是神話清楚表達的特定價值和特定需求。臣服於其退行性渴望的英雄，明顯為人中龍鳳，卻有意地以身涉險，干犯為黑暗母性怪獸吞噬之憂。但若一個人是英雄，他終究不會被怪獸吞噬，他會是英雄是因為征服了它，並非畢其功於一役，而是經過一次又一次地反覆奮鬥才成功的。戰

---

7 在這裡，我想請讀者注意肯特（Kant）有個有趣的評論。在他一系列心理學講座中《心理學講座》（*Vorlesungen über Psychologie, Leipzig*, 1889）提及，「埋藏在朦朧象徵性表現領域之下的寶藏，我們永遠無法企及有關人類的深邃知識巨淵。」正如我在《轉化的象徵》中告訴大家的，這個寶藏是所有那些原始意象的總和，當中充滿了力比多，或者甚至可以說，它就是力比多的自我表現。

勝集體心靈會產生真正的獨特價值——獲得祕密珍藏、無敵武器、神奇法寶，或者就是神話裡最為渴求的各種東西。任何進入了集體心靈的人——或者，以神話的說法就是，讓自己被怪獸吞噬，消失於其腹中，獲得惡龍守護的寶藏，但他卻是以不顧自身安危，以及對自己造成極大傷害的方式達成任務。

〔262〕也許意識到這種認同的荒謬的人，沒有一個膽敢去揭示其原理。但這危險在於，太多太多的人缺乏必要的幽默感，要不然就是在特別重大關鍵時刻幽默感不見了；他們為痛苦所控制，所有事看來都孕育著微言大義，因此全然嚴苛地自我批判。我不全然否認真先知的存在，但為求謹慎，我會以懷疑作為檢視每個個案的開始；因為輕易接受一個人為真先知是件嚴重的事。所有值得尊敬的先知都會斷然抗拒因其角色所帶來的無意識自滿。因此一旦先知出現，當下我們最好先考量出於心靈失衡的可能性。

〔263〕除了可能成為先知之外，還另有一種誘人的樂趣，微妙且顯然更具正當性：成為先知追隨者。這對大部分的人來說，是全然完美的手段。好處有：將屬於先知之超越人性的責任，也就是「生命所不能承受的高等尊嚴」（odium dignitatis），轉變成更為平易近人的「祥和的低等尊嚴」（otium indignitatis）。門徒不具價值；他謙遜地臣服於大師足邊，慎防產生自己的想法。心理怠惰成為美德；人們至少可以在大師半仙的照耀下得到暖意安慰。他可以樂在自身無意識幻想的古風以及幼稚當中，卻不喪失自我，因為所有責任都可歸咎於大師。透過將大師奉若神明，門徒顯然在不經意的情況下，提升自我的精神意識；甚至，他是否真的擁抱偉大的真理——不是他自己發現的真理，當然，而是由大師親手交付的真理？門徒自然常緊密結合在一起，並非出自於愛的理由，而是因為

在帶有集體一致性氛圍的環境裡，可以不費勁地加強自己的信念，這是相當容易了解的目的。

〔264〕由於這是對集體心靈的認同，看來更全然地令人讚賞：別人得以榮任先知，但也是個具危險性的責任。因為就自己的部分而言，他僅僅是位門徒，雖然如此卻共同守護著大師所發現的偉大寶藏。他自覺擔負此任務，有著全然的尊榮，視痛斥不同此心者、勸人改變信仰而皈依，以及給予異教徒希望，為其神聖使命與道德的必要性，就如同自己就是那位先知一般。而這些人在滿懷謙遜的人格面具背後慢慢發展，一旦認同於集體心靈而膨脹，就會突然出現於世界舞台。因為，正如先知是由集體心靈中產生的一種原始意象，所以先知的門徒也是。

〔265〕這兩個例子中，心靈膨脹都是由於集體無意識所產生的，其個體性的獨立自主皆受到傷害。但既然不是所有存在的個體都有能力獨立自主，或許門徒的美夢就是他們能夠達到的最高境界了。伴隨膨脹而來的滿足，至少對喪失靈性的自由有所補償。我們也不應輕忽真實或想像先知的生命充滿悲哀、失落，以及困頓的事實，因此門徒們結夥「高呼和撒那」（hosanna-shouting）有著補償的價值。即使達成不管是什麼的更深入目標，它都會成為叫人吃驚的麻煩，就人性而言，是可以全然理解的。

【第二部分】個體化

I. 無意識的運作

〔266〕我們在上一章節討論到治療可能經歷的兩種階段,並非不可超越的,我們還是可以設定一個目的,可以達成的目標。也就是到達「個體化」(individuation)之路。個體化意即成為一個「個體」(individual),就其「個體性」(individuality)而言,它擁抱著我們內在最深層、僅有的、無可比擬的獨特性,也意指著達到一個人只屬於自己的自我。因此我們可以將個體化理解成「達成自我的樣貌」(coming to selfhood)或者「自我實現」(self-realization)。

〔267〕先前我們所討論的種種發展可能性,最後都會令自我異化,使自我脫離現實,反而去依附外在對象或者幻想的意義。前者,自我退隱,被社會認知(social recognition)取代;後者的替代者則是原始意象自發產生的意義。兩者都為集體性所掌控。自我異化,倒向集體性,無異於成就完美的社會典範;甚至被認可為社會責任與美德,雖然,這可能是因自利的目的而被誤用。自我中心的人被稱做「自私」(selfish),但這當然與我這兒所說的「自我」(self)的概念完全無關。從另外一個角度來看,自我實現看似與自我異化相對立。這樣的誤解十分常見,因為我們並未有效地將個人主義與個體化區別開來。個人主義是指蓄意地強調及突顯一些有點自以為是的獨特性,忽視集體以及公眾的責任義務。然而,個體化明確地說,是表示更能夠也更完整地滿足人類的集體特質;因為比起忽略,充分關注個體的獨特性,應該更有助於它有更好的社會表現。個人的風格不該被理解為,其本質或者組成要素有任何怪異

之處，而是該當將其看做一種普遍性的功能與機能的獨特組合，或者是它們在漸漸地分化。每個人的臉上都有一個鼻子，兩個眼睛等等，但這些普遍共有的基因的樣子卻形形色色，也正是有這樣的差異性存在，使個體得以產生各自的獨特性。所以，個體化只能說是一種實現個人天賦的心理發展過程；換言之，這是一種一個人成為他之所以是他，一個明確、獨特的人的過程。因此，他這麼做，不是變成一般字義上所謂的「自私」，而是恰恰能夠滿足他天生的獨特性，而這樣，如同我們說過的，必然迥異於自我中心或者是個人主義。

〔268〕既然就作為一個人類的個體，作為集體當中活生生的一員而言，他的組成基因單元與他人完全一樣，他是全然集體的，所以沒有道理去對抗集體性。因此個人主義式地強調一個人的獨特性，是與生物基本事實相矛盾的。從另一方面來說，個體化的目標在於讓所有基因特質合作無間。但是既然共有的基因特質只能夠以個體的形式出現，整體的考量還是會產生個別的結果，且任何其他作用都不能凌駕的結果，尤其是個人主義。

〔269〕個體化的目標，不外乎一方面令自我與虛偽人格面具分離，另外則是和原始意象的暗示力量分開。從前面我們說過的，就應該可以很清楚地知道人格面具在心理上所代表的意義。但當我們把注意力轉向另一面，也就是關注到集體無意識的影響力，就會發現自己正往黑暗的內在世界移動，那是遠比人類可以接受的人格面具心理學，要更加難以理解的領域。每個人都知道「矯揉造作」（putting on official airs），或「社會角色扮演」（playing a social role）的意義為何。一個人透過人格面具可以裝作想扮演的這個或那個角色，或者就躲在面具背後，或者甚至建造出一個阻隔外界的

明確人格面具。因此人格面具的問題不會有太多理解上的困難。

〔270〕然而,要以一般人都懂的方式來描述那些難以捉摸的內在過程又是另一回事,它們會帶著具挑動罪惡的力量侵擾心智。也許我們對只能透過心理疾患、創作的靈感、宗教信仰的改變等,才能對這些影響力進行最完整的描述。赫伯特・喬治・威爾斯(H. G. Wells)的《克里斯蒂娜・阿爾伯塔之父》(*Christina Alberta's Father*)[1]有談到這種內在轉變,它是從生命傳記角度出發的絕佳描寫。萊昂・都德(Léon Daudet)可讀性極高的《遺傳》(*L'Hérédo*)也寫到類似的心理變化。威廉・詹姆斯的《宗教經驗之種種》(*Varieties of Religious Experience*)中,則有非常廣泛的例證說明。雖然在許多這類的案例中,存在著種種外在因素,就算沒有直接造成這些改變,至少提供了進行改變的機會,然而外在因素並非總是促成人格改變的有力解釋。我們必須承認,人格改變也可以因主觀的內在因素、觀點、信念而產生,外在刺激完全不起作用,或僅扮演著無足輕重的角色。以人格之病態改變的角度來看,這甚至就是通則。一些重大外在刺激產生直接明瞭反應的精神病案例則屬例外。所以,對精神醫學來講,最基本的致病因素就是病理學上先天或後天的體質。最具創造性的直覺也許亦是如此,芸芸眾生不太可能把掉落的蘋果與牛頓萬有引力理論連上因果關係。類似地,所有無法直接追溯到受到暗示以及被人格典範感召的宗教性轉化,都是基於獨立的內心過程所產生的,而以人格改變的結果告終。這個內在過程,通常開始時都在下意識中進行,亦即具備無意識的特質,只不過會漸漸浮上意識層面。然而,它也可以突如其來地,很

---

1 原編者註:威爾斯及榮格的對話提過這本小說。請參考:班尼特(Bennet),《榮格究竟是在說什麼》(*What Jung Really Said*),頁93。

快就闖入意識當中，意識於瞬間便充滿了極度古怪且顯然是始料未及的內容。在常人，甚或是對此有所涉略的人，就是這樣看待它的結果，不過有經驗的觀察者都知道，心理事件絕不會突如其來。實際上，闖入意識之舉早已醞釀多時，通常是潛伏了大半輩子，且於兒時就已經可以察覺到種種明顯的徵兆，以或多或少的象徵形式，暗示著未來會發生異常的發展。例如，我記得曾經有位完全拒絕進食，連使用鼻胃管餵食也異常困難的精神病患。事實上，他需要麻醉才能夠放置鼻胃管。這位病人可以將舌頭向後壓進喉嚨，用這種超乎想像的方式而將它吞入，當時這對我來說相當新奇，且聞所未聞。病人意識清醒時，我從他口中獲知下述病史。當他還是個小男孩的時候，即使眾人想方設法全力防範，他念茲在茲的卻還是如何自我了斷。首先他試著憋氣，但他發現到了半昏迷狀態時，他又會恢復呼吸。於是他放棄了，然後想著：絕食或許可行。一開始他對這樣的幻想很滿意，後來卻發現透過鼻胃管可以從鼻腔灌食。他因此想到，也許可以把這個入口封閉，靈機一動，就出現將舌頭往後推入喉嚨的想法。一開始他並不成功，所以開始勤奮練習，終於得以成功地將舌頭嚥入喉嚨中，這與偶爾在麻醉過程中會意外發生的事有點類似，顯然他是人為地放鬆自己的舌根而辦到的。

〔271〕他如此怪異的舉措等於鋪好了日後通向罹患精神疾病的道路。第二次病發後，他的瘋狂已然藥石罔效。這只是眾多表面上看來是意識突然被怪異內容侵入的案例之一，卻足以顯示出，為何許多日後出現的結果其實一點也不突然，因為這是無意識醞釀發展多年的必然結果。

〔272〕有個大哉問於是在此出現：無意識過程包含了什麼？它們是如何組成的？很自然地，只要還處在無意識當中，實在就

無從分析。但有時，它們會自我顯現，部分是透過症狀，部分則經行動、觀點、情感、幻想或夢境等等。經由這些可觀測到的材料協助，我們可對無意識過程及其發展的瞬間狀態與組成為何，做出間接性的結論。然而，我們不應該在以為已經發現了無意識過程的真相的錯覺下白費氣力。我們所發現的，永遠頂多只是基於假設的「好像是」（as if）而已。

〔273〕「自然的奧祕非人心所能及」（No mortal mind can plumb the depths of nature）——對深層無意識亦然。不過，我們的確能感受到，無意識從不止歇。它看起來似乎無時無刻都在起作用，即使在寐息當中亦然有夢。許多人自稱從不做夢，但可能只是他們不記得做過什麼夢而已。很顯然地，人們往往記不得引起夢話的那個夢境，甚至連做夢這件事也完全想不起來。我們日復一日地失言，或者有時會忘記其他時候知之甚詳的事，或者某種莫名的情緒湧上心頭等等。這些都是某些無意識持續活動的徵兆，只有在夜夢中能完全看見，但卻僅能偶爾突破日間清明意識的封鎖。

〔274〕就當前的經驗看來，我們可以說無意識運作與心智是一種互為補償的關係。我使用「補償」（compensatory）這個詞，而非「對立」（contrary），乃因意識與無意識不必然對立，而是互補以形成整體性，就是所謂的自性（the *self*）。根據定義，自性是一種凌駕於可意識的自我之上的量值。它所涵括的不只是意識，還包括了無意識心靈，因此，可以說，也是個等同於我們的人格。可以簡單地想成如同我們自身掌握了部分靈魂。因此我們就可以毫無困難地，例如說，對把自身視同為一個人格面具。但要對作為一個自我的我們是什麼形成一個清楚的概念，卻已經超越我們的想像能力，因為要做這樣的理解，部分可能必須要涵括整體。甚至我們

想稍微去覺察自性都不可能，因為無論我們多麼努力去保持覺知，但總會有隸屬於自性的整體性，形象模糊以及未知數量的無意識素材存在。因此自性永遠會大於所有的部分心靈。

〔275〕補償意識上的自我的無意識過程，涵括了作為一個整體的心靈進行自性調節所必需的所有元素。在個人層次上，出現在夢中的，有尚未被清楚意識到的個人動機，或者是被忽略的日常情境的意義，或者是尚未解決的懸念，或者不被見容的情感，或者各於自我反省的批判。不過，當我們透過自覺開始對自身產生覺察，且同時採取行動，則疊覆於集體無意識上的個人無意識將層層剝落，而愈形減少。這樣一來，一股不再侷限於狹小、過度敏感的個人自我世界當中的意識昇起，而能夠在廣大世界的客觀興味中自在優遊。擴展了的意識不再那麼麻煩，不需要無意識一直反向補償或修正大量自我中心的個人願望、恐懼、希望，以及抱負等；反而代之以，成為一種與客體世界進行連結的功能，盡可能地讓個人與這個世界維持純粹、緊密與穩定持久的融洽關係。這個階段所出現的困擾，不再是自我中心的願望衝突，而是有著悲心過重，愛人甚於愛己的問題。這個階段根本上是有著種種集體困擾問題的，而集體困擾之所以激發了集體無意識，是因為所需的是集體而非個人的補償。我們於是可以明白，無意識所產出的內容不僅影響牽涉其中的人，對其他人也產生作用，事實上，絕大多數人，甚至可說是所有人都會受到感染。

〔276〕中部非洲埃爾貢（Elgon）森林的土著，埃爾貢人（Elgonyi），曾對我說過夢有兩種：一為凡人的小夢，以及只有像是醫者或酋長等大人物才會有的「大夢」（big vision）。小夢可以忽略，但若有人做了「大夢」（big dream），就必須召集整個部

落，公諸於眾。

〔277〕一個人怎麼知道他的夢是「大」是「小」？他是透過一種對重要性的直覺而得知的。他被夢境意象所淹沒，令他亟欲一吐為快。他一定得（has to）說，就心理學的一般性準則而言，那就是有著普遍性的重大意義。即使是我們，當做了感覺重大的、集體性質的夢，也會逼得我們想去跟大家說。這種感覺是從關係的衝突裡湧現，因此必然成為我們意識裡關係的一部分，因為它在補償這些關係，而不僅僅只是某種內在的個人突然轉變。

〔278〕集體無意識運作過程不只多少涉及個人與家庭，或者是與更廣泛的社會群體間的關係，還涉及他自己與社會，以及對整個人類群體的關係。所出現的無意識反應越是普遍的，以及非人的，補償的表現形式將更明顯、詭異，以及令人無法承受。它不僅讓人想私下交換意見，也驅使人們去公開揭露或者宣示，甚至誇張地表達出自己的幻想內容。

〔279〕我將透過以下例子，解釋無意識是如何設法完成關係的補償。有回一位有點傲慢的紳士來找我治療。他與弟弟合夥做生意。兩人關係非常緊張，這是我這位病人罹患神經症的根本原因之一。從他給我的訊息當中，沒法完全看出他和弟弟關係緊張的真正原因。病人對弟弟百般批評，對其才幹自是極度不以為然。他常常夢見弟弟，以俾斯麥、拿破崙或凱撒大帝的角色出現。住的則是梵蒂岡聖殿或伊斯坦堡的伊爾迪茲宮（Yildiz Kiosk）。我這位病人的無意識顯然有抬高弟弟地位的需求。由此我得出如下結論，他把自己的地位抬得太高，而過於貶抑弟弟。進一步分析後，完全證實了這個推論。

〔280〕另一位病人是位年輕女性，她與母親有緊密的情感依

附關係，總是做不祥的夢。夢中的母親不是女巫、幽靈，就是於身後緊追不捨的魔鬼。母親對她百般寵愛，愛之適足以令其失去理智，完全無法意識到母親有害的影響。因此，無意識才會生起這種補償性的批判。

〔281〕我自己也發生過，對一位病人，不論在才智上或者道德上都過於輕視的狀況。我夢見一座高懸險崖的城堡，最高的堡塔頂端有座露台，我的病人端坐其上。我毫不猶豫地立刻告訴她這個夢，結果自然令人滿意。

〔282〕我們很清楚面對那些自己特別過度輕視的人，是多麼容易自欺欺人。反之亦然，就像我有位朋友發生過的一樣。在還是個乳臭未乾的學生時，他曾寫信給病理學家魏爾嘯（Virchow），渴望謁見「閣下」（His Excellency）。當他打著哆嗦、畏縮地自我介紹時，試著講出自己的名字，卻脫口說出：「我是魏爾嘯。」「閣下」隨之捉狹地幽默笑著：「啊！所以你也叫魏爾嘯？」我這位朋友過於自貶，令無意識難以承受，所以促使他不假思索地以等同於魏爾嘯的尊稱自薦。

〔283〕以這些較屬個人關係的事件而言，自然不需要有任何集體性的補償。就另一方面來說，在我們第一個例子當中，無意識所使用的角色，明確地是具有集體的特性：他們是舉世公認的英雄。這有兩種可能的詮釋：要不是弟弟被公認具重大的集體重要性，就是不只相對於弟弟，也相對於其他所有人，病人都對自己的重要性高估了。沒有任何證據足以支持前一個假設，然而每個人對後者都看在眼裡。既然這個人極度自負，影響到的不僅是自己，也影響了更廣大的社群，補償就以集體意象出現。

〔284〕第二個案例亦然。「女巫」（witch）是個集體意象；

因此我們必然可以大膽地下結論，這位年輕女士對母親的盲目依賴，不只出現在個人關係上，也會把這套模式運用到更廣大的社會團體生活中。果真如此，她現實生活仍極其幼稚，如同就將廣大人世當成自己父母一般。這些例子所涉及的關係都侷限在個人範圍內。然而，有時候當中有些卻也需要無意識補償的非人關係。這樣的例子裡的集體意象，或多或少會以帶著神話色彩的角色出現。有鑑於其普遍之有效性，道德、哲學和宗教等問題是最有可能召喚出具神話色彩的補償。前面提及的威爾斯小說中，我們找到一個補償的典型例證：普利安比（Preemby）先生，這個個性畏縮的傢伙，有天發現自己其實是薩爾岡（Sargon），這位王中之王的轉世。好險，作者發揮巧思拯救可憐的老薩爾岡於病態的荒謬言行中，甚至讓讀者得以去領會這個可悲的混亂狀態中的不幸與永恆的意義。普利安比先生，這個無足輕重的市井小民，自認為集過往今來所有時代意義於一身。最後，普利安比先生並沒有被原始意象的怪物所吞噬——事實上，他幾乎被吞噬，那麼以一點小小瘋狂的代價，來換取認清事實，其實也還蠻划算的。

〔285〕普遍的邪惡與原罪問題，是我們與世間另個不具人格性的關係的面向。因此，它們幾乎比任何其他的問題都容易產生集體性的補償。我有位十六歲的病人，他做了一個可視為嚴重強迫性神經症初期症狀的夢：他走在一條陌生的街上。天色黑沉，他聽到背後有腳步聲逼近。他帶著恐懼加大步伐。緊隨的聲音越來越近，他的恐懼隨之升高。他開始跑了起來，但尾隨者似乎就要趕上。他終於回頭，看到一個惡魔。極度驚恐之下，他一躍而起，就這樣懸在半空中。夢境重複發生兩次，象徵著事態十分急迫。

〔286〕由於過分謹慎與拘泥於細節，強迫性神經症有著人盡

皆知的惡名,不只有表面上的精神問題,還確實充滿了非人的獸性以及殘忍的邪惡,以抗拒脆弱的人格殫精竭慮地想進行整合的努力。這就解釋了,為何許多事情都要以儀式性的「正確」方式表現,好似這樣就能趕走在暗裡迴蕩的邪靈一般。神經症始於這場夢境之後,其重大特徵,用病人自己的話來說,是要讓自己維持「暫時性的」,或者「無汙染的」純潔狀態。為了達到目的,他透過瘋狂的繁文縟節,一絲不苟的清潔儀式,透過無以數計的規矩焦慮地檢視,以及制定難以置信的複雜規定,要不是切斷,不然就讓世間林林總總,以及所有足以讓他意識到人生短暫的相關事物「失效」。甚至病人還懷疑眼前存在的是否就是地獄前,夢境早已諭示,如果他想重回現實,就必須與邪惡妥協。

〔287〕我曾在別處敘述過一個年輕神學研究生對宗教問題的補償性夢境。[2] 當時他陷於種種信仰困境當中,這對現代社會的人來說亦不少見。他在夢中是「白魔法師」(white magician)的門徒,然而法師卻身著黑衣。待傳法到一定程度後,白魔法師告以,他們現在需要一位「黑魔法師」(black magician)。黑魔法師現身,卻披著白袍。他宣稱已經找到開啟天堂之鑰,但需要白魔法師的智慧來了解如何使用。這個夢明顯是有關對立面的問題,如我們所知,道教哲學已然找出迥異於西方主流觀點的解決方案。用以呈現夢境的人物都是不具人格性的集體意象,恰與宗教問題的非人格性一致。相對於基督教觀點,這個夢強調善惡相對性的方式,讓我們直接聯想到道家的陰陽象徵。

〔288〕我們當然不能就這些補償性的例證,便遽下結論認

---

2 〈集體無意識的原型〉(Archetypes of the Collective Unconscious),段 71。

為，當我們的心智越深入專注於普遍性的疑難雜症，無意識便會相對應地產生更深刻的補償。不具人格性的問題裡，無意識會出現合理關注的，與不合理關注的兩種狀況。這類的偏離主題的補償只有在當出自於個體最深層、最真實的需求時才是合理的；而當不管僅是基於智識上的好奇，或者是對現實不滿的抗拒，偏移則是不合理的。後者，無意識所產出的，是非人性化的，且純粹為個人的補償，其目標明顯是要把意識帶回到現實。不合理地神遊太虛的人通常會做荒謬且乏味的夢，因為要盡力去降低他們的熱情。因此，從補償的本質，我們可以根據意識對抗的嚴重性和正當性立刻得到結論。

〔289〕當然有不少人害怕承認，無意識得以產生「偉大」（big）的觀念。他們會反對說：「那麼你真的相信，無意識能夠提出像我們西方智慧所結晶產生的建設性批評嗎？」如果理智地去思考這個問題，同時相信無意識有理性的目的，事情就變得非常荒謬。但絕不能將意識心理邏輯，強加到無意識之上。無意識的心理狀態為本能性的；它並沒有任何已分化的功能，它不是像我們所理解的「思考」（thinking）一樣那樣去「思想」（think）。它就只是產生意象以回應意識到的情境。這個意象所包含的意義差不多如同感覺，絕不是理性思考的產物。這樣的意象比較應該被看作是藝術家眼光所見之物。我們很容易就忘記一個問題，像剛剛所提到，構成夢的基礎的，即使對夢者的心智來說，都不是關係理智的問題，而是深刻的情感問題。因為一個道德感重的人，他的道德困擾是情慾問題，這是基於最深層的本能運作，及其自以為是最道德的熱切期待而來的。這問題對他而言極度真實。因此，不令人意外，答案也從本性深處湧現。人們都以為心理為判斷事物的標準，

然而，若他正巧為愚人，無可避免地就會被當作根本不會注意到這個問題，絲毫不會讓心理學家操煩，因為當他碰上問題，必然會客觀地接受它們，不會擅加扭曲以符合自己的主觀看法。本質越是寬容大度的，越是容易被非人格性的問題控制，就其無意識而言亦如此，也會用同樣的方式來回應問題。且正如同心智所提出的問題，「善惡之間何以有著如此可怕的衝突？」那麼無意識就會回以，「看仔細點！它們相互依存。最好的事物，正因為它是最好的，永遠保有邪惡的種子，只要當中可以生善，就沒有什麼是惡的了。」

〔290〕於是夢者可能就此醒悟，明顯無解的衝突，也許是個偏見，是時空條件限制產生的心智狀態。看來似乎複雜的夢境意象，也許很簡單地，如同理性觀念初萌般地直白自我顯現，這就是本能直觀的感受，一個較成熟心智狀態幸好也許已經有意識地加以思考過了。不論如何，中國哲學對此早已深思熟慮。思維的可塑性異常地高，這是存在於我們每個人身上原始的、自然的心靈獨特優點，不過卻被片面的意識發展所阻礙。若我們從這個角度來思考無意識的補償，也許無可厚非地會被指為過於從意識的立場批判無意識。而確實在反思這些問題時，我總是從無意識僅僅是對意識的內容做出反應的觀點出發，雖然它意義重大，但卻不具主動性。然而，我絕非要給人有著無意識都只被動反應而已的印象。相反地，有許多經驗看來足以證明，無意識不僅為自發的，而且還確實具主導性。無以數計逗留在無意識騙人把戲當中的人，都只能以罹患神經症告終。感謝無意識造作出來的神經症，他們被驚嚇到不能再漠不關心，儘管這些人是因自身怠惰，或者極端的抗拒而罹病。

〔291〕不過就我的觀點來看，沒有理由認為無意識在這樣的案例當中，是有計劃且按部就班地運作，且還能為實現某個特定的

目的而奮戰不懈。我找不到任何證據支持這樣的假設。只要我們可以領會，這個驅力看來本質上只是個朝向自我實現的強烈慾望。倘若這果真是某種目的論的計畫的話，那麼所有享有多餘無意識的人，必然會被一種無可抗拒的慾望推向更高層級的意識。然而事實卻完全不是如此。儘管無意識惡名昭彰，但多數芸芸眾生卻從來不會罹患神經症。少數為此致命疾病侵擾者，其實就是那些較「高等」的人，基於某些原因，他們長期停留在一個原始本能的層次上。他們的天性無法長期容忍這對他們來說並不自然的停滯。他們由於狹窄的視野以及侷限的生活而累積能量；能量於是在無意識中一點一滴的累積，最後大概就以急性神經症的形式爆發。這種自然的機轉不必然暗藏「陰謀」（plan）。完全可以理解的自我實現的慾望，便足以提供令人滿意的解釋。我們也可說，是因人格發育不良的晚熟所導致的結果。

〔292〕既然到達絕對意識化的頂峰可能還有一段很遙遠的路要走，每個人的意識大概都還可以更擴大，那麼我們也可以就此假定，無意識的運作過程會不斷供給內容，如果在意識上也認同的話，這將會擴展我們的意識範疇。以這種觀點出發，無意識看來是個無窮廣闊的經驗領域。如果它僅僅反應心智，我們大可稱它為心靈的鏡像世界。果真如此，則所有內容與活動其實都從心智而來，那麼無意識除了變形地反映意識內容之外，本身其實空無一物。心智的創造力運作將被打斷，任何新事物都是意識的發明能力與聰明才智的產物。但經驗證明此說為假。具創造力的人都知道自發性是創造性思維的核心要素。因為無意識不僅是個反應的鏡像映射，且是獨立而有生產性的活動力，其經驗範疇自成體系，有自己的現實觀，對之，我們僅能說它影響我們，如同我們影響著它一樣──我

們恰恰就是這樣考量外在世界的經驗。正如同有形的物質是組成這個世界的要素,因此心靈要素是組成另外那個世界的東西。

〔293〕心靈客觀性的概念無疑是個新發現。這事實上是人性裡最早、最普遍出現的事物之一:這完全是具體化心靈世界存在的信念。以火是發明出來的概念來說,心靈世界絕非發明;它超乎經驗,意識所能領受的現實,無法超越物質世界。我很懷疑會有什麼地方的原始民族對於魔法的影響力,或者魔法物質有所不知的(「魔法的」〔magical〕其實就是「心靈的」〔psychic〕的另一種說法)。這大概也就讓所有原始民族看來似乎都知曉鬼魂的存在。[3]「鬼魂」(Spirit)是種心靈的事實。就像我們知道自己的身體感與其他陌生的身體有所不同一樣,所以原始人——如果他們有任何完全的「靈魂」(souls)概念的話——就可以完全區分自身的靈魂與鬼魂,他們對之感到陌生,如同「不屬於自己」(not belonging)。他們是外在感覺的受體,有鑑於他們自身的靈魂(soul)(或說是假定靈魂有多個時的其中之一),雖然咸信於本質上類同於鬼魂,卻通常不是所謂感官知覺概念上的受體。在死後,靈魂(或者是複數靈魂當中之一)就會脫離死者而成為鬼魂,常常會明確地顯現出惡的特質,由此也部分地否定了個人會永垂不朽的想法。印尼蘇門答臘的巴達克(Bataks)部落,[4] 甚至斷言活著時的好人,死後會變成惡毒和危險的鬼魂。幾乎原始人對關於鬼魂對生人作祟,以及對於亡魂(revenants)現象的所有描述,都與現今降神術經驗所確立的現象的細節相符。正如從「來生」

---

[3] 也有與此相反的案例報告,一定要記住,有時人們過於畏懼鬼魂,以致會否認有鬼,也不需要害怕。我曾在埃爾貢山遇到過像這樣的居民。

[4] 沃尼可(Warnecke),《巴達克的宗教》(*Die Religion* der Batak, 1909)。

（Beyond）而來的訊息，可被視為與心靈分離了的片段活動力，所以這些古老原始的鬼魂是無意識情結[5]的顯現。現代心理學所賦予「父母情結」的重要性，其實就是直接承續了原始民族認為祖先亡靈具有危險力量的經驗。甚至這種導致他盲目地將鬼魂視為一種外在世界的實存，到現在還為我們對現實中的父母必須要為父母情結負責（其實只有部分正確）的假設所沿用。在佛洛伊德精神分析過時的創傷理論當中，以及其他類似的理論也如此，這種假設甚至被當作科學的解釋（為了避免混淆，我建議使用「父母意象」〔parental imago〕）。[6]

〔294〕單純的靈魂當然不知道，直接對他產生影響的最親近的親人，在他身上創造出來的意象，只是一個他們部分自己的複製品，與此同時，其他部分則是由衍生自他本身的元素所組合而成的。此意象是父母的影響，加上兒童特別的反應組成的；因此是一種意象，反映著帶著重要條件的客體。自然地，單純的靈魂相信父母就是如其所見的樣子。這樣的意象被無意識地投射，父母死後，被投射的意象繼續作用，彷彿獨立存在的鬼魂一般。原始人說父母在夜裡回魂（亡魂〔revenants〕），現代人則稱之為父親或母親情結（father or mother complex）。

〔295〕一個人的意識越受限制，他所遇的類似外在幽靈的心靈內容（意象）就越多，不以鬼魂的形式出現，不然就被當成投射到活人身上的魔法力量（魔法師、巫師等等）。在一個已有靈魂觀念的高等發展階段，並非所有意象都會被持續投射（如果這樣，那

---

[5] 參閱〈鬼魂信仰的心理基礎〉（The Psychological Foundations of Belief in Spirits）。
[6] 原編者註：這是精神分析的用詞，但在分析心理學當中，則大部分為「父母的原始意象」（primordial image of the parent）或「父母原型」（parental archetype）所取代。

麼樹木和石頭都會講話了），但總會有個情結有差不多已經浮出意識，讓人不再感到陌生，反而有些為「自己所有」（belonging）的感覺。然而這種它「有所屬」（belongs）的感覺，對情結而言，不是一開始就會強烈到被感覺成意識的主觀內容。它仍繼續處於意識與無意識間的灰色地帶，一部分屬於或類似於意識主體，部分又是有自主性的實存，以這種樣子接觸意識。無論如何，它都無需服從主體的意願，它甚至屬於更高的法則，往往是一種靈感或警告的源頭，或者可以預知「超自然」（supernatural）而向意識通報。在心理學上，可以將這樣的內容解釋成一種尚未被完全整合的部分自主性情結。埃及人所說的「巴」（ba）和「卡」（ka），這種古代的靈魂就是這類的情結。在發展停滯的更高層級，特別是在已文明化的西方民族中，這個情結一直是具有女性特質的——阿妮瑪（anima）與心靈（Psyche〔ψυχή〕）——對之永遠不乏深刻與具說服力的理論出現。

II. 阿妮瑪及阿尼姆斯

〔296〕倘使有鬼,所有鬼魂中,實際上父母的地位最高;無怪乎祖先崇拜現象普遍存在。它的形式最初是用以慰撫亡靈(revenants),但在文明程度較高的地方,卻演變成一種在本質上為道德的與教育的習俗,比方說在中國就是如此。對小孩而言,父母是他最親近、也是最具影響力的親人。但隨著他長大,影響力漸失;父母意象慢慢被意識排斥,但是它們壓抑心靈的能量仍然持續,所以容易變成負面象徵。父母意象以這種方式留存下來,但多少是「自外於」(outside)心靈某處的異質元素。爾後,女性取代了父母,成為成年男性生活中影響力最重大的角色。她成為他的伴侶,附屬於他,年紀多少相仿,可以共享生活。不論年齡、權威性或體力,她都不具優勢。不過,她是影響力極大的角色,如同父母一樣會產生一種相對具有自主性的特質——不是像那種被排拒的父母意象,而是一種可以在意識裡連結的意象。由於心理迥異於男性,女性經常對男性視而不見的事來得敏銳。她可以啟迪他的靈感;她的直覺能力通常凌駕於男性,而能適時提醒他,她的感覺往往直指個人幽微之處,可以指引他因不重視感覺而找不到的方向。在這方面,塔西佗(Tacitus)對日耳曼女性的評論十分精準。[1]

〔297〕無須懷疑,這裡講的就是靈魂中陰性氣質的重要來源之一。但看來並非僅止於此。沒有一個男子全然陽剛,絕對不具陰柔的氣質。相反地,非常陽剛的男性有著——小心翼翼地看護與

---

1 《日耳曼誌》(*Germania*),洛氏叢書版(Loeb edn.),第 18、19 節。

隱藏著——柔軟纖細的感情生命，這種生命實相常被不適切地說成是「陰柔的」（feminine）。男人視盡力潛抑自己的陰性特質為美德，如同女性，至少直到最近，也得努力讓自己不要變得「像男人婆」（mannish）。被潛抑的女性特質與傾向，這些反向性別的需求自然會累積到無意識裡。就這麼自然地，女性意象（靈魂意象〔the soul-image〕）成了留存這些需求的所在，這就是為何男人在擇偶時，強烈想要贏取的女性，會是最符合他無意識陰性氣質的那一位——簡言之，就是一個可以立即接收到他靈魂投射的女子。雖然這樣的選擇常被認為是全然理想的，結果到頭來反而可能娶到的是自身最要命的弱點。這可以用以解釋某些受到矚目的聯姻。

〔298〕因此，就我看來，除了女性的影響之外，男人自身的女性氣質也可用以解釋靈魂複合體（soul-complex）中的陰性特質。德語把太陽當做陰性，其他語言則作為陽性，這絕非任何語言上的「意外」。對此，我們各個時代的文學藝術作品可予以證明，更何況還有個著名的問題：女性有靈魂（habet mulier animam）？或許，絕大多數具心理洞察力的男性可以理解萊特·哈葛德（Rider Haggard）所說的「至高無上的她」（She-who-must-be-obeyed）意指為何，同時在讀伯弩瓦（Benoît）筆下的安蒂妮（Antinéa）時，也會深有所感。[2] 甚至，他們能夠馬上辨識出哪種女性最能體現出這種不可思議特質，他們對這些人有著強烈的感應。

〔299〕這類小說廣受歡迎，顯示出在阿妮瑪意象之中必然有著某些超越個人性的特質[3]，它們是一些不能輕率說是因個體獨

2　參考萊特·哈葛德，《她》（She）；伯弩瓦，《大西島》（L'Atlantide）。
3　原編者註：參閱《心理類型》，定義 48，「靈魂」（Soul），也參閱〈關於原型，特別引

特而短暫存在的東西，而應該是更加典型而普遍存在的，有著更深邃的根源。萊特・哈葛德和伯弩瓦透過寫作描繪阿妮瑪的歷史（historical）面貌，對此有著精準的表現。

〔300〕如我們所知，所有人類經驗都有個體的主觀性介入，若無主觀的能力，甚至連經驗本身都不可能存在。何謂主觀能力呢？追根究柢，就是人類與生具有，讓人得以擁有這類經驗的心靈結構。所以男性整體的天性，無論是生理的或心靈的，都有著女性的前提。他的身心系統一開始就可以適應女性，就如好整以暇地面對這個真實明確，充滿了水、光、空氣、鹽、碳水化合物等等的世界。他出生所身處的這個世界的樣子，早就於內在以虛擬實相的形式存了了。同樣地，父母、妻子、孩童、出生與死亡，也是其內在天生的虛擬實相，心靈的性向也是。這些先驗（a priori）範疇的形式，本質上就具有集體的特質；它們是父母、妻子與小孩的集體意象，而非個體的宿命。我們必須把這些意象想成不具實質內容，因此把它們當成是無意識的。它們只有在遭遇到經驗性的實際狀況，才會出現實質感受、發生影響力，然後最終成為意識而發生，這觸及了無意識能力，加速它進入生命的腳步。某種角度上來說，它們是我們祖先所有經驗的積累，但卻非他們自身的經驗。至少在目前我們知識有限的狀況下，它們看來是如此的（我必須坦承，我完全還沒找出足以證明這些記憶意象為遺傳性的絕對可靠證據，但我不認為這就排除不屬個人性的集體積累之外，也許還有個人因素所決定的某些遺傳記憶存在的可能）。

〔301〕男性無意識當中，有個經遺傳而來的女性集體意象存

用阿妮瑪的概念〉（Concerning the Archetypes, with Special Reference to the Anima Concept）以及〈冥后的心理面向〉（The Psychological Aspects of the Kore）。

在，經其協助，他得以理解女性。這個遺傳而來的意象是靈魂中女性特質第三個重要來源。

〔302〕就如讀者即將理解的，我們於此並不關心哲學的，更不是宗教上的靈魂概念，而是在心理上認識到有個具有部分自主功能的半意識心靈複合體。顯然地，這種認識與哲學或宗教所詮釋的靈魂概念一般多，或者說一樣少，如同心理學本身所能做的是與哲學或宗教一樣地多或少。我在此無意進行「學門之爭」（battle of the faculties），我也不試圖去告訴世人，或者是哲學家還是神學家，「靈魂」（soul）真正所意指的是什麼。然而，我必須阻止他們指三道四，規定心理學家定義「靈魂」應該是什麼。宗教天真地把人格不朽的質性歸結於靈魂的想法，對科學而言，只不過是心理學的標記（*indicium*），已然被涵括進哲學的自主論當中。在原始民族眼裡，人格不朽的特質沒有理由是靈魂不變的屬性，甚至不朽性也不會是那個樣子的。但先不顧這個觀點在科學上全然說不通，「不朽」（immortality）的直接意義不過就是可超越意識限制的一種心靈活動。「死後」（Beyond the grave）或「死後的世界」（on the other side of death），在心理上意即「超越意識」（beyond consciousness）。它絕對沒有其他意思，既然只有生者得以闡述不朽，就此而言，他們實在沒有資格神靈活現地去說「死後」的情境為何。

〔303〕靈魂複合體具自主性，這自然可支持這樣的概念，即一個看不見、具人格性實體顯然活在相當迥異於我們所處的世界之中。結果，一旦靈魂的活動被認定是自主性實體的活動，與凡人肉身無關，我們可以想像這個實體必然是全然獨立存在的，也許是存在於一個無形世界裡。然而，我們現在還不清楚，為什麼這個獨立

的實體的不可見,必然同時會不朽。不朽的性質也許是從我先前稍微提到的另一項事實所衍生出來的,也就是靈魂典型的歷史樣貌。萊特・哈葛德在《她》中的描述,允為佳作之一。當佛教徒說透過冥想可以喚醒前世的記憶,可漸漸達到人生完美境界時,他們所說的無疑地是同一個心理實相,唯一不同的是,他們不將歷史因素歸因於靈魂,卻直指自性(the Self;atman)。就感覺和傳統來說,應該是由於迄今西方徹底的外向思考模式,才會將不朽的特質附屬到靈魂上,而與我們所謂的意識自我或多或少有些不同,且靈魂又因其女性特質而迥異於意識自我。透過深化我們西方靈性文化的內向思考面,完全符合邏輯地,長期被忽略的想法模式就會發生一種近似東方思維模式的轉變,從含糊不清的靈魂形體(阿妮瑪),轉變成自性。因為基本上,由於高估我們的物質客體,才會有內在的靈性以及不朽的角色形象(顯然這是為了補償和達成自我調節的目的)。從根本上來說,歷史的元素並非只附加到女性原型上,無論如何在所有的原型裡也會出現,亦即,所有從祖先那兒繼承來的各種元素,心理的和生理的都是一樣的。說真的,我們的生活其實跟前人沒有兩樣。所有事件絕非暫時性的,人類生存歷經幾十萬年,生理及心理歷程至今仍然不變,持續於我們心靈內在灌輸體認「永恆」生命具連續性這種最深沉的直覺想法。自性本身,是一種囊括廣泛的詞彙,涵蓋我們整個活生生的有機體,不只包含過去全部生命的整合與累積,而且還是生命的起點。它形成肥沃的土壤,滋潤所有未來即將發芽的生命。對未來性的預感,很清楚地在我們最深層的感覺留下深刻的印象,如同於歷史層面留下的一樣。由於這些心理的假設,不朽的想法很自然地就產生了。

〔304〕在東方,正如我們說過的,是比較缺乏阿妮瑪的觀念

的，因此，邏輯上，也就沒有人格面具的概念。這當然一點都不意外，因為正如我所說，人格面具及阿妮瑪之間，存在一種互補的關係。

〔305〕人格面具是介於個人意識和社會之間，一種複雜系統性的關係，從而產生一張合適的面孔。一方面，它是用來讓其他人對自己產生特定的印象；另一方面，則是隱藏個人的真實天性。對某些已經非常認同自己人格面具、導致不再認識自己的人來說，後者顯然是非必要的；而不需要前者的，只會發生在完全沒意識到同儕本性的人身上。社會期待——且真的必須期待——每個人都能夠盡量完美地扮演所賦予的角色。所以當牧師的就不能只客觀去執行本分，而是要隨時隨地完美地扮演好牧師的角色。社會之所以這樣要求，是因為把這視為一種保證；每個人做什麼就要像什麼，例如這個人是鞋匠，那個人是詩人。沒有人會被期待兩者兼具，事實上也不建議兼而有之，因為那樣真的很「怪」。這樣的人會被認為「迥異」於他人，相當不可靠。在學術界，他會被認為不夠專業；政治上，會被想成難以捉摸；在宗教，則被當成是一個無信仰的人——一言以蔽之，他一定永遠會被懷疑是個既不可信賴、又不能幹的人；這是因為社會已經說服了大眾，只有不是詩人的鞋匠，才能夠做出精巧的靴子。給世人一張明確的面孔，實際上是非常重要的：一般人——社會也只知道這種人——必須專心一意，才能達成有價值的成果，一心二用就太過分了。無疑地，社會把專心一意當作典範。結果，想出人頭地的，一點也不意外地只好遵循著這樣的期待。顯然在這樣的期待當中，沒有任何人可以將自己的個人獨特性完全隱藏；因此建構一個虛偽的人格，有著不可避免的必要性。採用合適面具的額外動機，就是對禮儀和良好態度的要求。躲在面

具後的,則被稱為「私生活」。於是我們所熟悉的意識,痛苦地分裂成兩個人。可笑的是這兩者往往完全不同,那是一種尖銳深刻的心理運作,一定會對無意識產生影響。

〔306〕建構出一張適合集體性的人格面具,等於對外在世界做出巨大的讓步,是一種真正的自我犧牲,而驅使意識自我直接認同人格面具。所以這種人真的存在,他們會相信自己真的就是那個假裝想要成為的樣子。然而這種明顯「卑鄙」(soullessness)的態度,將重心移轉,卻又假裝沒事,對這點,我們的無意識是絕對不可能容忍的。當我們批判性地來看這些個案,會發現面具做得越精巧虛偽,無意識一定會透過背後的「私生活」補償。虔誠的德拉蒙德(Drummond)曾感嘆地說「脾氣暴躁是善良正直的副產品」。任何人建構了太過虛偽精巧的人格面具,就必須要付出暴躁易怒的代價。俾斯麥曾歇斯底里地哭泣、華格納沉迷於女人絲綢禮服上的袍帶、尼采寫信給他「親愛的駱馬」(dear lama),以及歌德則常與愛克爾曼(Eckermann)對話,這些例子都是這樣。但有更多微妙的事情,遠比這些英雄們的小失誤還值得我們注意。我曾認識一位令人肅然起敬的大人物——事實上,人們可能會稱頌他是聖人。我悄悄跟在他身旁整整三天,在他身上完全找不出任何道德瑕疵。我的自卑感於是出現,開始認真地思考,該怎麼做,才能讓自己更好。不過,第四天,他的妻子竟來找我諮商⋯⋯啊,這種事從未發生在我身上。我從這件事情學到:任何一位帶著面具的男人,都很樂意讓所有不安透過他的妻子顯現,只要她沒注意到的話。只不過他的太太必須要為自我犧牲付出代價,就是產生很嚴重的神經症。

〔307〕認同社會角色,是神經症的主要病源。人不可能以虛偽的人格姿態出現,卻又能夠逃避懲罰。一般的個案,即使企

圖避免，仍然會產生脾氣不好、情緒變差、恐懼、強迫想法、墮落、道德敗壞等形式的無意識反應。在社會上的「強人」（strong man）私下的情感往往就如小孩；他在公眾領域表現出來的原則（通常都是他特別要求別人要做到的），到了私領域裡卻可悲地變得支離破碎。他「樂在工作」（happiness in his work），回到家後卻換上另一張淒慘的臉；他在公眾眼中表現出道德「純潔無瑕」（spotless），實際上從面具後面看來，卻相當怪異陌生——我們姑且不論他的行為，就他們的幻想而言，這些男性的妻子們，必然會有相當多的故事可以告訴我們。而對這些男性忘我的利他行為，他的小孩也會有不同的想法。

〔308〕他受從內而來的影響，會視這個世界要個人認同面具到什麼樣的程度而定。中國哲人老子說：「高下相傾。」相反力量由心中升起；這正如無意識用以將自我吸引進人格面具完全一樣的力量，也用來壓抑自我。外在缺乏抵抗人格面具吸引力的力量，意味著內在同樣無力對抗無意識的影響。對外越是扮演有力、強大的角色，與此同時，其內在面對所有來自無意識的影響時，便愈發懦弱。情緒化、行為異常、膽小如鼠，甚至性能力不足（最後終於變成性無能）等逐漸嚴重。

〔309〕人格面具，亦即一個男性應有的理想樣貌，是於內在由女性的柔弱加以補償，一個外在呈現強壯男人的個體，他內在便成為一個女人，換句話說，就是阿妮瑪，因為阿妮瑪對人格面具做出反應。但因為內在世界是黑暗的，向外的意識看不見，也因此一位過分認同外在人格面具的男性，就更不會相信他內在的脆弱，於是與人格面具互為補償的阿妮瑪，仍完全處於黑暗中，而且馬上就被投射出去。所以我們的英雄開始被他太太支配。倘若妻子權力因

此大增,那她也不會做得很好。所以,她的地位變低,可以讓丈夫愉快地證明:不是他這位英雄在私底下不好,差勁的是他的妻子。不過妻子倒也能夠接受這樣的錯覺,因為至少她嫁給一位英雄,讓許多人非常羨慕,所以她也不在乎自己無能。於是這種錯覺的小遊戲,通常就被當成生命的全部意義。

〔310〕正如個體化的目的,或就自我實現而言,對一個人來說,到底真實的自己是什麼,以及他在自己和別人的面前看起來又是什麼,能夠區分以上兩者,是很必要的一件事。就同樣的目的而言,對於他與無意識之間那種看不見的系統關係,必須要能夠意識化,特別是自己的阿妮瑪,才可以區分他自己和「她」,這也非常重要。當然,一個人不可能從自己的無意識中,去區分出真實的自己。不過,就人格面具而言,一個人要區分真實的自己和在辦公室看到的自己有什麼不同,是輕而易舉的。但對一位男性來說,要去區分出自己和自己的阿妮瑪,卻相當困難,因為她不可見。確實非常困難,是因為他必須先全力和一種偏見奮戰,這種偏見就是他認為所有來自於內在的東西,都根源自真實深處的自我。一位「強人」或許會勉強承認,私底下獨處時,是相當沒有修養的;但他會說,那只是「弱點」(weakness),也正因為那是弱點,所以會認為自己還是具相當的一致性。人類有種絕不輕忽文化傳統的傾向;當一個男人認識到:原來完美的人格面具包裝了他所有的一切,但卻無法包裝阿妮瑪,於是完美就被摧毀,世界開始變得模糊,也快不認識自己了。他開始質疑所謂的善,更糟的是,連自己是否有「善意」(good intention)都懷疑。當一個人一旦思考所謂的善意,馬上了解這是基於對過去許多假設所產生,於是認為倒不如維持現狀,抱著現在對人世的看法,然後一邊感嘆「唉,怎麼自己有

這樣的弱點」，遠比粉碎自己的完美還來得快樂些。

〔311〕不過，既然無意識與調節社會生活的集體因素，同樣扮演了相當重要的角色，還不如學著去區辨到底什麼是自己要的，以及什麼又是無意識硬塞到身上的，自問到底在辦公室被如何要求，以及我自己又想要什麼，這樣可能會好得多。起初，唯一豁然開朗的，就是兩種要求並不協調，一個是自外而來（without），一個是由內生出（within），而我們的意識自我（ego）則處在中間，腹背受敵。現在意識自我的面前，如同有個運動不止的鍵子，於外在和內在需求間被踢來踢去。那兒站著一位舉棋不定的裁判，我不會自欺欺人地將之貼上「良心」（conscience）標籤假名，雖然從最好的意義上來看，這個字眼還挺合地。史匹特勒（Spitteler）曾極其幽默地描寫了我們所製造的這個「良心」。[4] 我們應該盡力去認識到，內在和外在間的激烈掙扎（出現在約伯和浮士德身上的是與上帝打賭）實際代表著生命過程的旺盛精力，以及自性調節所必要的兩極張力。然而不同的是，所有的意圖和目的，不論它們有多麼極端、力量差異多麼大，其實代表的，不過就是個人生命的基本意義和慾望：它們總是在這個平衡重心周邊變動著。正因兩極無法分離，它們以折衷調和的方式統一結合在一起，不管願意與否，這是人類與生俱來憑藉直覺推測出來的結果。人們對於自己應該是什麼、能夠成為什麼，會有一種強烈的感覺，會認為背離這樣的命運，本身就是種錯誤，而且會因為脫離正軌而致病。

〔312〕我們現代所謂「個人的」（personal）和「人格」（personality）的概念，都是從「人格面具」（persona）這個字所

---

[4] 《心理類型》，1923版，頁212起。

衍生而來,這可能不是意外。我可以相當自信地宣稱我的意識自我是個人的,或是一種人格,事實上或多或少,可以說我的人格面具就是我認同自己的一種人格表現。所以我其實擁有兩種人格的事實,就不致於那麼明顯,因為所有自發性的,或甚至相對自主的情結,有其作為人格的特殊表現,也就是被人格化了。我們可以在所謂降神術的自動書寫(automatic writing)以及類似的事情中,明顯地觀察到這點。這些詞句都是有關於個人的陳述,而且都採第一人稱書寫,彷彿每一句話,都代表著一個真正的人格。天真的人馬上連想到鬼魂;而像這類事情,也可以在瘋子的幻覺中被觀察到;只是相較於前者,瘋子說的常常可以聽出是僅僅是種種想法,或者是支離破碎的想法,任何人都可以輕易地看出這些病人的意識與人格之間的關係。

〔313〕這些相對自主的情結傾向直接人格化,也說明了人格面具對個人產生極大的「個人」(personal)效應,致使我們的意識自我太容易被欺騙,而分不清何者才是自己「真實」(true)人格。

〔314〕於是,所有對人格面具和自主情結為真的,大體上來說也適用於阿妮瑪。因此她也是一種人格,而這也就是為什麼她很容易就被投射到一個女人身上的緣故。只要阿妮瑪處於無意識當中,她總會被投射出去,因為所有在無意識裡的東西都會被投射。第一個帶著靈魂意象(soul-image)的人一定是母親;之後,則是在喚起男人情感的女性身上產生,不論感覺是好的或不好的意涵。正因母親是第一個帶有靈魂意象的人,因此與她分離,是一件需要小心處理且極富重大教育意義的事情。原始民族有大量為這種分離而安排設計的儀式。僅僅認知到自己長大成人,表面上分離,這樣

還不夠；為了更有效地與母親分開（因此而告別童年），慎重其事地進入「男人居所」（men's house），以示分離與重生的重大儀式仍是必須的。

〔315〕正如父親扮演抵抗外在世界危險的角色，而成為其子的人格面具典範，母親則保護他免受來自心靈的黑暗威脅。所以在青春期的儀式中，他們開始接受有關於「另個世界」（the other side）種種的教育，從而讓他逐漸擺脫母親的保護。

〔316〕現代文明人必須拋棄這種原始但令人激賞的教育體制。結果阿妮瑪以無意識中母親意象的形式轉移到妻子身上；所以男人一旦結婚，就開始變成一個孩子氣、多愁善感、依賴、卑屈，或是剛好相反的野蠻、暴虐、過度敏感的人，總想著他至高無上男子氣概所擁有的特權。當然，想當大男人只是孩子氣的相反形式而已。原本母親在抵抗無意識上的守護意義，現代教育裡沒有取代方案；所以對無意識來說，所謂理想婚姻，不過是安排妻子取代原本屬於母親的神奇角色罷了。他不過是以理想婚姻為藉口，在尋求母親的保護，卻被妻子的佔有本能玩弄於股掌之中。他對無意識不可估量的黑暗力量太過害怕，以致妻子產生一種不合理的權威性，而形成了這樣一種危險的親密結合，這種婚姻永遠處在來自內在張力而造成毀滅的邊緣——要不然，出於抗爭，他會跑到另一個極端，結果卻是相同的。

〔317〕我主張，對某些特定類型的現代人來說，絕對必要不僅從人格面具，甚至還得從阿妮瑪，去認識自己的特性。因為我們大部分的意識，思考模式是全然西方外向型的，內在一直處於黑暗中。但只要把注意力集中到私生活的，而非外在的，對表現出來的心理樣貌予以同等的關注與批判，那麼就可以輕易地克服這項困

難。對於自己的另外一面，我們很習慣含羞帶怯地沉默——甚至在妻子面前發著抖，生怕她們背叛！——萬一另一面被發現，只能可憐地承認「脆弱」，我們似乎被教育成只有一種解決方式，亦即盡可能地摧毀或潛抑這些弱點，或至少將它們隱藏起來，逃避公眾的目光。但這樣做一點幫助都沒有。

〔318〕以人格面具為例，也許可以說明我們該做什麼。無論如何，西方思考方式的邏輯裡，人格面具清清楚楚、直截了當，而阿妮瑪卻是全然黑暗的。當阿妮瑪一直故意與有意識的良善作對，破壞光鮮體面的人格面具，要人過著與表面上全然不同的可悲生活時，這純真人兒的心靈有如片縷不著，行在五濁惡世，其凶險之大，不言而喻。確實有人真的少了點熟練的人格面具——「加拿大人不懂歐洲人的虛矯」——社交屢屢失態，全然無害且無辜，憨傻沒心眼或就如孩童般天真，而，假如是女性的話，就像總添亂的奧林帕斯女神卡珊卓拉（Cassandras），不善社交而不受歡迎，又無自知之明，總將大家諒解視為理所當然，漠視人情世故，是無可救藥的幻想家。從他們身上，我們可以看到被忽略的人格面具如何起作用，以及一個人該怎麼做才能補救。這樣的人應該學會待人處世之道，以免失望與不斷受苦，和面臨不斷爭吵，以及社交困境。他們必須理解社會期待為何；也必須了解現實世界一山還有一山高；同時他們必須要知道，自己所做的每一件事情對其他人都是有意義的，之類等等。當然，對嫻於人格面具的人來說，這些事實在易如翻掌。但如果倒轉情境，讓戴上老練人格面具的人面對自己的阿妮瑪，作為對照，還讓他坐在摘下人格面具者旁邊，我們會發現後者對於阿妮瑪及其種種之所知，正如前者對一般人情世故之熟練，彼此不分軒輊。然而，不論何者，他們都可能輕易地濫用自己所熟知

的那一部分，事實上這個可能性很大。

〔319〕戴上人格面具的人對內在世界的真實完全無視，正如另一種人對外在世界的現實視而不見一樣，對他而言，外面不過就是可供玩樂的享受或幻想的地方。但是認識自己內在現實，是嚴肅思考阿妮瑪問題的必要先決條件。如果對我而言，外在世界僅是一種幻相的話，那麼我要如何設法去建立和適應與世界之間的複雜關係系統呢？同樣地，「一切都是幻想」的態度，不可能說服我將自己阿妮瑪之所以虛弱僅僅視為虛幻的。然而，如果我將世界分為外在和內在，所謂的現實跨越外在和內在，邏輯上我必須接受一件事，即出自內在襲來的紛亂與煩惱，是因為我在內在世界的情境適應不良所導致的症狀。壓抑無法撫慰於外在世界受重創的那個天真心靈，也不能讓那心靈認命接受自己的「脆弱性」。這裡的理由、意圖和結果，都會因為意志和理解的涉入有所不同。舉例來說，一個受萬人敬仰、樂善好施的大善人，他的暴躁脾氣、火爆情緒卻嚇壞了他的妻兒，阿妮瑪在這裡扮演了什麼角色？

〔320〕如果讓事情自然發生，我們立刻就會知道答案何在。妻兒開始疏遠；他會陷入孤立。起初，他或許怨嘆家人鐵石心腸，而如果可能的話，他的頑劣將更勝於前，終至妻離子散。如果偶有善知識不嫌棄，幸運地不至於眾叛親離，一段時間後，他會發現自己被孤立了，形單影隻之餘，於是逐漸了解到，自己是如何自食苦果的。也許他自己也會相當驚駭，捫心自問道：「到底被什麼邪魔附身？」——當然他並不真的理解此言隱喻為何。在悔恨、和解、忘卻、潛抑之後，沒多久，另一輪的情緒卻再度爆發。顯然，是阿妮瑪想要他分離的。沒人真的想這樣。不過阿妮瑪卻在他們之間扮演了一個嫉妒情婦的角色，試圖拆散這個男人的家庭。高官頭銜與

其他上流社會職位,也會有同樣的效果,但我們可以理解這類吸引力之難以抗拒。到底出於什麼樣的原因,阿妮瑪竟也擁有這等魔力,能讓他著迷至此?正類似於人格面具一樣,阿妮瑪的背後一定存在著某種價值或者重要的影響因素,如同誘人的承諾。面對這樣的事情,一定得小心自我合理化。我們起初可能會想,這個謙謙君子對其他女人起了色心。是可能如此的——甚至有可能就是阿妮瑪的安排,因為這是達成目的最有效手段。但我們不能誤以為這樣的安排就是結局了,因為這個毫無瑕疵的人既然可依法結婚,當然也可依法離婚。他的基本態度絲毫不會因此改變,可以說是換湯不換藥。

〔321〕事實上,透過這種安排,與伴侶分離成真,極為常見——同時也是妨礙最終解決方案的手段。所以千萬別以為它最終目的就是促成分離。我會建議最好查清楚阿妮瑪到底要的是什麼。第一步,我稱之為「客觀化」(objectivation)阿妮瑪,也就是要自己正視問題,別想將分手歸因於自己的脆弱。一旦如此,人們便可以直面自己的阿妮瑪而問道:「為什麼你希望分手?」用人稱化的方式提問可有效地將阿妮瑪人格化,與其建立關係。越將阿妮瑪視為一個真正的人,效果會越好。

〔322〕慣於純粹理智、理性方式思考的人,可能覺得這種做法太不可思議。如果一個人想和自己的人格面具對話,卻只將它視為建立關係的心理工具,那麼與其對話當然荒謬。但,這僅對擁有人格面具的人荒唐而已。如果他根本沒有人格面具,則與原始人無異。如我們所知,原始人只有一半處於我們一般人所謂的「現實」當中,另一半則處於充滿鬼魂的世界裡,對他來說,神鬼世界也相當真實。就剛才這個例子,一個現代歐洲人所處的是當今現實世

界;但在充滿鬼神的世界裡,他是穴居時代的純真孩子。他因此必須要先屈就自己,待在類似史前時代的幼稚園開始學習,直到獲得主宰另個世界的力量或相關概念為止。如此,他才會把阿妮瑪當作具自主性的人格,並且接受詢問她的個人問題並不唐突的想法。

〔323〕我的意思是說,這是實際的技術。事實上每個人都有與自己對話的特質和能力。當身處困境,我們會自問(不然問誰呢?):「我該做些什麼?」不管是說出聲,或者呢喃自語,我們(不然還有誰呢?)也會自己回答。既然我們想要學會應對根本生命之道,對於這種以隱喻表達生活的小事,不應覺得困擾。我們必須承認這個原始倒退的象徵(或者說,還好我們的天性幸運地仍然保留了這點),當成黑人(Negro),與自己的「蛇」(snake)親密地交談。我們的心靈並非完全一致,而是由許多互相對立的思想組成的複合體,想分解它們,需要與自己的阿妮瑪辯證對話(dialectics),這並不是非常困難的事。唯一要做的,就是讓這位看不到的夥伴可以自主發聲,聽見自己的聲音,因為沒能克服心魔,人們會覺得自己在玩一種明顯可笑的自說自話遊戲,或者也質疑與我們對話的阿妮瑪的智慧。後者嚴格來說特別重要:我們非常習於認為,來自於自身的思想,就是自己所創造的。說來也怪,對於最不可能產生的想法,我們卻往往感到自己要負最大的責任。假設我們更能意識到,即使是最狂野及最肆無忌憚的幻想,也受制於一般性的原則,也許便可以更客觀地看待這些想法,正如同待見夢一般,應該沒有任何人可以故意或恣意地去創造夢境。我們應該客觀、不帶偏見地給「另一面」一個機會,給可感知的心靈活動機會。由於意識的壓抑,另一面只好轉向使用間接以及單純的象徵性表達,大部分是以情緒表現,只有在遇到令人難以承受的情緒波動

時，無意識的片段才會出現思想或者意象。所伴隨無可避免的症狀就是，意識自我在某一瞬間認同自己所講的話，但幾乎同時反悔。確實，情緒激動之際，人們有時口不擇言；但這些話卻很容易被忘卻或者全盤否認。如果我們想採取客觀的態度面對，自然地就要將反對和否認的防衛機轉考量進去。在我們的傳統中，相當習於急著去修正與批評，而且，恐懼還進一步增強這種傾向——一種不敢自己承認，也不能對別人說的害怕，害怕隱伏的真相，害怕危險的知識，害怕不合意的確切證據，一言以蔽之：害怕這一切會讓自己被孤立，有如成為人人避之唯恐不及的瘟疫。我們會說一個滿腦子只想著自己的人，是自我本位、相當「病態的」；孤獨是最糟糕的，「那會讓你憂鬱」——這些充分證明了人類的天性。在我們西方人的腦海裡，這樣的想法顯然根深蒂固。不管什麼人這樣想，很顯然他們從未捫心自問：跟像自己這樣一個可憐的懦夫在一起，有何樂趣可言？經常處於某種情緒裡時，一個人會不由自主地放棄面對另一面的真相，如果這樣，難道我們不能利用同樣的情緒，給另一面機會說話，這樣豈不更好？因此可以這麼說，我們在自我情緒狀態許可的情境下，培養自我對話的藝術，就彷彿情緒自己會說話，而不去理會外人所謂理性批判的眼光。只要情緒可以繼續說話，就該停止對它批判。而且，一旦它說話了，就得嚴肅以對，當作是在跟一個真實存在的老朋友對談一樣。我們也不該草率應付、不了了之，陳述和回應都必須仔細思考，按部就班，直到討論有了滿意的結論為止。結果是否令人滿意，只有主觀感覺才能決定。任何虛情假意絕對無效，只有絕對誠實面對自我，千萬不能急躁地期待另一面會說些什麼可理解的話。這都是訓練阿妮瑪的技術當中，不可或缺的必要條件。

〔324〕不過,西方人對未知另一面的恐懼,還是很具代表性的,值得談一談。所謂的另外一面確實存在之外,其本身並非全無道理。我們毫無疑問地可以理解小孩和原始人面對全然未知時,必然相當恐懼;而當我們面對自我的內在,無疑地和小孩一般恐懼,因為同樣觸及內在巨大的未知世界。我們只知道自己有這般的恐懼情緒,卻不知道這是一種對未知世界的害怕——因為情緒世界是無形的。我們不是用理論的偏見反對,就是充滿迷信的想法。甚至對眾多受過教育的人談無意識,就會被指為神祕主義,說都不能說。會有這樣的恐懼很合理,因為我們信奉的是科學和道德的理性世界觀（Weltanschauung）——因高度懷疑而強烈信仰——卻被另一面存在的事實粉碎。假如一定要避開這事實,方法可能無他,唯一值得倡導的是菲利士人（Philistine）的「既往不咎」（let sleeping dogs lie）之說。所以這裡要明確地說,我並非說前述對話技巧一定必要,甚或對一些根本沒有需要的人也有效。如同我說過,生命有很多階段,有人直至老死還純潔如襁褓嬰兒,而德國還處在美好的威瑪共和的光榮之際,納粹「穴居者」（troglodytes）卻已在蠢蠢欲動醞釀誕生當中。真理日新月異,有屬於未來的、屬於過去的,甚至有的與時代無關。

〔325〕我可以想像有些人會出於純然好奇而使用這個方法,或許一些年輕人想雙腳生翅,並非因為跛足,只為渴望飛向太陽。但對一個成熟的大人來說,幻想已經無數次破滅,除非被迫,否則沒理由屈服於內在心靈的威逼。他何必讓童年的恐懼再來？白天處在理想幻滅與價值顛倒的現實世界中,晚上則進入毫無意義的幻想宇宙,夾雜之間並非易事。這種立場和觀點太不可思議,以致這種狀況下,大概沒人會有安全感。即使回到母親身邊,那位曾經守護

他童年、以免被黑夜恐懼吞噬的人,他也一樣沒有安全感。凡害怕者必依賴,脆弱需被支持。這就是為何原始人出自心靈深處的需求,產生了宗教信仰,從而誕生了魔法師和祭師。拉丁語諺有言「教會之外別無救贖」(Extra ecclesiam nulla salus)至今仍然發人深省──至少對那些仍然願意求救於宗教的人來說是如此。但對少數回不去的人,那就只能依賴其他也是人類的人了,就我看來,比起其他方式,這種依賴態度更卑微,或者更驕傲,更微弱,或也更強烈。基督新教不就如此?他們既沒有教堂、也沒有牧師,只有神──只不過他們甚至連神都開始懷疑了。

〔326〕讀者可能大吃一驚:「阿妮瑪到底做了什麼,我們還得再加上回頭求助的雙重保障,才敢與她商量,然後達成協議?」我會推薦讀者仔細研究比較宗教史,才能體會那些曾經過著謙信宗教生活人們的情感,以填補這些已然逝去,現代人不再有感的歷史空白,讀者可能才可以稍微了解活在另一面是什麼樣的概念。過往宗教崇高與荒謬、友善和邪惡的象徵,並非憑空而來。從我們出生那一刻起,這些象徵便寄住在人類的靈魂裡頭。所有宗教事物以及它的最初形式,都活在我們身上,且很可能在任何時間,突然帶著毀滅性的力量出現,偽裝成多數民意,集體霸凌一個毫無抵抗力的人。我們令人畏懼的神也只不過換了個名字:它們現在與什麼什麼主義(ism)一搭一唱。不然你看,有誰膽敢說世界大戰或布爾什維克主義(Bolshevism)是多麼有創造力的發明呢?正如我們生活在一個大陸隨時可能被淹沒、南北極會移位、新的瘟疫爆發的外在世界上,我們也有個隨時可能發生類似事件的內在世界,儘管是以觀念的形式存在,卻不因此較不危險或不值得相信。無法適應內在世界的疏忽大意,後果與於外在世界表現得無知無能一樣

嚴重。畢竟只有一小群的人類，主要住在人口擁擠、伸出到大西洋的亞洲半島（peninsula of Asia），認為他們自己是「已文明化的」（cultured），因為與大自然少有接觸，所以產生這樣的想法，說宗教是種特殊的精神障礙，其意義不可得知。然而當我們拉開一段安全距離後再去看，比方說從中非或者西藏，必然會看出這一小部分人已經把自身無意識的精神紛亂，投射到仍然保有健全本能的民族上。

〔327〕因為內在世界的事物，會以無意識的形式更有力地影響我們，每個想在自己的文化上取得精進的人（哪個文化不從個人開始？），都必須客觀地看待阿妮瑪的效應，試著去了解因而產生的內容為何。這樣一來，他才能夠去適應，並保護自己免於被這些無形的東西侵擾。唯有適應，才能夠同時與外在和內在世界妥協。顧及外在和內在世界各自主張的動機，更確切地說，顧及雙方的衝突，才會產生可能的與必要的適應能力。不幸地，我們西方式的思考模式，在這方面是缺乏修養的，從來沒有為透過中道的對立統一想出一種概念，甚至連名稱也沒有。那是內在經驗中最基本的法則，這是由中國道（Tao）的觀念而來。它是一項為人處世人最根本的事實，也是個人生命最普遍、最合理的意義之體現。

〔328〕走筆至此，我卻只講男性心理學。阿妮瑪是女性，是個補償男性意識的角色。就女性而言，補償的角色具男性特質，因此以阿尼姆斯（animus）稱之，恰如其分。若要說清楚何謂阿妮瑪是件難事的話，那麼講明白阿尼姆斯的心理學，更會是難上加難的挑戰。

〔329〕男性單純地將自己的阿妮瑪反應歸因於自身，無視於其實是他無法認同自己有個自主情結的事實，女性心理也一樣，

只是形式更加明顯而已。撇開其固有的模糊性和陌生感不說，要了解和說明這個問題之所以那麼困難的根本原因，就在於對一個自主性情結產生認同。我們總是天真地以為自己能夠做自己的主人。然而，我們必須先習慣一種想法：人們如同住在一個還留有可與外界交流門窗的房子裡，過著最私密的心靈生活，外界客體或內容雖然會產生影響，卻從不屬於我們。對多數人而言，這種假設無疑難懂，正如他們從不了解、也無法接受：鄰居想的未必與他們一樣。讀者們可能覺得，我上面說的話有些言過其實，因為整體而言，一個人總知道人與人間會有差異。但要切記，我們個人的意識心理，是從最初的無意識狀態發展出來的，是未分化的（non-differentiation）（列維－布留爾〔Levy-Bruhl〕將這種狀態稱為神祕參與〔participation mystique〕）。意識的分化是人類進化相對較晚的發展；而且發展的應該只是範圍無限廣闊的原初認同的一小部分而已。意識的本質是分化而來的，分化是必要的。所有處在無意識當中的，都是未分化的；所有發生在無意識當中的，都以非分化的方式進行著──也就是說，什麼是或不屬於自己的，並沒有確定的答案。無法先驗地得知何者與我有關，何者與他人有關，或兩者皆是。同樣地，我們的感覺也沒辦法提供確切的線索。

〔330〕不能因此把較劣勢的意識歸屬於女性的特質；只能說它與男性意識迥異而已。但就像女性往往已經相當清楚的同一件事，男性卻還如墮五里霧中，男性一些經驗領域，對女性而言也仍被未分化的陰影包圍，這些是她們幾乎沒有興趣的東西。通常女性會認為人際關係遠比客觀事實及其互相連結來得更重要，也更感興趣。至於商業、政治、技術和科學等廣泛的領域，往往必須應用到整個男性思維，卻被她拋棄到意識的灰色地帶裡；然而另一方面，

她卻在她的意識中，發展出相當微妙的人際關係，其中無限的細微差別，往往是男性容易忽略的地方。

〔331〕因此我們可以預期，女性無意識在某些層面，基本上是迥異於男性的。如果要簡單地描述女性阿尼姆斯和男性阿妮瑪的不同，我只能說：如果情緒出自阿妮瑪，阿尼姆斯則產生意見；正如男性情緒是心靈暗地裡產生的，因此女性的意見也是基於無意識中的先驗假設而來的。阿尼姆斯的意見往往因信念堅定而不輕易動搖，它堅持立場，絕不妥協。我們如果分析這些意見，會發現有些出自無意識的假設存在；也就是說，這些意見彷彿明顯是基於某種假設才存在。但事實上，這些意見根本沒有經過仔細考量；它們是早就被準備好的，無意識固執堅持，以致女性深信不疑。

〔332〕人們可能會認為阿尼姆斯與阿妮瑪一樣，都會將自身人格化成為一個獨特的人物形象。但就經驗來說，只有特殊狀況才如此，因為有另一個塑造它的形象的因素在我們意料之外，使得它基本上不是以一個男性的形象出現。阿尼姆斯不化身為單一的男性，而會是多位男性顯現。在威爾斯（H. G. Wells）的《克里斯蒂娜・阿爾伯塔之父》（*Christina Albert's Father*）一書中描寫到，這位女英雄不管有作為還是無作為，時時受到一個至高無上的道德威權監控，對她正在做的事以及出於何種動機，這個道德威權都會相當精確且苛薄地道出無情真相。威爾斯稱這種權威為「良心法庭」（Court of Conscience）。這群專門刁難人的法官大集合，好似組織了一個教訓人的高等學院，如同阿尼姆斯的人格化。阿尼姆斯其實很像一群父親，或者權貴的組合，做出無可爭辯、「理性」（rational）、絕對權威的裁判。我們仔細去檢視這些嚴格的批判，就會發現大部分的說辭與意見，或多或少都是無意識地從兒時經驗

東拼西湊，而將之壓縮成一種帶有一般真理、公平、合理的普遍法則，先入為主地將這些教條集結，特別是在當自己缺乏意識以及足夠的判斷能力時（而且還經常發生），可以立刻用上，形成一項意見。有時這些意見會以所謂普通常識的形式出現，有時則成了原則，有時如曲解了教育：「大家都這樣做的呀，」或「大家都說就這樣啊。」

〔333〕不消說，阿尼姆斯如同阿妮瑪一樣，時常被投射出來。特別適合被這樣投射的男性，要不就是那種如上帝本人再臨，無所不知；不然就是被誤以為是愛咬文嚼字的學究，浮誇地賣弄字彙，尋常芝麻綠豆丁點的事，都可被說成驚天地泣鬼神的歷史偉業。只說阿尼姆斯是保守的集體良心是不夠的；他也是個喜愛標新立異者，可以明目張膽地與自身高舉的正義大纛背道而馳，對生僻與不熟悉的詞彙特別沒有抵抗力，喜愛賣弄這些字眼，把令人厭煩的反省轉換成稱心愉快的雄辯。

〔334〕就像阿妮瑪，阿尼姆斯也是個善妒的情人。阿尼姆斯善於對男人品頭論足，然而其褒貶和那位被批評者真實狀況毫不相干，甚至批判的觀點還不曾經過檢討論證呢。阿尼姆斯的意見一貫朝集體性靠攏，眾口鑠金，壓倒個人以及個別判斷，與阿妮瑪將她的情緒預感及投射，置於男人與妻子之間的做法一模一樣。如果一位女性的外表出眾，那麼她的阿尼姆斯產生的意見，在男人眼裡會比較楚楚動人與無辜浪漫，讓他可以擺出猶如慈父與睿智學者般的姿態以對。但若女性並未擾動他的心靈春池，那便會激起她的好強，她表現出來的就不是我見猶憐與純真無知，於是她的阿尼姆斯意見會徹底將這個男人惹惱，主要因為所出現的這些意見都不針對問題，除了抬槓之外，就在表達「我有權力說話」。多數男人這

時會噴怒異常,因為鐵一般的事實就是,阿尼姆斯總在找阿妮瑪的麻煩——當然,反之亦然——於是再辯論下去,都只是火上加油而已。

〔335〕腦袋靈活女子的內在阿尼姆斯會激勵她爭強好辯,並且炫耀學問,然而,本質上這些盡在無關緊要問題上打轉,硬是無意義地小題大作。或者本來清楚的議題,卻盡唱反調故意作對,結果名為討論的場面,只落得瞎搞蠻纏。由於不知曉心理內情,這樣的女人一心只想激怒男人,結果更徹底地任由阿尼姆斯擺布。「真是不巧,我總是對的。」有位這類型的大姐曾經這樣對我說過。

〔336〕然而,所有這些令人或耳熟能詳、或者望之生厭的點點滴滴,都肇因於阿尼姆斯外傾的特性(extraversion)。在有意識維持關係的功能中,並沒有阿尼姆斯這個項目;阿尼姆斯的功能較傾向於促進與無意識間的關係。阿尼姆斯僅僅是替代了女性傳達對外在情境的意見,而那些情境應該是她自己得有意識地去應對的,阿尼姆斯的聯繫功能該是直接對內的,因此它在傳達的,其實也許是無意識的內容。與自己的阿尼姆斯建立溝通而達成協議的技巧,原則上跟與阿妮瑪溝通的方法一樣;只是在這,女性要學習如何批判,並克制她自身的意見;這並非壓抑它們,而是要去探究起源,深入背景,從而發現原始意象,正如男性與自己阿妮瑪溝通時會發現的意象一樣。阿尼姆斯自來便是如此,是女性自遠古以來對男人所有經驗的累積——不僅如此,他還具創造力與生產力,這並非指稱陽性的創造力,而是指他帶來某些可促進進步發展的東西,我們或可稱之為「道種」(λόγος $\sigma\pi\varepsilon\rho\mu\alpha\tau\iota\kappa$ὸ$\varsigma$),一個意為具生殖力的字。正如男性成就作品是由於出自內在女性天性而完成創造的;女性內在的陽性面帶來有創造力的種子,得以澆灌豐饒男性

的陰性面。這會是鼓舞人心的女性，但若教養錯誤，卻可能變成最可怕的教條主義者及高壓的教師——一隻平凡的「阿尼姆斯獵狗」（animus hound），就如我一位女性病人傳神地這麼說它。

〔337〕心靈被阿尼姆斯佔據的女人，會一直處在喪失扮演柔美人格面具的女性魅力的危險當中，正如男性在類似狀況下可能會變得陰柔一樣。這種心理性別的改變，完全是因為本應屬於內在的功能，已經被轉向朝外所致。會造成這種翻轉，顯然是未能充分認識與外在世界相對而具自主性的內在，它對我們適應它的能力與應對外在世界所需的是一樣的。

〔338〕阿尼姆斯的多元性與我們或可稱之為「單一人格」（uni-personality）的阿妮瑪的特質有所不同，在我看來，這一重大事實與意識態度脫不了關係。整體而言，女性的意識態度，遠比男性還要來得追求個人性。她的世界是由父母、兄弟姊妹、丈夫與孩子所組成的。除此之外的世界，有著的是其他形形色色的類似家庭，彼此之間如點頭之交，最主要的，她們所真正關心的重點是在自身家庭成員上面。男人的世界，關心的卻是民族、國家以及事業等等。家庭對他來說只是一個基本單位，是國家的基礎，而他的妻子不必然是他不可或缺的女人（無論如何，絕對跟女人講「我的男人」（my man）的意思大相徑庭）。對他而言，普遍比起個人有意義；他的世界是由眾多因素協調組成的，然而對她來說，丈夫之外的世界則猶如霧裡看花。因此，附著在男人內心的阿妮瑪充滿激情的排他性，而女人的阿尼姆斯則有著無窮的變化性。在男人眼前紛至沓來的，是身形妖嬈，有著女妖賽西（Circe）或女神卡呂普索（Calypso）一樣誘惑魅人的樣貌，然而，阿尼姆斯就好似一整群徬徨的荷蘭人（Flying Dutchmen），那就是在海上漂泊的流浪

漢，變化多端，從來沒有辦法被確切地掌握，一直處在激動振奮的狀態。這種人格化的形象是夢境所特有的，而在現實生活裡，他們很可能會是明星男高音、冠軍拳王，或在遠方不知名城市的偉人。

〔339〕這兩個從心靈黑處走出來的幽闇鬼影——還真像神智學誇張黑話所說的半人半怪「陰陽守門者」（guardians of the threshold）——形態千變萬化，不可勝數。它們的複雜多變等同於世間本身的斑斕多彩與詭奇幻化，就跟它們負責面對的是無意識世界，而主管朝向有意識世界的是人格面具一樣，兩者有著一般多的無窮變化形態。它們跨足佔領有意識與無意識交界的朦朧地界，我們也只能知道，阿妮瑪和阿尼姆斯這種自主性的情結本質上是一種心理功能，它奪取了，或者說是保留了一種「人格」，只因為這個功能本身是自主性的，且尚未發展的。但我們已經看出怎麼粉碎它們創造這些人格化形象的可能性，只要將其意識化，我們便可以把它們轉化成通往無意識的橋樑。正因我們並未有意識地將它們當作心理功能使用，它們因此保留了許多個人化的情結。只要它們仍處於這種狀態，就必須被接受為一種相對獨立的人格。在尚未知曉其內容為何的狀況下，它們不可能被整合進意識當中。自我辯證對話過程的目的便是要讓它們現形；只有完成這項任務，意識才能充分熟悉阿妮瑪所反映的無意識歷程，這時阿妮瑪才能被單純地當作一項心理功能。

〔340〕我並不期待每位讀者能夠立刻理解阿尼姆斯和阿妮瑪為何物。但希望大家至少知道，這與什麼「形而上的」（metaphysica）問題全然無關，它反而是一種經驗的事實，可以用理性和抽象的語言順利表達出來。我已經盡量避免使用過度抽象的術語，因為這類迄今我們經驗依然全無頭緒的問題，妄想貿然理智

分析以饗讀者是完全徒勞的。更重要的是給出在經驗上有實際可能性的一些概念。除非親歷，沒人能夠真正了解它們。因此，我更有興趣的地方是在於找到通往這些經驗的可能途徑，而非建構一堆理論，因為在缺乏經驗的狀況下，再多的理論不過是淪為空話罷了。不幸地，有太多人只會死背默記，將這些渣滓濁沫堆積進腦海裡，然後便放棄自我，視天氣心情而定，要嘛輕信，不然就是妄加批判。於此，我們關注的是一個新的問題，一個嶄新的──卻也古老的──心理學經驗領域。只有當有夠多的人理解這些相對應的心理事實，才可能建立出相對正確的理論。首要之務永遠是發掘事實，而非理論。理論建構為大多數人討論後的結果。

III. 區分意識自我和無意識人物的技術

〔341〕照理說,我應當給讀者舉例,詳細說明阿尼姆斯與阿妮瑪的具體活動現象。然而,基於所涉題材過於廣泛,且需要解釋的相關象徵太多等因素,以一篇短論的規格,我實在無法暢所欲言。幸好,我以前曾另有一書,[1] 介紹了一些具備與它們所有象徵性活動特徵相關之樣貌的現象,讀者可以酌參。然而該書並未提及阿尼姆斯,因為當時我對其功能尚無所悉。儘管如此,當我讓一位女性病患就自己的無意識內容進行聯想,她總會出現這類的幻想。那些幾乎總會現身的偉岸英雄人物便是阿尼姆斯,而這接踵不斷的幻想經驗場景,一一展現了心靈裡的自主性情結正在逐漸轉化和瓦解的歷程。

〔342〕分析無意識的目的便在於促成這種轉化。如果沒有出現轉化,意味著無意識的決定性影響力猶存,這樣一來,儘管個案已經接受了充分的分析,我們對他也有足夠的理解,某些個案的神經症症狀卻仍持續。要不就是強迫性移情取而代之,繼續折磨,與神經症無異。像這樣的個案,給予再多的善意建議也徒勞,純粹還原簡化的理解方式顯然無法消解無意識的控制力量。這——我再次明確說明這點——不是說心理治療方法基本無效。我只是要強調,有不少個案是醫師下定決心徹底處理無意識,問題才真正解決。這當然跟所謂的詮釋有很大不同。後者理所當然是得醫師先行了解了個案,才有能力詮釋。但要處理無意識的話,真正解決問題的關鍵

---

1 《轉化的象徵》。

便不在於詮釋:問題是在釋放無意識的運作歷程,而讓它們成為幻想進入意識,成為可理解的形式。如果願意,我們可以試著去詮釋這些幻想。對許多個案而言,讓他們對自己產生的幻想的寓意為何有些概念,可能相當重要。最重要的關鍵是,他必須完整地經驗到它們,才能就此理解到經驗的整體性,這才算真正了解了。不過,我不會將理解當做首要目標。醫師自然需要以自己的理解去協助病人,但醫師既不可能,也真的無法事事理解,因此必須小心,別急著貿然詮釋。因為重要的不是詮釋和理解病人的幻想,主要是要去經驗它們。阿爾佛雷德‧庫賓(Alfred Kubin)在他的書《在另一邊》(*Die andere Seite*)中,就對無意識有精彩的描寫;他描述身為藝術家的自己,是怎樣去經驗無意識的。就更深層的人類經驗的意義而言,一位藝術家的經驗當然是不完整的。我會建議對這方面問題有興趣的人細品該書。讀者就會發現我所說的不完整是指什麼:藝術經驗說的,與常人(human)所見大有不同。我所謂的「常人」所見的經驗,是指作者這個人不會只是被動地融入所見當中,而是會在具完整意識的狀態下,主動面對所見人物,甚至還與之互動。我對此與在本書中先前論及那位女作家的幻想所提出的評論標準是一致的;她也一樣,只是站在這些無意識所形成幻想的對立面,感受它們,最多也就無奈地忍受著。然而,想真正解決無意識的問題,需要有更堅定的反對意識。

〔343〕我用一個例子解釋我在說什麼。我有個病人的幻想如下:他看見未婚妻沿路往河邊跑去。冬天了,河道冰封。她跑至冰上,而他緊追不捨。她剛進河道,冰面隨即破裂,出現一道黑色裂隙,他擔心她將跳下。果然,她縱身一躍而下,他只能悲傷地看著她。

〔344〕雖然缺乏上下文脈絡，但殘篇斷語也足以讓我們明顯看出意識的態度：它感受到了，卻被動地忍耐著，幻想意象只是被看著與被感覺到，是個二維平面，因為病人沒有充分參與的緣故，好像它真不立體似的。所以幻想意象僅餘平面，或許它真切具體且令人不安，但卻不真實，如同夢境。之所以不真實，因為他沒有親身積極參與其中。如果這個幻想真的在現實中發生，他當不致於茫然無措，應會有阻止未婚妻自殺的作為。比方說，他可以追上去抱住她，阻止她往下跳。如果他在現實中的表現與幻境一致，顯然他痿軟癱瘓了，若非嚇傻，就是他的無意識真的不反對她自殺。他在幻想中採取被動，僅能反映出他對無意識的整體態度：他因其而迷惘，且手足無措。現實生活裡，他苦於各式各樣的憂鬱念頭與罪咎感；他覺得自己全身都不對勁，有一些不可治的天生疾病，腦袋也在退化等等。這些負向的感覺，許多都不受自我意識控制，是自動產生的想法，而他卻毫不懷疑地全然接受。理智上，他可以完全了解這些想法盡非真實，然而，感覺依舊。這些想法不能以理性辯駁，因為，它們並非基於知識，也就是不根據理性而來；它們根植於一種無意識的、非理性的幻想生活，完全不受制於意識。在這些狀況下，必須給無意識機會製造幻想，而上述個案的夢境片段，正是無意識幻想活動的產物。既然這個個案罹患的是心因性憂鬱症，憂鬱本身便是肇因於病人全然不知道幻想存在。真正的憂鬱症、精疲力盡、中毒等等，狀況就不一樣：病人是因為憂鬱而產生幻想。但心因性憂鬱，是因幻想產生憂鬱。我的病人是一位相當聰明的年輕男性，經過長期的分析，可以理智地明白自己為何得了神經症。不過，理智上的理解對他的憂鬱並沒有任何幫助。像這樣的個案，醫師大可不必白費力氣去深入因果關係；因為，當已窮盡精力想去

理解卻還無濟於事的話，再去找出其他芝麻綠豆大的小毛病，也不會有多大意義。無意識已經佔盡上風；它施展一種魔力，令意識的能力完全無法起作用——換言之，它能夠將意識裡的力比多抽離，因而製造出「憂鬱」（depression），如賈內（Janet）所謂的「精神狀態降低」（abaissement du niveau mental）。這麼一來，根據能量守恆定律，我們可以預期到能量——也就是力比多——會聚集在無意識當中。

〔345〕力比多除非以明確的形式出現，否則我們絕對無從領會；也就是說，它等同於幻想意象。我們只能透過召喚出相對應幻想意象的方式，將它從無意識的束縛裡釋放出來。如同這個個案，我們為什麼要讓無意識產生幻想，讓它浮現的原因。這便是適前提及的幻想片段是如何產生的。這是極其冗長與非常複雜的系列幻想意象中的部分篇章，它已經不存在意識當中，等同於意識世界消失的內容與能量。因此病人的意識世界開始變寒、空虛，且暗淡；但其無意識卻反而活躍起來，變得有力且豐富。無意識心靈天性自私，罔顧人性。凡事落入無意識便停滯其中，不管意識痛苦與否。縱使意識可能心寒飢渴，於此同時，無意識卻開始欣欣向榮且百花齊放。

〔346〕至少一開始是如此的。然而當我們再深入探究，會發現無意識之所以漠不關心是有意義的，其決心與目標明確。在意識可及的目的背後，有著更深遠的心靈目標存在；事實上，心靈與意識彼此的目標甚至可能相左。但只有當意識持虛假或矯飾的態度時，我們才會發現無意識顯現出無情的敵意。

〔347〕我病人有意識地片面顧及理智和理性，因此本性內在的陰性自我那一面起而反抗，而徹底顛覆了他整個有意識建立的價

值觀世界。但偏偏他又無法讓自己去除理智，轉而仰賴另一個心理功能，例如感覺。原因很簡單，因為他還沒有建立這種功能。它還處在無意識當中。所以我們別無選擇，只能將主導權交到無意識手中，並且讓它有機會以幻想的形式出現在意識裡頭。如果，以前我的病人緊守理智，以各種合於理性的理由來對抗他自己所謂的疾病，那麼，他現在必須反過來讓自己全然順服其下，現在當憂鬱來襲之際，他不該再強迫自己藉忙碌以忘憂的方式轉移問題，而是要接受自己的憂鬱，好好傾聽它的心聲。

〔348〕現在的狀況，與他完全無力抵禦典型神經症的憂鬱剛好相反。他不憂不懼，不屈不撓，而是跨越了一座大山，達到新境地，儘管情緒挑動，境界現前，自己還是堅持客觀，如如不動，將情緒客體化，反客為主，不再任由它予取予求。所以病人必須要試著讓情緒跟自己對話；他的情緒必須對他完全坦白，情緒是透過何種幻想的形式表達自身的。

〔349〕病人前述的夢境故事片段，情緒有點視覺化了。如果他未客觀地看待情緒，就不會出現幻想意象，出現的會是嚴重打擊身心的感受，眼見世界群魔亂舞，以至於自己窮途末路，行將就木。而現在，因為他給了自己情緒一個以意象自我表達的機會，至少成功轉化了一小部分的力比多，將無意識抽象但富有創造力的能量抽離無意識控制的領域，成功地讓它浮出意識。

〔350〕但就幻想的立場而言，病人這樣的努力還不夠，它想讓自己被完全經驗到，而不僅僅是病人被動地感受而已，還要他主動參與其中。如果病人在幻想中，能與在現實中一般地毫不遲疑的話，那麼他就算是滿足這樣的要求了。這樣一來，當他的未婚妻企圖跳水自溺時，他將不再木然旁觀；他會迅速趨前阻止。而且他在

幻想裡也會這麼做。若當他在幻想時所做與現實裡所為一致時，這代表他對幻想是嚴肅以待的，也就是他完全賦予無意識現實價值。如此一來，他便戰勝了片面的理性主義，且間接地，維護了無意識非理性觀點的合法性。

〔351〕那就是無意識想要病人擁有的完整經驗。但我們千萬不能輕忽它真的要說的是什麼：你整個世界充滿非現實幻想的威脅。哪怕只有一剎那，那瞬間全然為幻想所生，一個由想像虛構出來的全然不真實與恣意多變的幻相，卻會傷人以至於永生難忘。人當如何把這類事「當真」，且嚴肅以對呢？

〔352〕很難指望我們相信自己可以過著一種兩面的生活，一方面循規蹈矩，做個普通公民，另外卻又冒險犯難，英雄了得。換句話說，我們絕不能將幻想化為行動。而偏偏人類就很奇怪，會想像讓幻想成真，而人們之所以會厭惡幻想，甚至貶抑無意識，就是害怕自己內在的這種衝動。將幻想付諸行動，以及害怕這種衝動，都是自然原始的恐懼，但它們卻以最活躍的形式存在於所謂的已開化人類之間。在一般生活中，一個可能是老實鞋匠的人，在其信仰教派中卻可能化身為大天使（archangel）的代言人。而另一位不管怎麼看，不過就是個市井商賈，但在共濟會裡，他卻是神祕要角。再一個白天坐辦公室的平凡上班族；但一入夜，在他的交際圈，竟是轉世的凱撒大帝，生而為人，難免犯錯，然而一旦進入辦公室，卻又不容犯錯。凡此皆為不經意而將幻想具體化的結果。

〔353〕與此背道而馳的是，當今我們所堅信的科學對幻想卻興起了迷信般的恐懼。然而，起作用的就是真實。毋庸置疑地，無意識的幻想是有作用的。即使最優秀的哲學家，都可能因對陌生知識徹底無知，而產生恐懼而受害。我們所自滿的科學實在，絲毫無

法保護我們免於出自無意識所謂的非實在的威脅。在幻想意象的薄紗背後，是有東西在起作用的，無論我們何以名之。它是真實的，因此，它一旦現身，就必須被嚴肅看待。但首先要克服將幻想具體化的這種傾向；換言之，不能從表相去詮釋幻想。在我們真正經驗幻想的同時，幻想就不會被充分正確地理解。但是當我們理解它們的時候，就絕不能錯以表相，視幻想意象如其所是，將其當成背後運作的過程。表相不是其事物本身，只是表達的形式而已。

〔354〕所以我的病人並非以「另一面」（on another plane）去經歷未婚妻自殺場景（雖然怎麼看都像真的自殺一樣）；他不過是經歷了看來好像真實的自殺場景。這是兩種相對的「真實」，也就是意識世界和無意識世界所呈現的，彼此對立，實則不分軒輊。而無意識世界的真實性確實是非常相對的，這點大概無庸置疑；但若說意識世界的真實性也值得懷疑，可能就不是那麼容易讓人欣然接受了。然而兩種「真實」盡是心理經驗，皆為塗繪在高深莫測漆黑布幕上的心靈假相。理論上嚴格地說，不存在絕對的真實。

〔355〕我們根本無從得知所謂事物本質，或者絕對真實。不過，我們可以獲得種種不同的經驗感受：透過「外在」的感官，以及「內在」的幻想。我們必定不會斷言「綠」這種顏色獨立自存；同理，我們應該也不至於想像，幻想經驗是跟其他事物毫無關聯，而自己出現的，因此可以完全按它的表相理解。它是一種表達方式，代表未知卻真實存在的某種事物。我剛提到的幻想片段出現之際，病人恰好爆發了一波憂鬱和絕望感，而這個狀況以幻想的形式表達出現。病人確實有位未婚妻；對他而言，她代表著他與人世間的情感連結。連結若斷，他的人世關係亦斷。這是的絕望的局面。然而他的未婚妻也象徵他的阿妮瑪，也就是他與無意識的關係。因

此這個他不加攔阻的幻想同時也顯示,他的阿妮瑪正在消失,重新退回到無意識裡頭。這點再度立即顯示出他的情緒實際上比表現出來的更強烈。他的阿妮瑪撒手而歸,而他卻束手無策,冷眼旁觀。其實他明明可以迅速反應挽回阿妮瑪的。

〔356〕我會偏向後一個觀點,因為病人是個內傾型的人,生命關係為內在因素所支配。如果他屬外傾,那我的觀點就會偏向前者,因為外傾型者的生命主要被他與外界的人際關係連結主宰。外傾的人,情緒低落時,可能殺了未婚妻後自殺,反之,內傾的人,往往放棄自己與阿妮瑪的關係後,亦即斷絕與自己內在客體的關係,自殘居多。

〔357〕如此看來,我的病人清楚顯示出無意識的消極傾向,從意識世界如此地強力退行回到無意識中,將意識中的力比多能量帶走,任其荒蕪空虛。但,一但令幻想浮出意識後,我們可以終止這個無意識歷程。如果病人自己能夠積極參與上述過程,他就可以讓自己帶著力比多能量投注到幻想當中,從而增加了對無意識影響力。

〔358〕就我見過的眾多個案而言,持續地將無意識幻想實現,令其浮出意識,連同主動參與幻想活動,最初會因大量無意識的內容進入,產生拓展意識的效果;接著無意識的影響力會逐漸降低;最後出現人格的改變。

〔359〕人格的改變,自然不是去改造原本的遺傳特質,而是轉化普遍的態度。正如我們在神經症中所看見的永無止境的衝突,意識與無意識尖銳的分裂和對抗,幾乎都是因為意識態度的片面性所致,全然側重於一兩項心理功能,罔顧其他而將之拋諸腦後。有意識地實現及經驗幻想,將把無意識劣勢功能同化而整併進入意識

當中——這個過程自然會對意識態度有深遠的影響。

〔360〕此時姑且不談人格改變的本質,因為目前我要強調的是,確實有個重要的改變發生。我已經說過這樣的改變叫「超越功能」(transcendent function),這也就是分析無意識的主要目標。人類心靈所擁有的非凡改變潛力,以超越功能的方式表現,它是中世紀晚期煉金術哲學的研究對象,煉金術師用煉金術的象徵方式表達。西爾伯爾(Herbert Silberer)寫過《神祕主義的問題及其象徵》(*Problems of Mysticism and Its Symbolism*)一書,非常出色,當中已指出與煉金術相關的心理問題。盲從於現今主流觀點,將「煉金的」(alchymical)工作簡化成在一堆蒸餾器和熔爐間瞎忙,無異是犯了不可原諒的錯誤。實務的一面一定有;這意味著試驗化學時代的開端。但煉金術也有不可忽視的靈性面,其心理價值尚未被充分理解重視:「煉金術」哲學是現代心理學中暗中摸索的前輩。煉金術的祕密其實在於超越功能,透過攪拌與混合貴金屬與賤金屬、已分化的功能與劣勢功能,以及意識與無意識等,促成人格發生轉變。

〔361〕但正如現代化學一開始時也充滿天馬行空的奇思妙想,而遭輕視與誤解一般,因為當時的理智思維能力還很粗糙且未分化,煉金術哲學無可避免地會受限於看似膚淺的具體化表達方式,儘管令這個中世紀思想族群潛心執著於煉金術問題之中,事實上對深度的真理有著最敏銳直覺,卻未能進一步發展任何明確的心理學論述。只要歷經過同化無意識過程的人,都不否認這可以一針見血地徹底改變了他。

〔362〕如果讀者完全不同意這樣的論點,覺得這種微不足道的無用幻想,怎麼可能產生任何作用,對此我完全不會把過錯歸咎

於他。我完全同意,我先前所引用的故事,確實不足以令人信服超越功能以及它會產生不可思議的影響。但——在這裡我必須懇請讀者們諒解——舉例真的很難,因為可惜地每個例子都有個特點,那就是每個人產生印象與關注的重點各有不同。所以,我總是跟病人說,千萬別天真地以為,他們認為重要的,別人也能欣然同意。

〔363〕大多數人都無法設身處地,讓自己的想法被人了解。這真是門罕見的藝術,但說實話,這也沒真的可以讓我們多深入。就算我們自以為最親密的人,但追根究柢還是個陌生人。他是**不同的人**。我們最多能夠做到的,竭盡所能,也就是稍微觸及他的差異性,去尊重它,而不要愚蠢到試圖去詮釋那種差異。

〔364〕所以,我無法說出任何足以完全服人之理,事實上,也沒有人有辦法說服讀者相信那些最深刻經驗,只有親身體驗過的人才能被經驗本身說服。因為它與我們經驗雷同,所以我們就相信吧。最後,雖然其他一切都失敗了,最終成果卻無庸置疑:人格出現明確的改變。先把這些放在心上,我現在要向讀者介紹另一段幻想故事,這次是出自一位女性。我們看到與上一個例子不同的是:這段體驗是完整的,夢中的目擊者在其中扮演了主動的角色,因此歷程成為她自己的經驗。這個案例的素材相當廣泛,最後產生極大的人格轉變。故事的片段出現在個人發展的晚期階段,是構成漫長而持續性轉變整體當中所必須的一部分,其目標是到達人格的中點。

〔365〕讀者可能無法立即明白何謂「人格的中點」(midpoint of the personality)。因此我將用幾句話概述。如果我們畫出一幅意識的心靈圖,把意識自我(ego)放在中心點,代表相對於無意識,而如果我們在這幅心理圖中,把同化無意識的過程加入,

我們可以把這種同化想成是意識和無意識在彼此接近，此時人格的中心將不再是意識自我，而是位在於意識和無意識的中點。這就是新的平衡點，整體人格的新中心，一個實質上的中心，因為它就位於意識和無意識間的焦點，確保了一種人格堅實的新基礎。我得承認，把這種概念視覺化是不專業的腦袋想出來的、笨拙地想去把無從表達也難以說明的心理狀態講出來的一種嘗試。我用聖保羅（St. Paul）在新約聖經《加拉太書》裡的話，來說同樣的狀況：「現在活著的，不再是我，乃是基督在我裡面活著。」又或者我也可以引用老子，借用其「道」的概念，所謂中道以及道生萬物的說法。這些都代表了相同的意義。作為具科學良知的心理學家，我必須現在就說，這些無疑地都是具有力量的心靈要素；它們並非憑空想像而來的，而是有明確定律可循的心靈事件，而具合理的因果關係，正如數千年前一樣，於今同樣存在於遍布全球的不同人類和種族當中。構成這些歷程的本質為何，我沒有理論應對。人們首先應當知道的是，心靈本質的結構是什麼。我很樂意直接談論這些事實。

〔366〕現在來看這個案例：這是個具強烈視覺特質的幻想，有點像古人所說的「異象」（vision）。不過它並非「夢中異象」（vision seen in a dream），而是在清醒的狀況下，透過高度專注感知到的畫面。需要通過長期練習後 [2] 才能夠成功的技巧。根據她自己所說的，病人看到的場景如下：

我在登山，來到一處地方，看見面前有七塊紅色石頭，左右兩邊也有七塊，後面也是七塊。我站在這個方陣當中。這些石頭平坦

---

[2] 原編者註：這個技術在其他地方，稱之為「積極想像」（active imagination），參考「超越功能」，段 166 起，以及《神祕結合》（*Mysterium Coniunctionis*）段 706 與 749 起。

如台階。我試著抬起靠我最近的四塊石頭，結果發現是倒栽在土堆裡四尊神的柱腳。我把它們全都挖出來，放到周邊，因此我站到了它們中間。突然，它們一個靠向一個，直到頭互相碰在一起不動為止，看起來就好像形成一個帳棚，把我圍住。我則跌坐地上說道：「如果你們一定要如此，就落到我身上吧！我累了。」然後我看到圍繞著四尊神像的後方形成了一圈火焰。經過一段時間，我從地上爬起身，推倒神像。就在神像往後倒的地方，四棵大樹往上竄長。藍色火焰從火圈冒出，延燒到樹上，點燃樹葉。我看到這場面，於是說道：「不能繼續這樣。我應該自己跳進火裡，樹葉才不會燒掉。」於是我踏進火堆。樹消失了，燃燒的火圈向中間聚攏，形成巨大的藍色火團，將我帶離地面向上飛升。

〔367〕異象畫面就在這兒結束。很不幸地，我無法清楚總結出讓讀者明白這個異象該特別關注的意義。我所引述的段落，是擷取自一個連串故事的一部分，要掌握畫面的重要性，就必須解釋前因後果。無論如何，不執成見的讀者馬上就能看出當中透過類似攀爬的活動（諸如登山、奮鬥、掙扎等等）而有一個「中點」的概念。他也毫無不費勁地可以看到屬於煉金術領域的中世紀知名化圓為方的難題。它在這兒擺出一個個體化象徵的陣勢。整體的人格由四個基點，四位神，亦即在心靈空間中提供方向的四大功能，同時也由圍住整體的圓圈來表示。克服壓抑個體的四神威脅，象徵從認同四大功能中解放出來，一種四重的「解脫」（nirdvandva）（「脫離對立矛盾」〔free from opposites〕），然後接近圓，成為不可分的整體。反過來達到更進一步的昇華。

〔368〕我自己是非常同意這些詮釋的。只要認真去思考這件

事,任何人都能大概知道人格轉變是如何進行的。透過主動參與,病人讓自己融入無意識運作過程,讓它們支配她,她也從而可以控制它們。這麼一來,她可以結合意識與無意識。結果會浴火重生,在煉金的熾熱中轉化,於是「細微身」(subtle spirit)被創生。這是對立整合後發展出來的超越功能。

〔369〕到這裡,我得提醒讀者們常會出現的一種嚴重誤解,尤其醫師最常見。不知為何,他們總說除了自己的治療方法以外,不紀錄其他東西。絕對不該如此。我會紀錄**心理學**。所以我必須鄭重強調,我沒有為了改變病人的人格,而採用讓他們去做一些奇怪的幻想,或其他諸如此類旁門左道的治療方法。我只是要記下,某些個案會出現這樣的發展,並不是因為我強迫任何人去這樣做,而是出自內在的需求。對我的許多病人來說,這些是,且一定是無稽之談。確實,即使他們走上這條路,但稍有差池,後果也很嚴重,而我也會是第一個拉他們回頭的人。踏上超越功能之路,但憑個人命運。然而我們絕不能以為這等同於心靈退隱的生活,遺世而獨立。恰好相反,只有在俗世生活繼續完成個人設定好的目標,在這之中,超越功能才有可能被實踐,也才是有益的。幻想不能夠取代生存;幻想是心靈的果實,只對對生活心存敬意的人開花結果。遁世逃避的人,除病態的恐懼之外,其餘一無所感,也不會體悟出任何生命意義。找到自己回歸聖母教會之路的人也永遠不會知道超越功能之道。無疑地,教會懷抱的形式隱藏著偉大的奧祕,他可以依著這些形式感覺到自己的生命而過活。最後,常人也永遠不會有拓展知識境界的負擔,因為他永遠滿足垂手可得的蠅頭小利。因此請讀者理解,我寫的是確實會發生的事,而非提出治療的方式。

〔370〕這兩個幻想的例子,阿妮瑪及阿尼姆斯都出現了正向

的活動。只要病人主動參與幻想的活動，人格化的阿妮瑪或阿尼姆斯人物便會消失。它會轉變成溝通意識與無意識關係的心理功能。但當無意識——這些同樣的幻想——未被「實現」，它們就會產生負向的活動，以及出現人格化形象的現象，亦即具自主性的阿尼姆斯及阿妮瑪。開始出現精神異常，其形同著魔的嚴重程度依序可從一般情緒與「想法」，到形成精神疾病等。這些異常狀態皆源自於一個相同的事實，也就是某種未知的「東西」佔據了心靈的一小或一大部分，儘管在我們具有完整的洞察力，也非常理性並且用盡全力之餘，都沒有辦法消滅這未知、討厭、又有害的東西存在的事實。這種狀態下，被佔據的心靈發展出一種阿尼姆斯或阿妮瑪的心理運作方式。女子性的夢魘裡出現成群的男性惡魔；男子的妖魅則是吸血鬼。

〔371〕靈魂這種獨特別的概念，出現的形態取決於意識態度，要不就獨立自存，不然就是消融進心靈，以心理功能的狀態出現，正如大家所見，與基督教的靈魂概念毫不相干。

〔372〕第二種幻想的內容，是典型集體無意識所產生的例子。儘管形式全然主觀、個人，但本質無疑為集體的，是可以歸納到一般眾人所有的普遍意象與概念所構成的組合物，因此個人既屬眾人，也被吸收成為人類群體的一部分。如果這些內容依舊留在無意識當中，則個體會無意識地與其他個體混淆不清——換言之，他並未分化，沒有被個體化。

〔373〕說到這裡，有人可能要問：一個人為何那麼想要個體化？不僅渴望，甚至還義無反顧，因為一旦染上他人色彩，他會陷入一種身不由己的情境，出現違反自身意願的行動。在所有沾染無意識以及未分化的狀態裡頭，都會產生一種衝動，而做出違背本性

的行為。因此他既不能與本性合一,也無法自我負責。他感到自己陷入羞愧、失去自由的、不道德的窘境。天啊,感到自身的不和諧,恰恰就是神經症這種他想擺脫的難以忍受狀態,而只有在他感到可以依照真實的自我所要的去表現與作為的時候,他才能夠真正脫離苦海。人們對這些東西的感覺,起初是模糊與不確定的,但隨著心理發展與時間推移,感覺會越來越強烈與清晰。當一個人可以說出自己的心態與行為是,「當我如其是,我便如其行」,他便與自己本性如一,即使很難,即使天人交戰,他也可以對自己負責。我們必須知道,再難莫過於自心苦(尼采曾說:「當你尋找最沉重的負擔,卻找到了你自己。」)。雖然很難,仍有希望,只要我們能夠掙脫無意識的束縛。內傾的人在他自己內在找到這些無意識內容,外傾的人則發現,它們被投射到其他的人類客體身上。不論哪一種心理類型的人,會偽裝自我以及扭曲我們人際關係,令兩者都變得不真實,因而把盲目錯覺的原因,都歸咎於無意識。基於這些理由,個體化對某些人而言是必然的,不僅為了治療,還是一種崇高的理想,想要達成盡善盡美。我不該遺漏的是,這也是原始基督教的天國理想「就在你們心中」(is within you)。這種理想的概念追根究底便是正業起於正思維,想要拯救與改善這個世界,就得從個人自身做起。講得更徹底就是:坐而論道不如起而行之。

IV. 神力人格

〔374〕前一章節的目的在於找出控制具有自主情結的阿妮瑪的方法，且令其產生一種轉化意識與無意識關係的功能，我們的討論結果已經實現這個具體的目標了，接下來我會使用上一章節的結論，作為開始新的探討篇章的材料。隨著轉化功能產生，意識自我便有可能就此擺脫集體性以及集體無意識的糾纏。經歷這個過程，阿妮瑪喪失了帶有自主情結的魔力；她再也無法施展附身佔有的力量，因為力量已經被剝奪了。她不再是祕密寶藏的捍衛者；也不是那位半聖半野的聖杯魔界使者昆德麗（Kundry）；不再被稱為「霸道夫人」（Mistress）的靈魂，而是一種直覺的心理功能，相當接近原始人所說的「入林語鬼」，或者「與蛇對談」，又或是蒙昧時期神話說的：「鳥語傳密。」

〔375〕了解萊特・哈葛德（Rider Haggard）所說「至高無上的她」（She-who-must-be-obeyed）的讀者們，必定可以想起這種人格的神奇力量。「她」（She）就是神力人格（the mana-personality），擁有某種神祕和迷人的特質（mana，神力），且帶著不可思議的知識與力量的天賦。這些特質渾然天成，出自於樸素地投射了無意識對其自我認識的形象，用比較沒那麼詩意的話可以這樣說：「我知道我的內在有某些心靈因素令我悸動，它狡獪地閃避了我的意識。它可以把種種奇思異想灌注到我腦海當中，激發我不想要也不喜歡的感覺與情緒，導致我做出無法負責的驚人之舉，且以非常惱人的方式破壞我與他人的關係等等。對此，我無能為力，更糟的是，卻又一錯再錯，只能瞠目嘆息。」（詩人通常稱此

為「藝術氣質」〔artistic temperament〕，普羅大眾則可能以其他說法自我開脫。）

〔376〕而今失去神力的阿妮瑪變成什麼？顯然地，可以開始控制其阿妮瑪的男人，會得到她的神力，這和當一個人殺了具有神力的人之後，被害者的神力就可以被吸納進自己體內的原始信仰一樣。

〔377〕好的，那麼：整合了阿妮瑪的是誰？顯然是神智清楚的意識自我，因此意識自我掌握了神力。所以意識自我變成一個具有神力的人格。而神力人格是集體無意識的優勢支配者，是以英雄、首領、魔法師、醫者、聖人、統領人類與鬼魂的巫者、神的密友等眾所周知的能人原型形象出現。

〔378〕這種陽剛的集體形象人物自暗裡浮現，佔據有意識的人格，隱隱對心靈造成危險，因為意識的膨脹可能摧毀先前與阿妮瑪達成妥協所獲得的成果。在無意識階層結構中，阿妮瑪的地位最低，只是當中眾多人物形象的角色之一而已，所以，她所叢聚而成的主體性形象，會由另一個集體角色接掌她的神力，對此有所理解是很重要的。事實上，這就是魔法師的形象，我暫且如此稱之，他會將阿妮瑪神力吸引到自己身上，也就是阿妮瑪的自主性的共價（valency）。只有當我無意識地認同他的形象時，才能夠想像自己擁有阿妮瑪的神力。我若處於這些情況下，一定會這樣做。

〔379〕女性內在也有跟魔法師一樣危險的角色：一個地位崇高的母親家長，大母神，她大慈大悲、寬容大度，她無所不能、犧牲奉獻，且捨己為人，在她身上發現大愛，如同魔法師一般口出至理真言。大愛永遠不受感激，大智也不被理解。當然，兩者自是水火不容。

〔380〕我們知道為何造成衝突了,因為,無疑地,這是自我膨脹的問題。自我佔有了某種不屬於它的東西。但它是如何擁有神力的?若果真是意識自我征服了阿妮瑪,那麼神力也真的就歸它了,因此而說那個人變得重要也沒錯。但為什麼這種重大能力,也就是神力,並無法對他人起作用?那必然會是一個基本的判斷標準!它不起作用,是因為並不是這個人身上出現重大能力,僅僅是雜入一個原型、另一個無意識的人物形象而已。所以我們可以斬釘截鐵地說,意識自我根本沒有征服阿妮瑪,因此也沒有得到神力。所有的事只不過是夾雜了新原型罷了,這次帶有的是同性別的父親意象角色,甚且力量更強大。

沒有人可以掙脫控制萬物的力量
除非那人可戰勝支配自我的力量![1]

因此他變成超人,超越所有的力量,至少是位半神。「我與父原為一」——這種意義全然不明的強力宣告,正是在這樣一個心理狀態的瞬間出現。

〔381〕面對這樣的狀況,我們有限且渺小的意識自我,如果還有一點自知之明,只能選擇撤退,迅速放下一切虛矯的權力與地位。這本是一種顛倒妄想:意識並未掌握無意識,而阿妮瑪只是在和無意識妥協的狀況下,才放下其專橫權力。不過,這種和解並非意識戰勝無意識,而是達成兩種世界的力量平衡而已。

〔382〕因此「魔法師」(magician)之所以能夠佔據意識自

---

[1] 歌德,〈祕密:斷篇殘簡〉(Die Geheimnisse: Ein Fragment),第 191-192 行。

我,實為意識自我夢想戰勝阿妮瑪所致。那種夢想是侵略,每一次意識自我產生的侵略後,隨之而來就是無意識的入侵:

我將千變萬化
力之所至,摧枯拉朽。[2]

因此,如果意識自我不再好強求勝,魔法師就不會附體上身,自動消失。但神力將如何?連魔法師都不能再施法時,誰或什麼東西會成為神力?迄今為止,我們僅知意識與無意識皆無神力,因此只要意識自我不求彼力,自無附體上身,亦即是,無意識也失去它的權柄。如此一來,神力必然成為某種同時具有意識和無意識,或者兩者皆無的東西。這就是我們想要的人格「中點」(mid-point),這是種難以形容的狀態,正處於兩個對立面之間,或將兩者統一,或導致衝突,或產生十足的能量:從而生成一種新的人格,個體向前邁進一大步,到達下個階段。

〔383〕我並不期待截至目前為止,讀者們可以通盤理解這種對整個問題的快速探討。讀者可將它當成現在接著要更進一步推理分析的論述前言。

〔384〕接下來我們問題探討的起點,是從無意識內容是讓阿尼姆斯及阿妮瑪現象產生影響的主要因素,而一旦無意識內容被同化進意識時會出現的狀況開始。這最好用以下的方式來說:一開始,無意識的內容是屬於個人的,有點像我們上面提到的男病人的幻想。之後,不具人格性的(impersonal)的無意識開始產生幻

2　《浮士德》,由路易斯・麥可尼斯(Louis MacNeice)翻譯,頁282(第二部,第五幕)修改。

想，基本上包含了集體象徵，而這些或多或少類似於先前那位女病患的幻見。不要天真地以為這些幻想都是狂野奔放與浪漫不羈的；它們堅定依循無意識的指示，所有線路都指向同一個明確的目標。因此，我們或可將後一種系列幻想稱為「初始過程」（processes of initiation），因為它們的形式本質類同。所有不管以何種形式組成的原始族群和部落，通常都高度發展出他們自己的初始儀式，於其社會及宗教生活中[3]扮演相當重要的角色。透過這些儀式，男孩成為男人，女孩則變做女人。卡維朗度斯人（Kavirondos）會將不受割禮的人斥為「牲畜」（animals）。這表明初始儀式是一種魔法的手段，帶領人類從野獸轉化為人。這些儀式明顯為轉化的奧祕，具有最重大的靈性意義。參加初始儀式者往往要接受殘酷的考驗，於此同時也傳授他們部落的祕密，一方面是部落的階級及律法，另者則為宇宙和神話的規律信條。所有文化都留有初始儀式。在希臘，古代的厄留息斯（Eleusinian）祕儀被保留了下來，看來直到十七世紀都還存在。羅馬則祕教充斥。基督教為其一，即使現代的基督教，仍保留古老的洗禮、堅信禮和聖餐等初始儀式，當然或多或少有些逐漸消失和衰退。所以，沒有人可以否認初始儀式的重大歷史意義。

〔385〕現代人的初始儀式完全無法與古代相比擬（想想看古人見證厄留息斯祕儀的說法即知）。共濟會（Freemasonry）、法國的諾斯替教會（l'£glise gnostique de la France）、傳說中的玫瑰十字會（Rosicrucians）、神智學（theosophy）等等，都無法替代某些已在歷史中消失的重大儀式的內涵。整個初始儀式中出現的象徵運作

3　參考，威柏斯特（Webster），《原始祕密的社會》（*Primitive Secret Societies*, 1908）。

形式清晰且明確，事實上都是無意識的內容。有反對意見說道，這是過時的迷信，且全然不科學，然這就跟出現霍亂疫情，說它不過是極度不衛生所發生的傳染病，都是一樣地理性評論而已。然而重點不在於——我必須要非常強調——初始儀式的象徵是否為一種客觀的事實，重點是在於無意識的內容，是否與實際初始儀式有、或者沒有等同之處，且它們真的、或者沒有影響到人類心靈。這也不是一個它們是否令人滿意的問題。知道它們存在，而且在運作就夠了。

〔386〕由於不可能把一系列有時十分冗長的敘事意象，在這個過渡的連結段落裡鉅細靡遺地呈現，我相信適才數例應已足夠，其餘的，請看我符合邏輯，且目標明確的論述建構敘事。我必須承認，自己使用「有目的」（purposive）一詞時有些猶豫。使用這個字必須謹慎保守。因為在精神疾病個案裡，我們會聽到夢境系列敘事，但是神經症的幻想敘事，它們本身卻沒有明顯的目標或目的。我先前所講的那位年輕男子的自殺幻想，除非他能夠採取主動，並且有意識地介入，不然很有可能產生的就只是一連串漫無邊際的幻想而已。只有這樣，才能夠找到達成目的的方向。一方面來看，無意識是純粹自然的歷程，沒有經過設計，但從另個角度看，它卻潛藏方向性，這是所有能量運動歷程的特性。當意識能主動參與，且經過所有歷程中的每個階段，至少能直覺地去了解它，那麼下一個序列的樣貌就會從已經戰勝了的更高層次的地位開始再出發，目的性於是展開。

〔387〕所以，分析無意識的直接目標，是去達到一種無意識內容不再留在無意識裡頭的狀態，也不再間接地以阿尼姆斯和阿妮瑪的現象表達；也就是說，達到一種狀態，使得阿尼姆斯與阿妮瑪

成為與無意識溝通關係的功能。要不如此,那麼它們就是自主性情結,突破意識控制的擾亂因子,真的就會表現為「寧靜破壞者」(disturbers of the peace)。因為這是一個如此廣為周知的事實,而我使用「情結」(complex)以名之,意義便在於此,情結就是用在此處,而也已經成為日常用語了。一個人有越多的「情結」,他被附身著魔的程度越高;當我們試著描繪透過情結所表現出來的人格形象時,我們不得不承認,它就像個歇斯底里的女性——亦即阿妮瑪!但如果這樣一位男性可以將自己無意識的內容浮上意識,一開始會是個人無意識的,接下來則出現集體無意識幻想的內容,那麼他便可找出情結的根源,得以擺脫它的佔據附身。這樣,阿妮瑪的現象才會結束。

〔388〕不過,造成附身的優勢力量——因為我擺脫不了這東西,可見得從某種角度上來說,它比我高等——邏輯上來說,應該要跟阿妮瑪一同消失。所以說,一個人應該就此「擺脫情結」(complex-free),在心理上被訓練好了。意識自我銳不可擋,凡其所欲,不容異議。於是,意識自我地位穩若泰山,如同堅定不移的超人,或崇高卓絕的聖者。這兩個角色都是完美理想的意象:拿破崙為其一端,另者則是老子。兩人都具有「非凡的影響力」,這是萊曼(Lehmann)在他知名著作中用以定義神力的用詞[4]。所以我簡明地以神力人格稱之。它等同集體無意識的支配者,相當於亙古以來人類心靈同類經驗累積形塑而成的原型。原始人並未加以分析,也沒有思考為何別人比他更強大。他單純地認為,如果另一個人更聰明且強壯,為其附身,就有了神力;出於同樣的原因,也許因為

4　萊曼(Lehmann),《神力》(Mana, 1922)。

別人在他睡覺時行過,或踩到他的影子,他可能就會失去神力。

〔389〕歷史上,神力人格會演變形成英雄以及宛若神明的人[5],在人世間則以神職人員的形象出現。分析師感嘆最深之處在於,醫師仍然多麼地被等同為神力。只要意識自我明顯地取得屬於阿妮瑪的力量時,它就會變成神力人格。這樣的發展幾乎已成規律。我從來沒見過像這種已經有明顯進步發展的,卻不認同於神力人格原型的人,他們至少也會有暫時性的認同產生。這是人世間再自然不過的事了,不僅自己這樣期待,所有人亦做如是想。一個人看得比別人深遠時,幾乎都會忍不著欽佩自己,而有些其他人則期待在某處找到一個有血有肉的英雄,或者一位上師智者,一個導師兼父親,或是一個無可爭議的權威,他們迅速地修寺建廟,設壇焚香,供奉土偶木神。這些拜偶像者不是只因為自我缺乏判斷力而可悲愚蠢,而是一種自然的心理法則,告訴我們,往者未已,將來繼續。除非意識停止把原初意象幼稚地具象化,否則未來仍將如此。我不清楚,有意識地改變古來已久的法則的做法是否正確;我只知道意識有時會改變它們,而這對某些人來說是相當重要的──不過,卻無法避免同樣一批人把自己推上父親的地位,從而實現古老的法則。人,真的很難脫離原初意象的控制。

〔390〕事實上,我不相信可以逃脫。我們只能改變自己的態度,避免幼稚地受原型控制,被迫以犧牲自己人性為代價去扮演一個角色。一旦被原型佔據,一個人將會轉變成為平凡的集體角色,帶上一個面具,再也不能作為一個個體而繼續發展,越來越萎縮受限。所以,我們必須要小心陷入被神力人格支配而犧牲的危險。這

---

5 根據民間信仰,「篤信王」(the Most Christian King)透過其神力,將雙手放在病人身上,可以治癒癲癇。

種危險不僅在於讓一個人的自我變成一個父親面具,也在於當其他人戴上這面具時,自己可能被壓垮退卻。就這點而言,大師及其跟隨者的處境都一樣。

〔391〕阿妮瑪消散,代表我們已經具備洞察無意識的操縱能力,但並不代表已經使這些力量失效。它們隨時可以發動新的攻擊形式。只要意識出現瑕疵,它們便會毫不猶豫地奮起襲擊。這是個力量間對抗的問題。如果意識自我對無意識妄加施力,無意識將暗裡反擊,施展神力人格的優勢力量,望之儼然,令意識自我目炫神迷。面對無意識的力量,唯一能做的就是坦白自己的弱點。只要不與之對抗,便不會激起它回擊。

〔392〕我把無意識講得像一個真人似地,或許讀者聽來滑稽。我也不希望大家誤以為我把無意識當成某種人格化的東西。無意識是自然的歷程所組成的,不在人類性格之內。只有我們有意識的思考才是屬於「人類性格的」(personal),因此當我說到「激怒」(provoking)無意識,並不代表說它會覺得自己受到無禮對待,而——像古代諸神祇一樣——妒怒或復仇,起身反抗,屠戮冒犯者。我所說的,比較像是在心理上,有如飲食無度而導致消化不良一般。無意識如同胃腸一樣會自動反應,照這樣說,這些正是它的報復。當我自以為有能力戰勝無意識時,就如飲食不當,為了健康著想,並非合宜,理當避免。與無意識因為失序而對精神產生深遠的與致命的影響相較,我平凡白話的說法,著實太過溫和了。就此而言,用天譴神怒來形容或許更加恰當。

〔393〕在把意識自我與神力人格的原型區分開時,人們現在被迫將那些特屬於神力人格的內容轉為意識,正如面對阿妮瑪時的情況一樣。歷史上,神力人格總有個祕密名稱,或是藏著某些神秘

的知識，或擁有某種行事的特權——朱比特（Jupiter）能行的，牛未必可以（quod licet Jovi, non licet bovi）——一言以蔽之，它有屬於自己的特性。意識到其組成的內涵，意味著男人再次解脫父親的束縛，女人則是母親的，隨之而來的便是首度真正感受到自己的個體性。這部分過程與實際初始儀式的目標一致，包括參加洗禮，亦即，切斷與「肉體上的」（carnal）（或者動物界的）父母之間的關係，以全新的童稚身分重生，進入一種永生和靈性純真的狀態，正如某些古老的神祕宗教所說的那樣，比如說基督教。

〔394〕現在人們很可能把神力人格具體化，以超越現世的「天父」（Father in Heaven）取代之，賦予「絕對權威」（absoluteness）的特質——這是某種對許多人而言都會這麼做的事。這就相當於賦予無意識至高無上的尊榮，而且是絕對的（如果一個人的信念足以如此堅強的話），這麼一來所有的價值都將湧入無意識的一方。[6] 邏輯上來說，結果留下來的，就是些許的可憐的、低等的、無價值的、罪惡的人性。誠如我們所知，這種解決方案已經成為有歷史依據的世界觀。由於我所討論的只依照了心理學的基礎，沒有要把所謂終極真理強加到這世界上，因此必須對這個解決方案提出批判，如果將所有最高的價值都放到無意識這邊，將它轉為**至善**（summom bonum），將不幸地發現，必須同時也得要有同等的價

---

[6] 「絕對的」，意即「隔絕」、「超然」。我們說神是「絕對的」，等於將祂隔絕於所有與人類的關係之外。人類無法影響祂，祂也無法影響人。這樣的神一點用也沒有。所以公平地說，神之相對於人，正如人之相對於神。基督教中神的概念，是「天父」，就是用一種優美的形式描述神的相對性。除了天國之父的這個事實之外，人根本不認識神，正如螞蟻不知道大英博物館有何展覽品一樣；只不過由於害怕神可能成為「心理的」，人類才迫切地將神歸於「絕對的」。這樣做自然相當危險，因為從另外一方面說，一位「絕對的」神根本不關心我們。然而「心理的」神卻是**最真實的**，可能與人接觸。教堂似乎是可以防止人把神當作心理的神的最佳工具，所以聖經會這麼寫：「落在永生神的手裡，真是可怕的！」

值與面向的邪惡產生，我的**至善**才得以有心理上的平衡。不過，無論如何，我卻羞於認同邪惡，一來過於放肆，也會產生與自己奉行的最高價值無法忍受的衝突。如果會出現如此的道德缺陷，我更不可能承受這樣的衝突。

〔395〕基於心理學的理由，我認為不該以神力人格建構神的形象。換言之，神力人格不需要被具體化，只有這樣，才能避免將自己有價值的和無價值的部分投射成神與魔，也唯有如此，我才能夠保有我的人性尊嚴和獨特地位，如果不想因不能抵抗而屈從於無意識，成為其任意擺弄的棋子，我確實得對自己的特殊重要性嚴肅以待。一個人面對當前世界時，如果自以為可以主宰世界，那他一定瘋了。於此，我們很自然地遵循逆來順受的原則，不抵抗那個優勢力量，直到忍耐達極限，一旦超過，狗急跳牆，再溫順的善良百姓，也會奮而掀起腥風血雨的革命。可取的例子如在法律與秩序前低頭，就是我們面對集體無意識的普遍態度（「當歸給凱撒……」〔Render unto Caesar...〕）。到此為止，要我們認輸並不困難。但世上仍有其他為良知絕不容許之事──我們卻低頭了。為什麼？因為現實上這樣做，會比反其道而行更有利。一樣地，面對無意識中的要素，我們也該有老於世故的智慧以對（「不要與惡人作對」、「要藉著那不義的錢財結交朋友」、「因為今世之子，在世事之上，較比光明之子更加聰明」因此：「所以你們要靈巧像蛇，馴良像鴿子」）。

〔396〕神力人格，一方面是極高的智慧的化身，另一方面則是無上的意志的代表。當意識到潛藏神力人格之下的內涵時，就會發現自己必須面對一個現實，那就是，我們已經比其他人學得更多，且想要的也更多。正如所知，那種與眾神之間令人不安的親

近關係,讓輸不起的安傑勒斯·西里西亞(Angelus Silesius)深受刺激,於是他脫離原本積極的新教立場,離開路德會這個岌岌可危的中途之家,回到黑暗母親最深的懷抱——不幸的是,如此激進之舉,卻有損他情感豐富詩歌的創作稟賦,以及造成精神上的傷害。

〔397〕而,基督,及其之後的保羅,都與同樣的問題奮戰過,有許多故事足以為證。大師艾克哈(Meister Eckhart)、歌德的《浮士德》、尼采的《查拉圖斯特拉如是說》,一再以此問題步步進逼。歌德和尼采企圖用擁有掌控權的概念來解決這個問題。前者是以意志堅定魔法師的角色與魔鬼訂立契約,後者則是用到既不識神也不知惡魔的超人與至聖。依尼采之見,人是孤獨的,正如他自己一樣,罹患神經症、經濟依賴、不信神,人世一片荒蕪。這對那些有家累、須納稅的市井小民而言,一點也不現實。沒有什麼能讓我們否定現實世界的存在,沒有了生脫死的靈丹妙藥。同樣地,也沒有什麼能夠否認無意識影響的真實性。有神經症的哲學家可能向我們證明他沒有神經症?他甚至連對自己證明都不行。因此我們知道,靈魂同時受到來自內在與外在的強大壓力,我們多少必須公平對待。我們只能量力而為。當想的不是「應該」(ought)做什麼,而是**能**做什麼與要做什麼。

〔398〕透過有意識地同化其內容而消解掉的神力人格,成為某種真實的、活潑的東西,自然而然地會回歸到我們本身,定錨在兩個世界圖像的交界處,以及它們可正可負的暗黑潛在力量過渡間。這個「某種東西」,似遠又近,它全然屬於我們,卻又不可知,是個神祕構造的實際中心,擁有一切權力——和野獸與眾神、和水晶以及與繁星同源——雖不容置疑,卻也不至於令人反感。這個「某種東西」宣稱萬事萬物皆為它所有,我們不能反抗,也無從

反駁,所以聽從順服才是明智之舉。

〔399〕我稱此中心為「自性」(the self),理智上來說,自性不過是個心理上的概念,一種用以表達無從掌握的未知本質所建構的概念,因為就定義而言,它超越了能夠理解的範圍。或可稱之為「我們內在的神」(God within us)。我們整體心靈生活似乎皆發源於此,至上與終極的目的看來就是指向它。當我們試圖定義超出理解範圍的事物時,永遠無法避免矛盾。

〔400〕希望興致盎然的讀者已經足夠清楚自性和意識自我之間的關係,如同太陽與地球的互動一樣。它們的概念不可互換。也不意味著一個神格化的人,或否定上帝。不管怎麼說,超出理解範圍的,我們自然永遠無法企及。所以,使用上帝的概念時,不過是在表述一個明確的心理事實而已,亦即,某些獨立自主的心靈內容透過它們的力量打擊我們的意志、迷惑我們的意識、影響我們的情緒和行為等,以表現它們自身。我們可能一遇到莫名的情緒、神經症、無法控制的惡習等,便被激怒,所以說,那等同上帝顯現。然而如果將這些東西,甚或邪惡的事物,人為地將強迫它們脫離具自主性的心靈總體內容,將是宗教經驗難以彌補的損失。人們以一種「只不過是」的解釋去處理這些事,無非是婉轉地表達一種防衛。[7] 這麼一來,它們不過就是被潛抑,結果只有一個好處,幻想轉變出新的扭曲形式。人格並未因此而豐富,反而還貧乏且停滯。以當代經驗和知識看似邪惡的,或至少像無意義與無價值的事物,在更高級的經驗和知識中,卻可能是最佳來源——端賴一個人如何利用內在的七宗罪。把它們都當毫無意義,無疑是剝奪人格應有的

---

7 為了逆轉壞事的厄運,所以故意給它一個好聽的名字。

陰影，反而令其失去本來形式。生命的形式需要濃厚的陰影，以顯示出它的可塑性。沒有陰影，它就只是平面的幻影，一個多少算教養良好的孩子罷了。

〔401〕現在我這裡點到的問題，重要性不是以下寥寥數字便能道盡的：人類心理的發展基本上仍處於童稚階段——一個無法跳過省略的階段。絕大多數的人仍需要權威、領導和律法。我們不能忽視這個事實。能像使徒保羅那樣超越律法，只有知道如何將自己的靈魂安於良心之上的人才辦得到。幾乎沒人辦得到（「因為被召的人多，選上的人少」）。那少數走上這條路的，單純只為回應內在需求，因為他們心痛如刀割，苦不待言。

〔402〕如果將上帝當作具有自主性的心靈內容物，這種神的概念就會使上帝面臨道德問題——而我們必須承認，這令人非常不舒服。但如果這個問題不存在，上帝也就不是真的，因為他無從與我們生活接觸。那麼他要不是歷史上的與思想上的怪物，就是在哲學上無病呻吟。

〔403〕如果我們先不考慮「神性」（divinity）這個概念，只談「自主內容物」（autonomous contents），確實能在理性上與經驗上都保證正確，但這樣無異於叫一個在心理上不該遺漏的聲音閉嘴。我們可以使用神的存在這樣的概念，適當地表達出自己體驗到的這些自主性內容物運作的特殊方式。或許也可以用「代蒙的」（daemonic）這個字，但並不是又使出什麼高招，可以用來具體化完全符合我們希望與想法的上帝。妄想以理智建構的花招讓期待的神下凡成真，實則無濟於事，也無法迎合我們對世界的期待。所以，通過將「神聖的」（divine）這樣的特質加入自主內容物運作歷程的方式，等於承認它們相對優勢力量的實存。就是這種優勢力

量，不斷迫使人們去思考不可思議的事物，甚至極度折磨，只為讓這些運作歷程得到應有的尊重。這種力量就跟人們面對飢餓和與死亡的恐懼一樣真實。

〔404〕自性可被具體描述為一種內在和外在間衝突的補償。這樣的說法還算可行，因為自性多少有種大勢底定、目的達成，某種逐漸實現並且歷盡艱苦的特質的感覺。因此自性也是生命的目標，這就是顧及決定命運方方面面的因素結合在一起，所出現而稱之以個體性的樣貌的最完整表達，不僅要個人生命花朵全然綻放，也顧及群體花園百花競豔，每個人都能為整體添光增彩。

〔405〕我們感受到自性是某種非理性、難以說明的存在，而意識自我既非與自性對立，亦不隸屬於它，而只不過是得依附其上，意識自我圍繞著自性旋轉，如同地球繞太陽運行一般——我們依此達成個體化的目標。我使用這個字「感受」（sensing），是為了表現出意識自我與自性的關係具有統覺的（apperceptive）的特質。我們無可得知它們之間的關係，因為我們對自性的內容一無所知。而意識自我是我們唯一知曉的自性內容物。已然個體化的意識自我可以感受到自身依存著一個未知且不尋常的主體而存在。在我看來，我們的心理學探索必然止步於此，因為有個自我存在的概念便基於一個超越性的假設，儘管在心理學有道理，卻沒有辦法得到科學的證明。我要尋求描繪心理學發展可能前景，絕對有必要邁出跨越科學這一步，因為少了這個假設，我就無法對經驗上所發生的心理歷程做出合理的論述。所以最起碼，自性的假說有類似於原子結構理論的價值。而儘管如此，我們可能再度陷入一種意象當中，它必然是極度活潑的，超過我的詮釋能力。我絲毫不懷疑它是個意象，我們一定被涵括其中。

〔406〕我十分清楚,這篇論文無法讓讀者以一般理解的方式貫通。雖然我已經盡全力疏理脈絡,但卻無法避免一個極大的困難,也就是大多數人都沒有經歷過我所討論問題基本假設的狀況,也因此會很陌生。所以,我不期待讀者們能聽懂所有的推論。雖然每位作者都希望被大眾理解,但對我而言,詮釋我的觀察並不重要,重要的是打開一個寬闊的、迄今仍甚少人涉足的經驗領域,本書最大的目標在於讓更多人對這個領域產生興趣。這塊領域迄今仍處黑暗,我認為,探討意識的心理學一直以來沒有頭緒的謎團,答案也許就在裡頭。我不認為自己已經找到問題的終極理論。我只視這篇論文為找出一個可能答案的初步嘗試。

附錄

【第一部分】心理學的新途徑 [1]

---

1 原編者註：最初是以〈心理學的新途徑〉（Neue Bahnen der Psychologie）為題發表在《Raschers 瑞士各類藝術年鑑》（*Raschers Jahrbuch für Schweizer Art und Kunst*）上（蘇黎世，1912）；之後英譯為〈心理學的新途徑〉（New Paths in Psychology），收錄進《分析心理論文集》（*Collected Papers on Analytical Psychology*）（初版，倫敦，1916）。隨後經過校訂與擴充（內容增加逾三倍之多），再以《無意識過程運作的心理學》（*Die Psychologie der unbewussten Prozesse*）（蘇黎世，1917）為題出版；英譯為〈無意識過程運作的心理學〉（The Psychology of the Unconscious Processes），收錄於《分析心理論文集》（*Collected Papers on Analytical Psychology*）（第二版，倫敦，1917；紐約，1920）。這份論文，在進一步修訂與擴充後（參閱書前序言，頁3-7），最後以《論無意識心理學》（*Ueber die Psychologie des Unbewussten*）（蘇黎世，1943）面世，英譯成現在這裡的第一部分。

在重新改寫〈心理學的新途徑〉成為《無意識過程運作的心理學》時，作者刪除或者修改若干段落，英譯版〈心理學的新途徑〉也以同樣方式處理這些段落，如同當前這一部分的首版所呈現的那樣。在此必要一提的是，所謂「同樣方式處理」，並不包括段440、段441以及少部分其他簡短的段落，在1917年版英譯《分析心理學論文集》（*Collected Papers on Analytical Psychology*）裡的〈無意識過程運作心理學〉開宗明義的章節裡，它們沒有被刪除。《榮格全集》（*Collected Works*）第七卷的修訂版裡，被刪節的段落已經被重新放回去，且以方括號（【】）標註（編按：指本中譯本）。在德文版《榮格全集》（*Gesammelte Werke*）（蘇黎世，1964）第七卷中，這些地方被以類似的，但卻不盡完全相同的形式處理。

〔407〕如同所有的科學一樣，心理學也曾歷經保守傳統的階段，至今仍有些墨守成規的遺緒。要對抗這種哲學式的心理學，就得反對由權威（*ex cathegra*）來認定心靈內涵為何，以及其今生來世的特質必然如何等。現代科學研究的精神已經大部分摒棄了這些幻想，代以嚴格的經驗方法。由此產生了今日的實驗心理學，或法國人所說的「心理生理學」（psychophysiology）。對身心皆感興趣的費希納（Fechner）是這項運動風潮之父，他在其《心理物理學綱要》（*Elemente der Psychophysik*）中大膽地將物理觀點引進心靈現象的概念之中。這個想法【，以及書中錯誤的亮點，】是股滋養的力量。與費希納同時期較年輕的人，或可說將他作品更加完善的馮特（Wundt），他極博學、勤奮並且具天分，設計出許多新的實驗研究方法，在現代心理學中引領風騷。

〔408〕直到最近，實驗心理學還是純理論性的。最早把為數眾多實驗方法中的一部分實際應用於臨床心理學的重要嘗試，是來自於之前海德堡（Heidelberg）學派的精神科醫師（克瑞貝林〔Kraepelin〕、亞夏芬堡〔Aschaffenburg〕以及其他人）；因為，很容易想像到的，精神科醫師是最先感到了解心理歷程精確知識壓力的人。再來才是教學法，在心理學上創造自身的需要。從而最近產生了「實驗教學法」（experimental pedagogy），德國的謬門（Meumann）及法國的比奈（Binet）都對這個領域裡有傑出的貢獻。

〔409〕醫師如果想幫助病人，尤其是「神經性疾病的專科醫師」（specialist for nervous diseases），就必須具備心理學知識；因為所有被以「神經緊張」（nervousness）、歇斯底里等疾病名詞涵括指稱的神經性疾病，都源自於心靈因素，因此就邏輯上而言，需

要施以心理治療。冷水、照光、新鮮空氣、電流等諸如此類的療法頂多只是短暫見效，有時候甚至一點用都沒有。通常它們評價都很糟，故意藉暗示進行工作。患者的病灶在心裡，是心智上專司最高以及最複雜的心理功能出問題，這很難被界定屬於哪個醫學領域。在這種情況下，醫師同時也得是個心理學家，也就是他必須擁有了解人類心靈的知識。醫師不能逃避這樣的要求，所以只好求諸於心理學，因為他的精神科教科書並沒有提供這些知識。不過在臨床上，今日的實驗心理學甚至還未能給出任何最重要的心靈運作歷程為何的明確洞見。因為這不是它的目標：它試圖將心理學中最簡單、最基本的部分分析出來，單獨地進行研究。它對個體心靈生命的變化萬千懷有敵意，因此，它的發現及例證多為缺乏有組織性整合的枝末小節。所以，任何想了解人類心靈的人，從實驗心理學幾乎是學不到東西的。我建議他最好【放棄精確的科學】，褪去學者長袍，告別自己書齋，以人性的眼光來審視這個世界。在恐怖的監獄、瘋人療養院和醫院裡，在無聊的鄉間酒館、妓院及賭場中，在優雅的沙龍，在股票交易所，在社會主義者的聚會，在復興團契聚會與神入教派的教會，透過愛與恨，透過自身裡所有形式的激情體驗，他所得到的知識會比一本厚厚教科書所能提供的要多得多，這樣才會知道如何用人類靈魂的真實知識治療病人。如果不再過度地重視那些所謂實驗心理學的基礎，那麼他或許可以被原諒。因為在所謂科學的心理學，與實際生活所需的心理學之間，實在有著巨大鴻溝。

〔410〕新心理學起於這道鴻溝裂痕，佛洛伊德在維也納開啟先河，他是個出色的醫師，精於功能性神經失調。他所開創的心理學可稱為「分析的心理學」（analytical psychology）。為了

表明佛洛伊德學派心理學關注的是深度心靈或者內在，那些作為無意識的特質，布洛伊勒（Bleuler）建議以「深度心理學（depth psychology）」名之[2]。佛洛伊德則只對用自己命名的「精神分析」（psychoanalysis）稱呼他的研究方法感到滿意。就是因為這個名稱，這場運動逐漸為人所知。

〔411〕在更深入介紹主題之前，應該先說明一些關於它與我們迄今所知科學的關係。我們在此看到一個詭異的景象，足以再次印證阿納托爾・法朗士（Anatole France）所強調的「學者皆無好奇之心」（Les savants nesont pas curieux）。開啟這研究領域的首部重要著作[3]，儘管它提出了全新的神經症概念，卻幾乎沒有得到迴響。少數作者或許提及此一新觀念時十分激賞，但是走筆至下頁，卻仍執著於以舊理論討論他們的歇斯底里個案。他們正如已經在頌揚地球是個球體的觀念或事實的人，卻沒事般地繼續說它是平的一樣。佛洛伊德接下來的幾本著作[4]仍被完全漠視，雖然當中所提出的觀點對精神醫學重大無比。1899 年時，佛洛伊德寫下第一本真正的夢境心理學研究之作[5]（在那之前，夢的世界都被認為如地獄般的黑暗），人們於是開始訕笑，而當他竟然在 1900 年代中期開始揭示性驅力的心理學時[6]，【於此同時，蘇黎世學派決定站在佛洛伊德這邊，】訕笑轉成侮辱。有時是相當下流的，惡形惡狀一直持續到最近為止。【即使像佛司特（Förster）這種門外漢也加入詆毀的行列（我希望他粗鄙無禮是出於對事實的無知）。在上次日

2　〈佛洛伊德的精神分析〉（Die Psychoanalysc Freuds, 1910）。
3　布魯爾與佛洛伊德，《歇斯底里的研究》（*Studies on Hysteria*），1895 初版。
4　《早期精神分析作品》（*Early Psycho-Analytic Publications*），1906 初版，標準版，第三卷。
5　《夢的解析》（*The Interpretation of Dreams*），1900 初版。
6　〈性學三論〉（Three Essays on the Theory of Sexuality，1905 初版。

耳曼西南精神醫學會（South-West German Congress of Alienists），新心理學的支持者聽到來自於弗萊堡（Freiburg im Breisgau）大學精神醫學教授霍克（Hoche）的演說，顯得興高采烈，他們形容這場活動的掌聲與喝采不絕，成為一群醫師間的瘋狂流行病。有句古話說：「醫生不會去挖醫生的眼睛」（Medicus medicum non decimat），在此剛好足以反諷。】這項成果能被多認真以對，從一位巴黎最負盛名的神經科醫師的輕挑發言，就看得出來，我自己親耳聽到，他在 1907 年一場國際會議中說：「我沒有讀過佛洛伊德的作品（他不懂德文），但他的理論，不過是微不足道的笑話罷了（mauvaise plaisanterie）。」【佛洛伊德，這位德高望重的大師，有次對我說：「當人們起而詆毀，罵聲四起，我開始明白自己發現到的是什麼，那時起我學到從引起的抗拒程度判斷自己研究工作的價值。引發最激烈反對的就是性的理論，所以看來最佳成果就在這裡頭。也許到頭來人類真正受益來自於其虛仁假義的教導，為了反對偽善，將驅使人類不管願意與否都要去追求真理。你們那種所謂真理傳播者是個壞傢伙，他會讓人誤入歧途。」】

〔412〕【讀者現在必須冷靜地接受這樣的概念，這種心理學處理的是相當特殊的東西，要不是真的有些全然非理性的、偏執的或難以理解的智慧；還有什麼會一開始就引起科學權威全面地訕笑與輕視？】

〔413〕因此我們得更仔細研究這個新的心理學。早在夏可的年代，就已經知道神經症症狀為「心因性的」，意即源自於心靈的。主要得感謝南西學派的研究成果，我們也才知道所有的歇斯底里症狀可透過暗示而被創造出來。但我們不知道歇斯底里如何從心靈產生；心理的因果要素全然未知。1880 年代早期，維也納

的資深執業內科醫師布魯爾的一項發現成為此新心理學的真正起點。當時他有位年輕、極聰明，卻苦於歇斯底里症的女性病患，她出現如下的狀況：右手臂痙攣性（僵直性〔rigid〕）麻痺，且間歇性地失神，或陷入意識朦朧狀態；她也失去特定語言能力，無法使用母語，充其量只能用英語表達（系統性失語症〔systematic aphasia〕）。儘管當時病患控制手臂功能的大腦皮質中心受損輕微，與常人無異【，這可說搧了某人一記耳光】，醫師當時，到現在還是，卻仍試圖以解剖學的理論來解釋這些症狀。但在症狀學上，解剖學理論完全無法解釋歇斯底里。這位，已經因歇斯底里症而完全失去聽力的女士，經常唱歌。有回，她正在唱歌，沒注意到醫師坐在一旁，正以鋼琴樂音輕輕相伴。在樂章的某一小節到下一小節間，他突然變調，病人並未意識到，竟隨著已改變的曲調繼續哼唱。可見她聽到了──她只是不聽。各種形式的系統性失明症也有類似的現象：有位罹患歇斯底里全盲的男士在治療過程中恢復視力，但只在治療一開始時部分視力恢復，並如此持續了很長的一段時間。他能看到所有的東西，除了人的頭之外。他看到周遭的人們全都沒有頭。因此他可以看──只是不看。從大量類似的經驗中，我們可以做出結論，是病人有意識的心理不見與不聽，除此之外的感官功能仍正常運作。這種狀況與器質性疾病的本質有直接的矛盾，因為器質性問題總會以某種方式影響功能。

〔414〕補充說明後，我們再回到布魯爾的個案。因為找不到失能的器質性原因，所以必須被歸因為歇斯底里的，也就是心因性的。布魯爾觀察到，若病人意識處於朦朧狀態（不論是自發的或者是被誘發的），他要病人說出腦海裡出現的回憶與幻想，幾小時後她的狀況便可緩解。他將這項發現系統性地應用於進一步的治療

上。這個病人恰如其分地叫它「談話治療」，或以「掃煙囪」戲稱之。

〔415〕這位病患在照顧罹患絕症的父親時開始生病的。自然地，她道出的幻想主要與那段憂心忡忡的日子有關。在她意識處於朦朧狀態時，這段時期的回憶像一張張照片般清晰地浮出意識；它們栩栩如生若此，鉅細靡遺，我們很難相信清醒時的記憶能夠如此具體成形且精準重現（「過度記憶」〔hypermnesia〕指記憶力增強，在意識受限時常見）。現在值得注意的事出現了。這許多的故事中，其中一則大約如下：

某夜，她一直看顧著高燒的病父，一位從維也納來的外科醫師將為他動手術，所以她極度焦慮緊張。她母親離開房間一會兒，我們的個案，安娜（Anna），坐在病床旁，右臂垂掛椅背。她似乎陷入某種白日夢中，夢中有條黑蛇出現，很顯然是穿牆而來的，遊向生病的男人，似乎要咬他（很可能屋子後方的草坪真的出現過蛇，女孩曾被驚嚇過，現在成為幻覺的素材）。她想把蛇趕走，卻動彈不得；她懸在椅背的右手，已經「睡著了」：它變得麻木且陷入輕癱，而當她看著它時，手指頭竟變成一隻隻帶著死神頭顱的小毒蛇【在手指甲上】。或許她盡力用麻痺的右手去驅趕這些蛇，使得麻木和輕癱狀態與蛇的幻覺連結到一起。蛇消失後，她仍止不住害怕，想要禱告；但卻無法言語，甚至連一個字也講不出口，最後直到想起一首英國搖籃曲，才得以繼續用英語思考與祈禱。

〔416〕麻痺及言語困難就是源於這樣的事件場景，透過敘說那段場景，症狀本身被消除了。如此一來，個案最終被治癒。

〔417〕我自己十分喜歡這個案例。在我曾提到布魯爾及佛洛伊德所撰寫的那本書中，有許多類似的個案。我們很容易理解，

這類場景令人印象深刻,人們因此傾向把發生症狀的原因歸咎於它們。當時所流行的歇斯底里的觀點,是從英國的「精神打擊」(nervous shock)理論所衍生出來的,為夏可所大力倡導,非常能夠解釋布魯爾的發現。所謂的創傷理論由此興起,認為歇斯底里的症狀,且就構成疾病的症狀來說,歇斯底里通常是因心靈受傷或創傷而起的,會在無意識裡留下烙印長期存在。佛洛伊德於是立即與布魯爾合作,才得以充分地確證他的發現。結果證明數以百計的歇斯底里症狀沒有一個是偶然發生的——它們總是肇因於心理事件。至此,新的概念為經驗性研究工作打開了更廣泛的視野。但佛洛伊德的好奇心無法一直停在這個膚淺的層次,因為接著更深層且更困難的問題立刻浮現。顯然地,像布魯爾的病人經歷過許多極度焦慮的關頭,可能就此留下長久影響。但既然它們已然清晰地烙下疾病的印記,她到底是如何經歷那些重大時刻的?難道是照護時付出過度心力而產生的?果真如此,這類例子應該層出不窮,因為很不幸地,有太多令護士過勞的病人了,護士總處於神經緊繃狀態。針對這個問題,醫學提出了最佳的回答:「未知的 x 值就是體質」。一個人如此不就「體質不佳」而已。但對佛洛伊德而言,問題會是:這種不良體質是什麼組成的。邏輯上這個問題必須去檢視之前的心靈創傷史。相同的刺激場景,對不同的人常有不同的效應,同樣一個刺激場景,對每個人的影響卻不同,或者對有些東西的反應也不同,某人可接受的,但其他人卻會產生極大的驚恐——如看見青蛙、蛇、老鼠,以及貓等等。不少女性可面不改色地協助血腥的手術,但要她們摸一隻貓卻會害怕到發抖。我記得有位年輕女士,因為受到突然的驚嚇,而罹患了急性歇斯底里症。一場晚宴後,她在午夜時與數名朋友一同走在回家路上,有輛馬車從後方疾駛而來。

其他人趕緊跳到路旁，但她卻驚恐入神，呆立路中，然後在馬兒的前方奔跑了起來。馬夫一邊揮鞭一邊咒罵著；景況驚險，她一直跑到路的盡頭，接著就過橋了。她在橋上氣力放盡，若非經過的行人阻止，為了不被馬兒踩過，她可能會絕望地跳進河裡。然而，這位女士在1905年「血腥的一月二十二日」這天，曾恰巧在聖彼得堡，又身處士兵們舉槍掃射肅清的街道上。倒臥她身旁的人們非死即傷；不過她卻很冷靜且頭腦清晰地，意外發現一條通往一個院子的通道，穿過小院，她順利逃到另一條街上。在那些駭人的時刻，她卻沒有特別激動。事後她覺得狀況極好——甚至，比平常更好。

〔418〕像這樣對明顯的衝擊卻沒反應的狀況還頗為常見。因此創傷強度本身致病的意義很小；而是取決於特定的狀況。在此，我們知道了解開「體質」問題的關鍵【，或至少是到了登堂入室的前廳】。因此我們必須自問：馬車這一幕的特別情境為何？病人的恐懼起於馬兒奔馳的聲音；乍聽之下，看來這對她而言代表著某種可怕的厄運——她的死亡，或某種恐怖的東西；接下來她便完全不知道自己在做什麼了。

〔419〕真正的驚嚇來自於馬兒，這點無庸置疑。病人體質之所以對這點小意外出現如此不可理解的反應，原因也許在於馬兒對她具有某種特別意義。比方說，我們或可猜想她以前發生過與馬有關的危險意外。這案例果然被發現有這麼回事。她大約七歲，還是個小孩時，與車夫同駕馬車外出，馬匹突然受驚，而在河谷陡峭的岸上狂奔起來。車夫因而跳車，並高喊要她照著做，但在那樣極度驚慌的狀況下，她無法當機立斷。幸好，就在連馬帶車墜入深谷那間不容髮之際，她終於跳出車外。這樣一個事件無疑會留下難以磨滅的印象。但仍無法解釋為何日後身處於一個有些許類似，但

全然無害的場景中,會有如此過度的反應。截至目前為止,我們只知道日後的症狀在童年就開始了,但致病的全貌仍然成謎。為了解開謎團,我們需要有更深入的理解。由於經驗增加,情況漸漸明朗,到目前為止,在所有分析個案中,除了創傷之外,情愛也是造成煩惱的特殊因素。不可諱言地,「情愛」(love)是個充滿彈性的概念,可以從天堂延伸至地獄,本身結合了善與惡,崇高以及卑劣。[7] 因為這項發現,佛洛伊德的觀念產生了巨大改變。即使,先前他從創傷經驗裡尋求導致神經症的因素時,或多或少處於布魯爾創傷理論的魔咒之中,現在問題則有了全然不同的重點。我們的個案是最好的解說範例:我們能夠完全理解,為何馬兒必然在病人的生命中扮演特別的角色,但我們實在很困惑之後的反應為何如此誇張且沒有道理。這則故事的病理學特別之處不在於她被馬兒驚嚇這件事。請記得之前提到的經驗性研究的發現,除了創傷經驗之外,在情慾領域裡也【總是】會有引起不安的東西,因此我們也許可以探索一下,這方面有何蹊蹺之處。

〔420〕這位女士認識一位年輕男士,她考慮與他訂婚;她愛他,希望比翼雙飛。初步探索沒有更多發現。但初期分析結果不利,並不足以阻礙調查研究繼續。直接的方法失敗,間接的方式也同樣能達到目的。我們因此回到當那位女士倉皇地跑在馬車前面的那個特殊時刻。我們問了一同赴宴的同伴有誰,以及當天為何舉辦晚宴的問題。那是個為她最好朋友舉辦的歡送會,這位朋友因為神經焦慮,即將出國療養。這位朋友已婚,據說幸福快樂;已為人

---

[7] 我們或可用這句古老的祕語來說愛這回事:「至上至下,天上天下,地上地下,歡喜信受。」(《浮士德》中的梅菲斯特在談到「權力造善之際,永遠也在密謀邪惡」時,也說了同樣的話。

母，有個小孩。我們也許可以懷疑她是否真的快樂；因為果真如此，那她實在沒有理由「焦慮」（nervous）到需要接受治療的程度。改變了探索的角度後，我發現朋友們救了她之後，把她帶到那夜的男東道主，也就是她最好朋友的丈夫家中，那是最近的庇護所。她精疲力竭地受到熱誠款待。說到這兒，病患突然中斷，開始變得尷尬、坐立不安，且試著轉移話題。顯然有某種亟待遺忘的回憶突然浮現。在克服最頑強的抗阻之後，當晚另外還發生的重大事件現形了：友善的東道主竟對她表達強烈的愛意，在女主人不在的突發情境下，可想像那是多麼地難熬且痛苦的局面。表面上看來，示愛對她而言有若平地生雷。【用一個小小的指責就會帶來不同景象的經驗教會我們，故事不會憑空出現，總是有來歷的。】接下來數週的任務，就是將這段漫長的愛情故事一點一滴地挖掘出來，直到最後完整畫面浮現，也就是我概述如下的景況：

　　病患童年時十足豪邁，只玩粗野的男孩遊戲，不屑自己是個女孩，避免著所有女性化的舉止與行為。青春期後，當性的問題出現，她開始逃避所有人際接觸，就連只有一點點註定她在生理上做為女性的方方面面，都為她所憎恨與鄙視，如此地活在一個與粗野現實全然無關的幻想世界當中。就這樣，她迴避許多那個年紀的小女生應該會嚮往的小冒險、盼望和期待，直到二十四歲那年。【關於這些事，女性常超乎常情地不誠實，不僅對自己，對醫師也是。】她認識了兩個男人，他們打破封閉著她的高牆障礙。A 先生是她最好朋友的丈夫，而 B 先生則是 A 的單身朋友。兩人她都喜歡。但不久後，看來她似乎喜歡 B 先生多一些。很快地，他們發展出親密關係，不久後論及婚嫁。由於 B 先生與好朋友的關係，她與 A 先生仍有聯繫，但 A 先生的出現，有時會讓病人莫名奇妙

地不自在,且讓她感到焦慮。有回病人去參加一個大型宴會。她的朋友們也在場。當她若有所思,失神地把玩著戴在手上的戒指時,戒指突然滑落,滾到桌下。兩位男士都下去找戒指,B先生成功地找到了。他微笑著將戒指戴到她手指上,彎腰輕笑道:「妳知道這是什麼意思!」此時心頭一股無可遏止奇怪感覺襲來,她脫下了戒指,並用力將它丟出敞開的窗外。我們可以想像的,接著出現一陣尷尬,她旋即非常沮喪地離去。這件事過後不久,所謂的偶然之下,她必須到一處A先生夫婦也下榻的渡假村過暑假。A太太於是明顯地緊張了起來,且情緒低落時常需待室內。病人因而有機會和A先生一同散步。有回他們去划船。但因玩得太開心,她在嬉鬧下意外落水。她不會游泳。A先生費盡全力將半昏迷的她拉回到船上。接著他親吻了她。兩人因為這段浪漫插曲,關係進展快速。為了免於內疚,她積極地與B先生進行訂婚計畫,每天告訴自己愛的是B先生。這種拐彎抹角的小把戲,自然無法逃過妻子的善妒眼神,A太太,也就是她的朋友,已經猜到這個祕密,且感到焦躁不安,益發憂心忡忡。歡送會中,一股邪念在病人心中升起並對她耳語:「今晚他獨處。注定要發生點什麼,好讓妳到他家去。」然後事情真的發生了:由於她怪異的行為,導致回到他家,滿足了她的渴望。

〔421〕經過這番解釋,或許大家會認為只有極度精心算計才能夠設計出這一連串的情境,並且讓它有效可行。這件事精巧細密確實無庸置疑,但其道德評價可疑,因為我必須強調,造成這場戲劇化結局的動機,根本不是有意的。對病人來說,整件事就是自然發生,她沒有任何意識上的動機。但先前的故事全然清楚,每件事情都被無意識地導向這樣的結局,然而意識仍努力將她帶向與B

先生的婚姻之路。只是反方向的無意識驅力更強而已。

〔422〕就這樣，我們又回到起初的問題，也就是說，創傷反應病態的（亦即，奇特的或者誇張的）本質從何而來？基於從類似經驗所獲得的結論，我們推測，個案除了既有創傷以外，情慾層面上必定也出現問題。這個猜測已經被完全確認，而我們也知道了，創傷這個致病的表面因素，不過是因為先前有些沒有被意識到的東西找到機會顯現所致，換言之，就是重大的情慾衝突。因此，創傷不再是致病的要因，被更深度且更具解釋力的概念所取代，咸信其為情慾衝突。【這種概念或許可以稱之為神經症的性的理論。】

〔423〕我常聽人這麼問：為何神經症的原因就是情慾衝突，而非其他呢？對這個問題我們只能說：沒有人能斷言一定如此，但事實上它經常【總是】就這樣【，儘管所有堂兄弟姊妹、叔叔嬸嬸伯伯阿姨、父母、教父教母，以及老師們都怒火中燒起而反對】。儘管憤怒異議四起，但對人類生命具根本重要性的問題與衝突，實際上仍是愛[8]，細心探究之餘，始終都顯示出，其重要性遠比任何人的猜想更巨大。

〔424〕創傷理論因此被認為過時了，而被捨棄；因為隨著發現造成神經症的並非創傷，隱藏於背後的情慾衝突才是【真正的】罪魁禍首，創傷便完全不再被當作重要的致病因素。

〔425〕【這項理論因此轉向全然不同的高度。】創傷的問題被解決和處理了；只是學者要面對的是取而代之的情慾衝突問題，與一般情慾衝突相較，正如我們個案的狀況有許多無法可以立即辨識的異常成分。特別引起矚目，且令人難以置信地，意識可察覺的

8　更廣義地使用這個字，按理說意義是超過性慾的範圍的。

理由盡為虛假,與此同時,病人對自己真實的情慾仍一無所知。當然就此個案而言,無庸置疑地,真正的情慾關係仍深處迷霧之中,於此之際,她絕大部分意識還在假相控制之下。如果我們把這些事實理論性地組合在一起論述,可以得出如下結論:神經症中有兩種完全相反的【情慾】傾向,至少有一種為無意識的。【這種方法可能會因它明顯僅適用於這個特別的個案,因此欠缺普遍的效度,而遭受到反對。這種反對意見相當強烈,因為沒有人願意承認情慾衝突是普遍存在的。相反的,人們會認為情慾衝突比較像小說情節,因為它比較常被理解成如卡林‧麥可歷斯(Karin Michaelis)的小說,或者像是佛瑞(Forel)的《性問題》(*The Sexual Question*)所描寫的婚外情冒險那樣。但事情全然不是如此,因為我們知道最狂野與最感人的戲劇,並不是舞台上表演出來的,而是在行路匆匆不起眼的普通男女心中發生的,他們除了可能精神崩潰,並不對外透露內在的激烈衝突。一般人很難理解,大多數病人對自己無意識中的激烈交戰並不知曉。如果我們還記得,許多人是完全不了解自己的,我們應不會對人們壓根兒不曉得自己真正衝突何在而感到奇怪。】

〔426〕【現在就算讀者準備承認致病衝突,或者甚至是無意識衝突存在的可能性,他仍會抗議說這些不是情慾衝突。這類讀者碰巧自己有些神經緊張,僅僅只是暗示,便足以令他憤怒;因為透過學校及家裡的教育,當我們聽到像「情慾的」(erotic)或「性慾的」(sexual)這類字眼時,我們已經習慣在心中劃下三個大 X——這麼一來我們理所當然地不以為自己有這類問題,或至少非常罕見,且離我們相當遙遠。但引發神經症衝突的,就是這樣的態度。】

〔427〕如我們所知,人類的獸性逐漸被征服的同時,文化也隨之增長。這是一種馴化的過程,不可能不違反動物渴求自由的天性。被束縛在他們文化當中太久的人們,三不五時會被一股狂熱浪潮席捲。古時候人們在來自東方的酒神祭裡體驗過這種狂熱,這且成為組成古典文化中本質的與獨特的要素。如此縱慾狂歡強烈地促成了斯多亞學派(stoic)形成禁慾的理念,並於基督誕生前一世紀產生了相關的各種支派以及哲學思想,在當時多神教混亂時期中,也催生了密特拉教與基督教兩個主張禁慾的孿生宗教。第二波橫掃西方的狂歡放蕩浪潮發生在文藝復興時期。人們很難評估自己身處時代的精神;但如果我們觀察藝術潮流、形態、大眾品味的趨勢,看看人們讀什麼、寫什麼、建立何種社會、當前治安的「問題」,大眾反對的是什麼,就會發現目前社會問題有一大串,所謂「性問題」絕非最重要的。想挑戰現存性道德,以及拋棄累積了千百年情慾的道德罪惡枷鎖的男男女女,都在討論著這個問題。人們不能輕易否認這些努力的存在,也不能說它們不盡合理;它們存在,且可能理由充分。仔細檢視蘊藏在當代這些運動底下的原因,會比【帶著歇斯底的宗教熱誠】,專門詛咒人類道德墮落,加入悼念道德淪喪的衛道者行列,會來的更有趣,也有用多了。這就是衛道人士一點都不信任上帝的表現方式,彷彿眾生本善之樹要茁壯茂盛,只能憑著被修剪、固定、搭棚教養一般;然而事實上,太陽之父和大地之母卻已經歡喜地讓它依照深刻的、睿智的自然律生長。

〔428〕認真嚴肅的人都知曉有些性的問題至今猶在。他們知道迅速發展的城鎮,格外細密的分工帶來工作的專業化,造成急遽的鄉村工業化,伴隨著不安全感的增長,剝奪人類許多宣洩自己情感能量的機會。小農間歇性工作的節奏,透過其象徵性的滿足感

內容，讓他得到無意識安全感──這是工廠工人和白領員工從來無法理解，也沒辦法享受到的。農民在大自然中生活，以高貴的姿態破土犁田，播種期待將來收穫，成為主宰大地與享用成果之王者的偉大時刻；面對自然的破壞力理所當然感到畏懼，對收成豐碩而喜悅，對為他生養眾多代表生產力與財富增加的妻子，城市人對這些了解能有多少呢？【唉！】我們這些城市居民，現代機器的奴隸，離這些都很遙遠了。當我們不再對自己播種的收穫、孩子帶來的「祝福」心懷純粹的喜悅，不就是對所有這些最真實與最自然的成就開始不滿了嗎？【不耍心機的婚姻相當罕見。這不就與自然之母賜予她頭生兒子最大的喜悅背道而馳嗎？】這樣忙碌的生活快樂嗎？要知道男人們如何溜出門工作的，看看早晨七點半火車上的眾生相即知！一個幹著芝麻綠豆大的瑣事，另一個則在寫一些自己一點都不感興趣的文案。難怪幾乎每個男人天天在各個俱樂部流連，或者女人出入小沙龍，在那兒她們可以盡情傾吐內心正燃燒著的、對最近著迷的英雄的渴望，男人則浸淫酒吧裡的大話和小酒而不可自拔？除了這些不滿之外，還有個更嚴重的問題。大自然為手既乏縛雞之力，也無鐵甲利爪護身的人類提供龐大的能量儲備以自我保護，使他不僅得以被動地忍受諸多嚴酷的生存挑戰，且能加以克服。她賦予她的孩兒面對艱難的能力【且為克服眾多困難付出高昂的代價，叔本華說得很透徹，幸福不過就是讓不幸福停止】。一般而言，我們可以免於匱乏，也因此，卻使我們經常貪婪無度；因為除非迫於生計，否則人的內在獸性總是猖獗放肆。但如果我們精神高度活躍，那麼得備下怎樣的饗宴狂歡，過剩的能量才得以釋放呢？而我們的道德觀是禁止開放這條出路的。

〔429〕【讓我們來算算這許多不滿的由來：拒絕持續生育，

而大自然卻已經賦予我們巨大能量去為成這個任務；高度分化的勞動方式過於單調，讓我們對工作完全失去興趣；讓我們毫不費力地獲得安全保障，免受戰爭、不法、搶劫、鼠疫、高兒童和女性死亡率等的威脅——所有這些造成總能量過剩，而需要找到出口。但如何發洩能量呢？少數人會去從事不顧後果的活動，創造類似自然狀態所帶給他們的危險；更多人會尋求一些等同艱困的生活，以吸走累積的能量，避免更瘋狂的危險爆發，驅使人們飲酒過量、追逐財富、耽溺工作，或者過勞。正因如此，我們今天產生了性的問題。被壓抑的能量想要從這兒釋放，正如同自古以來安全與富饒時期所發生的一樣。這種情形下，不僅兔子會大量繁殖，飲食男女也會就天性的各種幻想創造活動——由於他們的道德觀念一直施以嚴格的約束，習慣於束縛而不覺其擾的同時，內在渴求卻日增，甚至產生更大壓迫。直至今日，桎梏酷烈，即使城市人也難以忍受。然誘惑環伺，猶如隱匿街角伺機攬客的熱情皮條客，恣意傳播楚館秦樓曖昧之事，而老夫子卻只能徒呼負負，無可奈何。】

〔430〕為何要有道德約束？是出自於畏懼上帝憤怒的宗教信仰嗎？不管大部分人是否不信，實際上連信徒都悄悄自問，如果他真是神，真的會降下懲罰每對輕狂年少男女的永恆詛咒嗎。這種想法已經與神會撫慰我們的說法水火不容。我們的神慈愛寬大，不應拘泥小節。【卑鄙與虛偽愈加不可救藥。】因此，我們時代受禁慾主義影響而明顯虛偽的[9]性道德觀，是缺乏有意義的背景的。或者

9　廢娼也是最為人周知的偽善惡法之一。賣淫不管怎樣都會存在；越不規劃與管理，它就越為人詬病且日趨危險。既然這種惡事一定會存在，且永遠如此，我們便該更容忍，努力令其符合衛生。若非人們如此堅持過時的道德觀，梅毒早已絕跡。（原編按：兩個《全集》版本都省略了這條註釋。）

有人可以說，我們具備優越的智慧，就得以察覺人類無意義的行為，而自我節制嗎？不幸地，我們與此相去甚遠。【傳統的力量仍對我們催眠，牢牢控制不放，俗民百姓因怯懦和無知，還在老路上艱難地跋涉。】但人類無意識裡有對其時代精神的敏銳覺察；他憑藉直覺感到自己的潛能，且心中對現今道德的不穩定亦有所感，那些道德觀已不為現行宗教教條所支持。這就是我們大部分【情慾】衝突的主要來源。渴望自由的慾望弱化了道德的藩籬：我們處於受誘的情境，我們想要又不敢要。我們有所求，但又說不出真正要的是什麼，於是【情慾】衝突大部分是無意識的，所以出現了神經症。因此神經症與我們時代的問題息息相關，且確實著代表個人解決他自身普遍存在問題的努力失敗了。神經症是自我的分裂。多數人因為有意識的理智堅持道德理想，於此同時——在當代觀點上——無意識卻努力地追求理智【堅決】否認的不道德想法。這類人希望獲得比他們實際人格更多的尊重。但衝突也很容易以相反的方式表現出來：有些人不論怎麼看都是聲名狼籍的，且肆無忌憚地【揮霍情慾】，這終究只是心虛地【裝腔作勢】，因為他們背後的【高貴靈魂】已經落入無意識當中，就如同君子身上也必有虛偽的一面一樣（因此我們應盡量避免極端，因為這總會讓人懷疑到他相反的另一面）。

〔431〕為了清楚說明「情慾衝突」的概念，上述那些一般性的討論是有必要的【，因為在分析心理學中，它是整個神經症概念的關鍵】。接著我們可以開始了，首先探討精神分析的技術，其次是治療的問題。【顯然後面這個問題牽涉到許多細節及複雜的個案資料，遠超過這篇簡介的目標。我們因此先快速瀏覽一下精神分析的技術。】

附錄：心理學的新途徑

〔432〕這個技術最值得深究的問題很顯然是：我們如何以最迅速與最佳的途徑去了解病人無意識所發生的事？最早的方法是催眠：要不就在催眠的專注狀態中詢問病人，又或者便是在此狀態下讓病人自動產生幻想。這種方法至今有時仍在使用，但相較於現在的技術，它顯得粗糙且成效不彰。有個第二種由蘇黎世精神療養院所發展的所謂的聯想法[10]，理論的與實踐的價值兼具。它以很好理解的方式讓我們可以大略但全面性地掌握無意識衝突或「情結」（complexes）。[11] 更深入的方法則是透過夢的分析，是【才華洋溢的西格蒙德】佛洛伊德所發現的。

〔433〕對於夢，確實可以這樣說：「匠人所棄的石頭，已作了房角的頭塊石頭。」只是到了現代，夢這個稍縱即逝，且看似微不足道的心靈產物，已經被極度地輕視。從前，夢被視為命運的通報者，徵兆和聖靈，以及眾神的信使。既然如此，我們可以把夢看作無意識的密使，任務為揭示被隱藏在心智之下【無意識小心翼翼地想要隱瞞】的祕密，且有著不可思議的完整性。

〔434〕我們分析研究夢可發現，夢境如其所是，只向我們展現外貌，卻隱藏了內在真相。然而，我們使用特定技術引導夢者敘說夢的細節，總會很快地發現，他的聯想會朝一個特定方向進行，且這些聯想物會成群地圍繞著特定議題。這些議題看來較具個人重要性，所產生的意義隱藏在夢境背後，本是無可測度的，但仔細對照比較後會發現，它和夢的表相有著極度巧妙，以及細膩的

10　榮格等著，《字詞聯想研究》（*Studies in Word Association*），M. D. 愛德（M. D. Eder）譯。（情結的理論是榮格在〈早發性失智症的心理學〉（The Psychology of Dementia Praecox）一文中提出的。

11　【解析夢的規則，也就是主導夢的結構的法則，連同其象徵性幾乎形成了一門科學，或者不管怎樣說，也是無意識心理學最重要的一環，以及一門需要特別努力鑽研的研究。】

【象徵性】關係。[12] 種種特定想法的情結,將夢境所有的線索串連起來,那就是我們在尋找的衝突,或者更確切地說,是它隨著環境條件不同而出現的變形。人會以這樣的方式來掩飾或忘卻衝突中的痛苦與矛盾元素,讓我們可以「願望實現」(wish-fulfilment);然而我們得立刻補充說明,夢中實現的不是我們的願望,而是某種經常與它們直接相反東西。例如,一位深愛母親的女兒,卻痛苦地夢見媽媽過世。這樣的夢多到數不清,當中顯然沒有滿足願望的跡象,且經常給博學多聞的評論者帶來困擾,因為【――令人難以置信的――】他們仍不能掌握到顯性的夢與隱性的夢之間的分別。我們必須避免這種錯誤:夢中產生的矛盾是無意識的,所以解決問題的願望也是無意識的。我們這位做夢者心中確實存有擺脫母親的念頭;以無意識的語言來說,就是想要媽媽去死。現在我們知道無意識裡有個特定區域留存著所有東西,超越了記憶所及之處的種種,也包括在成人世界無法找到出口的嬰兒時期本能衝動,亦即,幼年期殘酷無情的慾望的延續。我們可以說,大多數從無意識中出現的東西,最初帶有嬰兒期的特性,就像這個願望,它本身很簡單:「媽媽如果死了,爸爸你就會娶我,對吧?」幼稚願望的表達,成為目前想結婚的慾望的替代物,這是一個在這個案例中令做夢者痛苦的慾望,因為其原因仍有待了解。結婚的想法,或更確切地說,這種相應出現的衝動的嚴重性,正如人們所說的,是「被潛抑至無意識當中」,而在那兒必然需要以嬰兒期的方式自我表達,因為無意識所處理的材料,絕大部分是由嬰兒期的回憶所組成的。【如同

---

12 【解析夢的規則,也就是主導夢的結構的法則,連同其象徵性幾乎形成了一門科學,或者不管怎樣說,也是無意識心理學最重要的一環,以及一門需要特別努力鑽研的研究。】

蘇黎世學派最新的研究顯示[13]，除了嬰兒期的回憶聯想之外，還有遠超過個人範疇限制的「種族記憶」（race memories）存在。】

〔435〕【這裡目的不在於闡明異常複雜夢境分析。我們得同意這樣的研究結論：夢是個人重大願望的象徵性替代，這願望在白天沒有得到充分的重視而被「潛抑」了。因為主流道德觀的緣故，這些於夢中以象徵性的方式努力地自我實現的，通常是情慾的內容。因此，對那些所謂知識淵博的人講夢是很不智的，因為對了解夢的規則的人來說，其象徵性是相當清晰的。以這個層面而言，最明白的就是焦慮的夢境，非常普遍發生，通常都具有強烈情慾願望的象徵。】

〔436〕夢常充斥著看來可笑的枝末小節，所以給人一種荒謬的印象，要不然就是表面上艱澀難懂，所以讓我們徹底迷惑。因此，透過耐心工作，真正地解開錯綜複雜的【象徵性】網絡前，總要先克服特定的抗拒。一旦終於洞察了它真實的意義時，我們會發現自己已經深入到夢者的祕密當中，驚訝地察覺到一個表面上不知所云的夢境，實際上卻意味深長，而且它只談重大與嚴肅的事情。這迫使我們反省將過往重視夢境意義的看法斥為迷信，應該給予更多的尊重，而我們時代的理性主義對此卻依然嗤之以鼻。

〔437〕誠如佛洛伊德所說，夢的解析是通往無意識的康莊大道（via regia）。它直探個人最深處的祕密，因此，也是醫師與靈性導師得以掌握的決勝利器。而正如所料，也有抨擊這個方法的反對者，他們論點往往主要基於——撇開個人感情暗裡反對不談——我們今日學術思想還存在強烈的守舊頑固思想所致。夢的分析還無

13 　【榮格，《力比多的轉化與象徵》（*Wandlungen und Symbole der Libido*）。】

情地揭穿人們滿口仁義道德,實則一肚子謊言和偽善的真面目,將其本質的另一面赤裸裸完全攤露到陽光下,公諸於世;如果眾人已經感到被狠狠地踩到了痛腳,我們還需要懷疑人們何以不悅嗎?就此,我總是聯想起巴塞爾(Basel)大教堂外那座引人注目的男女淫樂雕像,正面是甜美的經典笑容,背面則覆滿了蟾蜍與蛇。夢的解析將此圖像對調,以反面醜惡毒物示人。這種矯正現實的道德價值確實難以否定。這是種痛苦難當,但意義非凡的做法,對醫師與病人都有很高的要求。作為一種治療技術,精神分析的主要手法包括了大量的夢境解析。治療過程中,為了將它們暴露到光天化日下除魅,夢會不斷地將無意識中的糟粕釋放出來,如此一來,許多珍貴的,以及我們以為已然失去的東西,就此再被尋獲。這是一種特殊形式的情感宣洩,有點像蘇格拉底的產婆法(maieutics),一種「助產士的技能」。只不過對於許多過度虛矯的人來說,這樣的治療無疑地是個酷刑。因為根據古老的神祕說法:「一心放下,方可得道!」為了讓某種更深層、更美好,以及意涵更深的事物可以從內在升起,他們被要求放棄所有珍視的幻相。唯有透過神祕的自我犧牲,人才能獲得新生。在精神分析治療中出現的是古老的真知灼見,顯示出值此當代文化全盛時期,心靈教育是有其必要性的。不僅如此,它或許還可以與蘇格拉底式的提問對話法相提並論,然而不得不說的是,精神分析探索到的層次更加地深遠。

〔438〕我們總會在病人身上發現與社會重大問題相關的特定衝突點。因此,當分析碰觸到這點時,顯然病人個人的衝突在他所處環境及時代是普遍性的。神經症其實就是個人在嘗試解決一個普遍性的問題,只不過不成功而已;普遍性的麻煩確實不能由自己來處理,因為這個「問題」並不是「我們要的」(ens per se),只是

存在每個人心中而已。【困擾病人的「問題」（The question）在於——不論你是否喜歡——「性的」問題，或更精確的來說，是今日性道德的問題。因為現實愈加繽紛多彩，人們的生活需求以及生活中的享樂逐漸增加，因此可以忍受現實本身加諸必要的限制，但卻無法忍受道德武斷的禁令，因為會過分壓抑從獸性的黑暗深處升起的創造活力。】神經症患者有著一個孩子的靈魂，忍受著種種獨斷的限制，卻不明白其意義為何；他企圖將此道德觀內化為自己所有，但卻陷入深度的分裂，與他的自我分裂：一部分的他想壓抑，另一部分卻渴望自由——這種掙扎以神經症之名進行著。假若衝突完全被意識到，便絕對不會產生神經症的各種症狀；只有當我們看不見自己天性的另一面，以及問題已經非常緊急時，這些症狀才會出現。只有在這些狀況下，症狀才會出現，而它有助於表達心靈中未被認清的那一面。當這些未被承認的慾望被意識出來時，將與我們道德信念發生猛烈衝突，產生神經症，症狀會出現，其實就是慾望的一種間接表達。正如我們已經看到的，不在意識監督下的心靈黑暗面，病人無從處理。他不能糾正它，無法容忍它，更無法漠視它；因為實際上，他完全不「擁有」（possess）這些無意識的衝動。被推擠出意識心靈的系統範圍外，它們已經成為獨立自主的情結，可以透過無意識分析重新控制它們，雖然不可能不遭遇強力抵抗。有些病人自誇絕對沒有性衝突；並向我們保證沒有性問題，因為他們與任何與性有關的事都沾不上邊。他們沒有注意到那些不知從何而來的東西糾纏著自己——歇斯底里的情緒、對自己和對週遭人等耍的小手段、神經性胃炎、這裡痛那裡也痛、無緣無故地易怒，以及林林總總的緊張症狀。【這就是困擾之所在，只有一些特別為命運之神眷顧的人，才能逃出現代人的巨大衝突；大多數人是

身不由己地深陷其中。】

〔439〕精神分析遭指責釋放了人類（還好如此）潛抑的獸性，導致不可計數的傷害。如此【幼稚的】憂心顯示出我們對社會道德原則的有效性多麼地缺乏信心。人們妄想只有聖壇教誨才有辦法約束大眾不至於胡作非為；然而事實上是需要一個更有效的調控機制，才得以設下更實際，也更具說服力的道德界限。精神分析確實釋放了獸性本能，但不像多數人想的那樣，是要賦予放縱的權力，反而是為了拉高他們的用途，就個人來說，如果他需要這種「昇華」（sublimation）的話，是有可能做到的。無論如何，完全擁有自己的人格是有益的，否則人格被壓抑的元素只會在別處成為阻礙，不僅是出現在不顯眼之處，也會出現在我們最敏感的所在：這隻蟲永遠會在核心進行破壞。【比起對自己發動戰爭，不如學會容忍自己；與其將精力耗費在無用的幻想上，乾脆把內在困難轉化為真實經驗。於是最少他可以實際生活著，不必把生命浪費在無意義的掙扎上。】如果人類能被教會清楚地正視自己的陰暗面，或許希望就此也能學著去了解和愛他們自己的人類夥伴。對自己少點虛偽，而多些容忍，對尊重我們的同胞只會有好處；因為我們太容易將加諸於自我天性上的不公平，以及暴力轉移到我們同胞身上。

〔440〕【將個人衝突注入普遍道德問題，使得精神分析遠超過純粹的醫學治療的範疇。它給予病人一個基於經驗洞見而來的有效生命哲學，不僅讓他了解自己的本性，且叫他自身得以融入這種狀態的計畫當中。我們無法在這兒討論這些見解非常多元的組成內涵。且從現有的文獻當中，要完整描述真正的分析絕非易事，因為涉及深度分析技術的所有文獻沒有完整出版。這領域中要解決的問題還很多。不幸地，這個主題的科學研究數量還相當少，因為偏見

太多,大多數專家們仍難以共同合作努力。特別是在德國,如果冒險涉獵這個領域的話,許多專家會因害怕毀了事業而退卻。】

〔441〕【那些圍繞聚集在精神分析周遭既神祕又迷人的現象,讓我們得以猜想——根據精神分析的原則——一定有些意義重大的東西在裡頭,因此有識之士會(如往常一般)旗幟鮮明地先跳出來反對。但:真理無敵,終將得勝(*magna est vis veritatis et praevalebit*)。】

【第二部分】無意識的結構[1]

---

[1] 原編者註：這篇論文出於 1916 年在蘇黎世學派發表的分析心理學演講，同年由馬森（M. Marsen）以法文譯出，題為〈無意識的結構〉（La structure de l'inconscient）刊登在《心理學期刊（*Archives de Psychologie*）》（XVI，頁 152-79）。英語版本則以〈無意識概念〉（The Conception of the Unconscious）為題，收錄於《分析心理學論文合集》（*Collected Papers on Analytical Psychology*）（第二版，1917 年）之中，明顯的是根據一份隨後卻遺失的德文手稿翻譯的。而現在本書的首版則是菲利浦・馬瑞（Philip Mairet）從法文版譯出的。1961 年榮格過世後，一份〈關於無意識及其內容〉（Über das Unbewusste und seine Inhalte）的德文手稿，才又重見天日。作者本人生前對原稿有一次的修訂和增補，大部分囊括進〈意識自我與無意識之間的關係〉（Die Beziehungen zwischen dem Ich und dem Unbewussten, 1928），這部分被翻譯成本書的第二部分。而德文抄本並未包括 1928 年所增添的新內容。特別第五節（以下段 480-521）是被那份論文的第二部分取代。以下，是根據新出土的德文手稿的新譯。並未包括 1928 年版本新增部分；未於 1928 版出現的段落將以粗括號（【 】）括起。為有助於 1916 年版與最後的版本間的比較，後者相應編號的段落也用一樣的括號括起。瑞士語版的全集第七卷收錄了與新發現德文手稿類似但非完全一致的內容。

I. 個人的與非個人的無意識之間的差別

〔442〕由於在精神分析詮釋的原則到底是性慾（sexuality）的，還是單純的能量（energy）的問題上產生歧異，與維也納學派分道揚鑣之後，我們的概念有了重大的發展。一旦接受純粹抽象的理論，不預設性質，移除解釋前因後果的偏見後，我們就直接涉及無意識的概念。

〔202〕443 眾所周知，以佛洛伊德觀點來看，無意識可以簡化成因其矛盾的特質，所以被潛抑的嬰兒期性格。受周遭道德觀的影響，潛抑有個過程，始於童年早期，然後持續一生。透過分析，潛抑被移除，被潛抑的願望得以再被意識到。理論上，無意識因此被清空，可說是消除了；但事實上，嬰兒期性的慾望幻想一直到老都會持續不斷地產生。

〔203〕444 根據這個理論，無意識只包括那些可被意識出來，不過事實上卻經過教育而被潛抑的個體性格。因此無意識內容本質上為個人所有。雖然從某個角度看，無意識最顯著的特徵是具嬰兒期的幼稚傾向，然而若全都依此來定義或評價無意識，還是錯誤的。無意識還有另外一面：不僅包含潛抑的內容，也有未達意識層面的所有心靈素材。我們不太可能用潛抑的原則解釋所有下意識材料的本質，假設那樣的話，代表一旦移除潛抑，人的記憶力將變得驚人，從此再也不遺忘。潛抑無疑地扮演部分角色，但不是唯一因素。若我們把不好的記憶盡歸因於潛抑，那麼那些享有美好回憶的人，理論上應該不為潛抑所苦，也不會產生神經症。但經驗告訴我們，完全不是這麼回事。當然，也有某些案例經歷特別糟糕的回憶，這種狀況很顯然地，潛抑自然成為最主要的因素，但這類案例

相對罕見。

〔204〕445 我們因此確定，除了被潛抑的材料，無意識涵括了所有那些已然沉降到意識臨界點以下的心靈組成物，以及下意識的感知能力。猶有甚之，基於大量的經驗和理論的依據，我們知道，無意識也包含了尚未到達意識起點的所有材料。它們是未來意識內容的種子。同樣地，我們也有理由相信，無意識絕不甘於長期蟄伏，可能在不斷地聚集與重組所謂無意識幻想的內容。這種活動看來只有在病態時才有相對的自主性；正常狀況下，它與心智可互補而相互協調。

〔205〕446 有人主張，這些內容物是從個人生活中獲得的，所有的特質都屬於個人。生命既然有限，無意識獲得的也必然有限。因此，有人可能認為，要不就透過分析，不然便是徹底清點無意識的內容，便可將它完全清理乾淨，因為無意識無法製造出我們不知道，且還能為意識吸收消化的東西。正如先前說過的，我們還必須假設，如果停止潛抑，就可以阻止意識內容物沉降到無意識裡，無意識的生產力便會被癱瘓。但如同我們經驗顯示的，這樣做的效果有限。我們要求病人牢牢掌握住已經重新與意識產生連結的潛抑內容，並讓它們進入生命，成為生活的一部分。雖然我們日常可以自我說服，但無意識卻不為所動，它依然默默地繼續產生明顯與幼年期一樣的性幻想，而根據原本的理論，這些必然是個人潛抑的結果。在這種狀況下如果繼續有系統地分析，我們慢慢發現到，互不相容的慾望幻想混合組成令人吃驚的東西。性變態除了在各式各樣的犯罪中出現外，能想像到的最崇高行為，以及最高尚的思想裡也可以找到蹤跡，我們想都沒想到，透過分析會找的這些議題的存在。

〔228〕447 舉例來說,我想起梅得(Maeder)的一位精神分裂病人,他宣稱世界是一本他的圖畫書。[2] 他是個卑微的鎖匠學徒,早年發病,智商自來不高。他說世界就是他的圖畫書,可隨意翻頁,如同俯臨環視世界,這樣的想法,與叔本華的「作為意志與觀念的世界」不謀而合,只不過他是用圖畫書這種簡單粗糙的陳述表達。他的見解與叔本華一般優秀,唯一不同的是,病人的想法仍處於胚胎初萌時期,而叔本華的觀念,卻已經轉換成抽象的概念思維,並以一種普遍有效的語言表達。

〔229〕448 如果就此以為病患所見具有個人的特質與價值,無疑地錯得離譜。因為那等於給予病人哲學家的榮銜。但正如我說的,能將在自然所見轉化成抽象概念,再將之轉譯為普遍有效的語言,這樣才叫哲學家。叔本華的哲學概念抽象地表現出一種個人的價值,但那位病人所見為非個人的價值,僅僅是一種自然生發的現象,只有將其抽象化成一種想法,然後用普遍性的詞語表達,這才是屬於他專有的思想。然而,如果以誇大他成就的方式,將其實際創造或發明的東西本身以外的附加效果也歸於他,那就大錯特錯了。那是一個原初概念,在哲學家身上自然地生發成長,但它很簡單地就是人類共有財產的一部分,原則上,是人人有分的。金蘋果從同棵樹掉下,它不會在意撿到的是鎖匠學徒,還是叔本華。

〔218〕449 我在談力比多的書裡已經舉過許多例子討論這些原初概念[3],它們將我們無意識素材依性質區分成「前意識」(preconscious)和「無意識」,或者「下意識」(subconscious)和

2　梅得,〈瘋子的語言〉(La Langue d'un aliéné,),《心理學檔案》(*Archives de Psychologie*, IX, 212)。
3　《無意識心理學》(*Psychology of the Unconscious*)。

「無意識」。這麼做的正當性，在此無須討論。它們各有獨特的價值，這個概念非常值得進一步闡釋。就經驗而言，我對它們僅能基本這樣區分。前面說得很清楚了，我們必須在無意識當中，區分出一個或可稱之為個人無意識（personal unconsicious）的層次。這個層次包含的材料是屬個人的，其特質是獲取而來的，部分從個人生活中得到，部分則是可以剛好被意識到的心靈要素。[4]

〔218〕450 矛盾的心靈元素容易被潛抑，而成為無意識，這不難理解。但另一方面，這也意味著一旦它們被辨識出來，這些被潛抑的內容就有進入意識，並被保留的可能。我們把它們當個人性的，因為可以在個人的過去中發現其影響、或者部分的表現形式、或者根源。它們是人格不可或缺的組成成分，是部分的人格，意識中少了它們，某方面就會出現自卑感——此外，與其說這種自卑情緒是器質性的缺損，或天生的缺陷，不如說是一種道德憤怒感升高的心理特質。個人之所以感覺到道德自卑，必然表示失去的，是某種在情感上不該遺失的元素，或者只要一個人足夠盡心盡力，就能感知到的東西。道德自卑感並不是因為違反被普遍接受且就某種意義而言為專斷的道德律，而是出自於為了心靈平衡，缺陷需要被矯正，卻是與一個人的本性起衝突的因素。道德自卑感一旦出現，代表不但需要同化吸收某個無意識成分，且有進行同化吸收的可能性出現。到最後，強迫他的不是直接認知到這樣的需求，而是間接地透過痛苦的神經症去同化吸收他的無意識自我，並讓自己保有完整的意識。只要走上這條實現自我的道路的人，無可避免地要讓個人無意識浮出意識，從而擴大其人格的眼界。

4　例如，不為主觀的道德或者美感所接受的想望或者意圖會被潛抑。

II. 因無意識同化作用所導致的現象

〔221〕451 同化吸收無意識的過程會出現某些值得注意的現象。某些病患會出現一種明顯且通常令人越來越不舒服的驕矜自大：他們目中無人，自以為見多識廣，自認對自身無意識無所不知，深信自己全然了解當中所有枝節脈絡。與醫師談話，越來越妄自尊大。相對的，也有其他人面對排山倒海而來的無意識內容，卻覺得越來越無法承受，失去自信，自我放棄，完全屈從於這些生自無意識的異常事物。前者，過度狂妄自大，自以為可以完全承擔無意識產生的責任；另一種人則放棄負責感，抗拒超越無意識的命運，被自我的無力感壓垮。

〔222〕452 如果我們更深入地分析這兩種反應模式，會發現樂觀自信的前者，隱瞞了深深的無力感，因為他們有意地表現出意氣風發，以作為自身不成功的補償；與此同時，後者的消極退卻是在掩飾大膽的權力意圖，傲氣遠遠超過前者有意識的自信樂觀。

〔224〕453 阿德勒曾借「與神相似」（godlikeness）一詞，用以描繪神經症患者的權力心理的某些基本特徵。如果我也依樣畫葫蘆，從《浮士德》中借用同樣的名詞，我在這兒會引用意義更為通俗的一個段落，梅菲斯特在學生的筆記本寫下「你們便如神能知善惡」，並加註提醒：

就遵循古老的經文
留心著我的蛇兄弟所說的。
你與神相似的時候終將到來

必令你驚悚與戰慄。[5]

〔454〕與神相似自然不是個科學概念，雖然它可以巧妙地描寫討論中的心理狀態。不過我們仍需知道，這個態度從何而來，以及為何得以被稱作與神相似。正如其名，病人狀態之所以異常，在於將某些非自身所有的特質或價值歸於自己，因為「與神相似」意味著成為超越人類靈魂的更高級靈性。

〔235〕455 如果考慮到心理目標，我們仔細研究與神相似這個概念，就會發現這個詞彙，不僅包含先前討論過的力比多動力現象，同時還具有一種超越個體心理狀態，且具備集體特性的特定心靈功能。同樣的，一個人不僅是獨特的單一個體，同時也具社會性，因此人類心靈並非自成體系，全然為個體的現象，同時也是個集體現象。且正如同特定社會功能或本能，會妨礙個別人們的利益一樣，人類心靈也因其集體的特性，會展現出反對個人需求的特定功能或傾向。[6] 之所以如此，是因為每個人生來就有一個高度分化的大腦，從而確保了廣泛的心智功能不必經個體發展而來，也無需經由學習獲取。人類的大腦分化均勻一致，卻也使得人類心靈同時具有集體性與普遍性的功能。舉例來說，這就解釋了一件相當有趣的事實，各據天南地北的人們或種族之間，無意識運作卻高度一致，這種一致性其中包括了，各個原住民族神話的形式和主題間，有著極不尋常但完全可證實的類似性。

5　《浮士德》，第一部，〈書齋〉第三幕。
6　這個衝突，會在例如當個人欲望或者意見難以屈從於社會規範時升起。參閱，盧梭（Rousseau），《愛彌兒》（*Emile*），第一卷：「……當不為自己而受教育，而是為他人而受教，多無奈？和諧因而蕩然無存。要不是被迫去對抗自然，就是反抗社會制度，人必須在成為一個人或者被塑造為公民間做選擇；因為一個人無法同時做兩種人。」

附錄：無意識的結構

〔235〕456 人類的大腦普遍相似，使得人類心理功能有一致的可能性。這種功能運作就稱為集體心靈。[7]有鑒於分化是相對應於人種、族群，甚至家庭的不同而有所不同，除了「普遍的」集體心靈，還有基於人種、族群，以及家庭的集體心靈。借用皮耶‧賈內的話來說，集體心靈構成心理功能的「下游」，也就是說那些於個人心靈中根深蒂固，幾乎是具有自主性的部分，它們經遺傳而來，且無所不在，因此非屬個人，或者說是超個人的。意識以及個人無意識，構成了心理功能的「上游」，這些部分為個人分化的結果，是個體發展出來的。

〔235〕457 因此，將集體心靈中無意識繼承而來的部分，增添到個體自發地發展中所獲得的，彷彿那就是自動發展產生的，不合理地擴大了人格的範圍，於是便自食惡果。就集體心靈組成心靈功能的「下游」來說，它形成了每個人人格的基礎，同時也可以摧毀及貶抑人格。如同前述對自信壓抑，就是無意識地在自抬身價，到了病態地追求權力意圖的地步。另一方面，就集體心靈的性質是超越個人的而言，集體心靈也是所有個別差異的母體，也是所有個體共有的心理功能，一旦添增進個人的人格，產生自信膨脹的話，接著在無意識中會不尋常地發生補償性的自卑感。

〔237〕458 如果我們犯了錯誤，將集體心靈涵括進個人心靈的功能中，透過無意識的同化作用，人格將接著無可避免地消解，進入其對立面。除了我們之前已經討論過的、成對的對立面，如明顯痛苦地以神經症形式出現的自大狂和自卑感之外，其他還有許多，我只特別挑出一對道德對立面來談，亦即善與惡。這組對立面

7　我以集體心智意指集體思維；集體靈魂則是說集體情感；而集體心靈是指做為一體的集體心理功能。

的成形與自信心的消長是同步的。人性當中特有的美德與罪行正如同其他東西,就包含在集體心靈當中。一個人無來由地將集體美德當作自己的優點,另一位則拿集體罪行當作個人的罪惡。就像自大和自卑兩者都是錯覺一樣,因為想像中的美德和想像中的邪惡,不過是包含在集體心靈中的一組道德對立物而已,它們已經開始被感知到,或人為地被有意識地表現出來。集體心靈中有多少成對的對立物,可以用原始民族為例:當一個旁觀者稱頌他們當中最偉大善行之際,與此同時,另有一人則寫下對同一部落最糟糕的觀感。如我們所知,原始民族的個人分化才剛起步,對他們來說,兩種評斷都為真,因為他的心靈基本上是屬於集體的,所以大部分處於無意識狀態。他或多或少都還是等同於集體心靈,也因此得以對集體的美德和罪惡同等看待,不帶任何個人觀感,也沒有內在矛盾。只有個人心智開始發展之際,以及當理性發現對立面本質上互不妥協時,矛盾時才會產生。這項發現的結果,是將衝突潛抑。我們想成為好人,所以潛抑邪惡;而這樣,集體心靈的極樂也走到了盡頭。

〔237〕459 為了發展個體性,絕對有必要潛抑集體心靈,這是因為,集體心靈與個人心靈到了某一程度便會互相排斥。我們從歷史中學習到,只要心理態度學習到集體的信念,就開始爆發分裂。沒有什麼比宗教的歷史更能清楚地看出這個事實。即使是必須的,集體態度對個人總還是個威脅。它之所以危險,因為不斷地控制與扼殺所有個人的差異性。這個特性源自於集體心靈,其本身是對人類影響力很大的群居本能的心理分化的產物。相較於個人的運作及表現,集體性的思考與情感,以及集體性的努力,相對地來得簡單;這麼一來,個人功能太容易弱化,進而威脅到人格的發展。人格被傷害後,會被迫與集體心靈結合,然後認同無意識,而獲得

補償——心理上所有事都是被補償的。

〔240〕460 只不過現在,如我說過的,分析無意識要冒著產生遺憾結果的危險,那就是很可能導致集體和個人心靈互相融合。這些結果不但有害於病人的生命感覺,如果這個人對其周遭人等有影響力的話,同時也會傷害其追隨者。由於他認同於集體心靈,必然會試圖將其無意識的要求強加於他人,因為與集體心靈認同,經常會帶著一種普遍正確的感覺——「與神相似」——完全忽視同儕個別心靈間所有的差異。

〔461〕事實上,這種極度的濫用是可以避免的,透過完全理解及尊重每個人心理類型的不同,就不可能強迫模塑成同一類型。一種類型要了解另一種已經是相當困難的,要完全了解其他人的個性更是絕對不可能。如果不想扼殺病人的人格發展,在分析中尊重另一個人的個體性不僅是明智的,且絕對是必要的。在這裡要注意的是,對某種個體類型而言,尊重另一個人的自由,就是讓他的行動自由,於此同時,對另一類型來說,是給他思想自由。在分析師自我保護容許的範圍下,分析雙方都需要被保護。過度急於去理解和教導,與缺乏理解一樣無法產生效果,也會造成傷害。

〔241〕462 透過分析無意識的組成,可以了解集體的本能以及思想和感覺活動的基本形式,對有意識的人格而言,是屬於後天獲取的,沒有傷害它自身便無法完全同化吸收。[8]

---

8 我於此需要暫停補充,我有意避免從心理類型角度討論這個問題該如何呈現的麻煩。要以類型心理學的語言來說明這個問題,需要一個特別且有幾分複雜的研究。我必須說明這項任務涉及的難處。比如說,「人」(person)這個字,一方面表示內傾,另一方面又表示外傾。童年期間適應現實的意識功能是古老的且為集體的,但如果個體沒有感到特別發展其個人理想化的類型,他很快地就會學到終身保有的個人特質。如果出現這種結果,適應現實的功能也許會達到一個自認為是普遍有效的完美狀態,且因此而來的「集體」特質與其原始狀態的

因此在臨床治療裡，至關緊要的是時時謹記個人發展的目標。因為，如果集體心靈取代個體中之個人性質的地位，將導致非常難以處理的人格扭曲或者過度負荷。所以嚴格地區分個人的與集體心靈的內容至關緊要。然而要做到完整區分，絕不容易，因為個人心靈源自集體心靈，且與之緊密相連。所以很難精確地說何者內容為個人的，何者為集體的。舉例來說，我們在幻想或夢境中常見到的古老象徵符號，無庸置疑地當屬集體要素。所有基本本能以及思想與感覺的基本形式的性質概屬集體。眾人皆同意認定其為普遍性的所有東西是為集體的，任何被普遍性地理解，普遍性地被發現，以及普遍被談論與實踐的事情，都是集體性的。透過仔細檢視，人們經常會吃驚地發現，有多少我們所稱的個體心理學，實際上卻是集體的。真的太多了，以至於個人的特質在集體的陰影下黯然失色。不過既然個體化是不可避免的心理需求，我們就可以看到在集體的優勢陰影下，這株嬌貴的「個體性」植物需要多麼地加以用心呵護，才不至於讓它被完全扼殺。

〔242〕463 人類有種能力，雖然這對集體目的至為實用，但對個體化卻全然有害，那就是模仿的能力。集體心理無法免除模

「集體」特質有所不同。要深入討論集體這個專門術語，「集體心靈」（collective psyche）與個體中的「羊群靈魂」（herd soul）一樣，然而「集體」心理意味著與社會高度區別的態度。由於內傾型適應現實的意識功能是「思考」（thinking），這在發展的早期是屬個人性的，可是容易學到集體本質的一般性特質，與此同時其「情感」（feeling）仍然顯然地是隸屬於個人意識的範疇，而屬古老集體的部分則是在無意識中或者被潛抑。就外傾型而言，狀況明顯相反。除了這個重大差異之外，還有另一個，且更為深刻的不同之處，那就是外傾與內傾對於「人」的角色與意義之間的差別。內傾型頃全力於保持其自我的統整，這使得他會產生自己個性迥異於外傾型的態度，他的適應是透過情感而形成的，甚至付出犧牲自己個性的代價。這些觀察顯示，如果要從類型心理學來考量問題，我們必須克服的難題有多麼不容易，且證明我們放棄這個企圖是合理的。【原編者按：這個主題在《心理類型》（Psychological Types）當中被全力發展，在該書中，思考等同於外傾，而情感等同於內傾的看法被放棄了。】

仿,因為如果少了它,所有群眾組織、國家以及社會秩序將不復存在。社會之所以組織化,實際上,模仿習性的功效要比透過律法來得大,應用暗示的感應性、暗示以及心靈感染也一樣。但我們經常可以看到,人們為了達到個人差異化的目的,是如何去利用,甚至濫用模仿的機制:他們甘於東施效顰,學著某些醒目的個性、突出的特質或者行為模式,藉此達到有別於活動圈內眾人的目的。我們幾乎可說,作為對此行徑的懲罰,他們與街坊大眾的心智幾乎無異,被強化成為無意識,強迫性地跟環境束縛在一起。嘗試這些華而不實的個別性分化,結果卻僵化成為一種姿態,效顰者依舊原地踏步,停滯不前,不同的只是貧乏更勝往昔而已。要在我們自己身上找出什麼才是屬於個人的,需要確切反省;我們就會突然醒悟,尋求個體性的困難是多麼地不尋常。

III. 作為集體心靈一部分的人格面具

〔243〕464 我們在這裡會遇到一個問題,如果貿然漠視,很容易造成莫大混淆。還記得前面說過在分析個人無意識時,首先被添增進意識的為個人性的內容,我主張這些是曾被潛抑,但現在漸漸浮上意識的東西,可稱之為個人無意識(personal unconscious)。我也證明了,吞併了我所說的非個人無意識(impersonal unconscious)的深層無意識,會產生人格擴張,導致「與神相似」的狀態。只要持續接受分析,就能達到這個狀態,因為分析已經令人格中被壓抑的部分重新獲得意識。透過持續的分析,我們把某些人性中原始、具普遍性,以及非個人性的特質添加進個人意識當中,因此引起了我所形容的狀態,這可能被視為分析

不愉快的後果之一。[9]

〔245〕465 從這個觀點來看，可意識到的人格，是集體心靈裡一個多少是很任性多變的部分。它之所以存在，純粹是因為從一開始就沒有意識到人性中這些基本且普遍的特質，此外，它也或多或少壓抑了本來可以意識到的心靈的或者性格的要素，以便於建立我們稱作人格面具的集體心理的那個部分。這部分的心靈被冠以人格面具這個名詞，再合適不過了，因其本義便是指演員表現角色所配戴的假面。如果硬要將心靈精確地區分出何者為具人格性的，而又何為非人格性的，很快就會陷入極大的矛盾當中，因為就定義而言，我們必須說人格面具的內容，就是我們已經說過的非人格性的無意識，亦即，它是屬集體性質的。正是因為人格面具所呈現的是集體心靈中或多或少任意和偶然的部分，因此我們會誤以為它是全屬於一些個人性的東西。正如其名，它不過就是集體心靈的假面，一個使其他人和自己都相信，那偽個體性的假面是屬於個人性的，然而事實上卻只是在扮演集體心靈傳聲筒的角色。

〔246〕466 當我們剝除假面去分析人格面具時，會發現我們認為屬於個人性的內容，實際上根本上是集體性的。我們追溯「凡間小神」（petty god of this world）的宇宙神祇起源，發現就是集體心理的化身。不管我們把人格還原到性慾這個基礎本能，如佛洛伊德，或者是意識自我的基本權力意圖，像阿德勒，又或者是同時擁抱佛洛伊德學派與阿德勒學派理論的綜合性普遍集體心靈原則，我

---

9 就某種意義而言，這種「與神相似」的感覺是先驗的，甚至在分析之前就有了，不僅神經症患者身上有，一般人也有，差別在於常人被有力地保護著，無從感知無意識侵擾。而為神經症所苦者，受到的這種保護則少之又少。由於其感受能力特殊，後者比常人更能參與到無意識的活動當中。因此，神經症患者顯現出來的「與神相似」更加強烈，而透過分析將無意識內容實現，會更進一步深化這種感覺。

們得到同樣的結論：人格在集體中消解。這就是為什麼，在任何足夠深入的分析中，個案都會出現體驗到我們說過的「與神相似」感覺的時刻。

〔250〕467 這種狀況經常以非常奇特的症狀表現，例如，夢者在夢中如彗星飛越太空，或感覺自己就是地球、太陽或者一顆星星，還是覺得自己異常巨大，又或極端渺小，或者覺得自己在陌生異地死了，成了自己不認識的陌生人，感到困惑、陷入癲狂等等。他也可能會體驗到身體諸感，例如身體變大而裝不進自己的皮囊，或者太胖了；或是感到像被催眠，身體變大或眩暈，無止無盡地在沉降或飛升。在心理上，這種狀態的特徵是覺得自我的人格陷入一種特殊的迷失感；不再知道自己是誰，或者非常確定自己實際上已經變形。沒耐心、堅守教條、自欺欺人、自我貶低、蔑視「沒被分析過的人」以及他們的觀點和活動，都是常見的症狀。我常看到生理疾病增加的，但只有當病人對自己的狀況津津樂道，並且過於耽溺時，才會如此。

〔251〕468 從集體心理迸發出來的力量是混亂而盲目的。人格解體的結果之一是釋放幻想，這顯然是集體心理的特殊活動。幻想一經釋放，過往未曾察覺到的素材和衝動浮出腦海。所有奇思妙想的寶庫被開啟。想在這種排山倒海而來的影響中一直保持冷靜，不是件容易的事。這個階段必須嚴陣以待，允為分析的真正危險之一，不容小覷。

〔469〕我們很快就會明白，這如此令人難以忍受，大家都想盡快結束，因為它就如同精神錯亂。我們知道，最常見的精神錯亂，包括早發性失智或精神分裂，主要是無意識在很大程度上取代了意識的功能。無意識奪取了現實的運作，並代之以它自己的現

實。無意識的想法變成如聲音般可聽，或成為視覺可見或體感的幻覺，或者它們毫無來由地自我顯現，事實擺在眼前卻還是固著己見。

〔470〕當人格面具於集體心理中消解時，無意識以類似但不完全相同的方式被推進意識裡。這種狀態與解離有所不同，無意識是在有意識分析的協助下浮上意識——至少，在分析開始時是這樣的，因為傳統所受到的教養對無意識尚有強大的抗拒，這個關卡仍待克服。之後，當長年建立起來的障礙被打破，無意識便會自動入侵，有時甚至如滔滔洪流般湧入有意識的心靈。這個階段幾乎與精神錯亂無異。【同樣地，天才的靈感出現之際往往與病理上的病態明顯類似。】但只有當無意識的內容成為現實，取代了有意識的現實，換句話說，如果它們被完全相信，那才是真正的精神錯亂。【事實上，人們是可以相信無意識內容的，那並不構成真正意義上的精神失常，儘管基於相信這些想法，可能舉止失當。例如，偏執的妄想並不取決於相信這些想法——它們先驗地看似為真，且毋需相信便可有效地存在。就我們所討論的狀況而言，信念或者批判何者會佔上風，結果尚在未知之天。真正的精神錯亂是沒有這種選擇能力的。】

IV. 從集體心靈中釋放個體性的嘗試

A. 退化性地重建人格面具

〔471〕正如我們說過的，一旦認同集體心理，將令人痛苦難當，可能有病患會試圖尋求一些激烈的方式解決問題。眼前他有兩

種方法可以脫離「與神相似」的狀態。第一種可能性是依循還原理論的路線努力去控制無意識，嘗試倒退地重建先前的人格面具——例如，透過宣稱這「不過是」被壓抑且早就過去了的幼年期性慾，現在真正最好的方式可能是以正常的性功能運作替代。這種解釋所基於的理由是，無意識以不可否認的性象徵語言表達，且這樣的詮釋很具體。另外，我們也可以採用權力理論，依據無意識同樣堅持的權力意志，將「與神相似」的感覺解釋為「陽性的抗爭」，也就是幼年期對於主導權與安全的渴求。或者，我們可以用原始民族古老的心理的說法來解釋無意識，這種解釋不僅涵蓋無意識材料所出現的性象徵和「如神」的權力渴求，而且看來也足以恰如其分地反映了它宗教的、哲學的以及神話表現的等等方方面面。

〔472〕不論狀況為何，結論都一樣，因為它等同於否定無意識，因為在每個人的認知裡，都認為無意識是無用、幼稚、沒有意義且完全不可能的與過時的。既然如此輕忽，我們只能無奈地選擇聽天由命。對病人來說，如果要繼續理性地生活，似乎別無選擇，只能盡其所能，重建我們稱之為人格面具的那部分集體精神，悄悄放棄分析，盡可能忘記自己擁有無意識。他會將浮士德的話銘記在心：

〔257〕
紅塵浮沉我了然於心。
超越無異癡心妄想；
傻瓜——莫將驚羨的眼光投入天際，
以為那裡會有同伴！
讓他仔細環顧四周，別再迷惘向上；

世界對勇敢行事者必有回應。
何須寄望於永恆空虛浪蕩！
凡認識的，都該把握。
就這麼如此消磨塵世歲月吧；
即使幽靈出沒驚擾，他依然故我。[10]

〔258〕473 人若真能擺脫無意識，將其能量耗盡，使它不再起作用，那還真是個極其完美的解決方案。可惜經驗告訴我們，無意識的能量只能在某種程度上被去除：它仍持續活躍，因為它不只包含著力比多，甚至本身就是力比多的來源，所有心靈元素從中湧現，流入我們——想法－感情（thought-feelings）或感覺－看法（feeling-thoughts），那些仍未正式分化出思考與情感功能的種子。因此，想要透過某種神奇的理論或方法，把無意識中的力比多清空，且就此將其消滅，無異是個妄想。人們有時可能會這麼地想像，但時候到來，一個人終將被迫以浮士德的話說：

但現在幽靈在空中成群結隊而來
沒人知道如何閃躲，沒人知道何處可逃。
雖然理性的曙光迎接我們開始一天，
夜晚我們卻被夢網纏繞。
我們自春意盎然中歡喜歸來——
而烏鴉卻呱呱淒叫。警告什麼著？某些惡事暗暗滋生。
沉浸在迷信的夜晚和早晨，

10　《浮士德》，麥可尼斯（MacNeice）翻譯，頁283（第二部，第五幕）。

它不斷地警告著。

而我們，是如此害怕，孤立無援，

門咯吱咯吱地響起——卻始終無人進出。

有人嗎？

憂愁：不就是我嗎。

浮士德：你究竟是誰？

憂愁：我本就在此。

浮士德：你走吧！

憂愁：我就得待在這裡。

浮士德：當心，浮士德，別念咒了，鎮定點。

憂愁：你雖有耳卻不能聽我言語，

我在你心底低吟恐懼；

我隨時都在變化，

迸發出令你不寒而慄的強大威力。[11]

〔258〕474 無意識是無法被分析殆盡，達到停滯靜止狀態的。它的力量不容挑釁，片刻不能剝奪。若妄想以上述性慾的或者權力的理論方法達到目的，無非是在自欺欺人，只是舊瓶新酒的另一種壓抑方式而已。

〔258〕475 梅菲斯特開了一道不容忽視的小徑，因為對某些人來說，這是條真正的可行之道。他告訴厭倦了「瘋狂魔法」，且很想逃離女巫廚房的浮士德說：

11　出處同上，頁281頁起（經修改）。

是的。有個方法

無需金錢、醫師,與巫婆。

打包細軟回歸田園

在那兒開始開渠犁田;

保持在狹窄範圍內即可,約束好自己的頭腦,

縮衣節食簡樸度日,

與群獸同居;也別忘記

自己在小麥田上施肥。[12]

【任何發現自己可以過這種生活的人,就不會陷入性慾的或者權力的任何一種我們討論過的方法所造成的悲傷,因為天性不會強迫他去解決超出能力的問題。但如果有一天重大問題來襲,這條出路也會關閉。】

B. 認同集體心靈

〔260〕476 第二種方式會導致認同集體心靈。相當於接受「與神相似」,只不過現在是於系統體制內春風得意。也就是說,一個人會成為這個(the)正等待著被發現的偉大真理的幸運擁有者,掌握著醫治萬民的終極救世知識。這樣的態度不盡然直接表現成自大狂,而是以一種稍微帶有,且更為人熟悉的先知啟示,以及為真理獻身的形式出現。對於心智脆弱的人而言,他們通常信心大於能力、愛慕虛榮,且過度天真,被誘惑的危險性就很高。進入集體心靈代表個人生命的更新,不論這種更新是愉悅的或者叫人厭煩

---

12 出處同上,第一部,頁67(經修改)。

的。人人都想獲得更新:有人因此可以增強對生命的感受,有人則獲得豐碩知識的希望。因此,這兩位不想讓埋藏在集體心靈中的珍寶被剝奪的人,會努力透過各種可能的方式,維持住與生命古老起源間的全新連結。[13] 達成這個狀態的最快速捷徑看來是認同,因為去除人格面具而消融到集體心靈中,正是誘惑一個人投身進入「神聖的海洋」(ocean of divinity),於其懷抱中消去所有的記憶。這種帶有神祕性的空想,是所有較好的人與生俱來的,有如「渴望母愛」(longing for the mother),我們都懷著如此的鄉愁而來。

〔261〕477 正如我在以前談力比多的書中說過,當中有著佛洛伊德認為是「嬰兒期固著」或者「亂倫渴望」的退行性願望的深層基礎,也是神話清楚表達的特定價值和特定需求。臣服於其退行性渴望的英雄,明顯為人中龍鳳,卻有意地以身涉險,干犯為黑暗母性怪獸吞噬的危難。但若一個人是英雄,他終究不會被怪獸吞噬,他會是英雄是因為征服了它,並非畢其功於一役,而是經過一次又一次地反覆奮鬥才成功的。戰勝集體心靈會產生真正的獨特價值——獲得祕密珍藏、無敵武器、神奇法寶,或者就是神話裡最為渴求的各種東西。任何進入了集體心靈的人——或者,以神話的說法就是,讓自己被怪獸吞噬,消失於其腹中,獲得惡龍守護的寶藏,但他卻是以不顧自身安危,以及對自己造成極大傷害的方式達成任務。

〔478〕【因此,因為認同無意識而成為集體心理犧牲品的危

---

[13] 在這裡,我想請讀者注意肯特(Kant)有個有趣的評論。在他一系列心理學講座中(《心理學講座》〔*Vorlesugen über Psychologie*〕,萊比錫,1889),他提及「埋藏在朦朧象徵性表現領域之下的寶藏,我們永遠無法企及有關人類的深邃知識巨淵。」正如我在《轉化的象徵》中告訴大家的,這個寶藏是所有那些原始意象的總和,當中充滿了力比多,或者甚至可以說,它就是力比多的自我表現。

險，不容小覷。認同無意識等於倒退了一步，無異於多犯下一個愚蠢的錯誤，除此之外，個體化的原則在個人成就的遮掩下被否認和壓抑，並且虛矯自滿地以為所發現的東西真的是屬於自己的。事實上，他根本沒有發現自己的東西，發現的只是集體心靈永恆的真理與錯誤。人們真正的個體性在集體心靈中消失了。】

〔479〕因此，認同集體心靈的是個錯誤，是第一種方式的另一形式，結局一般慘烈，將導致人格面具與集體心理的分離。

V. 治療集體認同的基本原則

〔480〕為了解決同化集體心靈所帶來的問題，並找到實際可行的治療方法，我們首先必須檢討方，才能談到的兩個方法的錯誤。我們已經明白，兩者的結果都不好。

〔481〕首先，放棄集體心靈帶來的致命吸引力，直接回到分析的起點。第二種則是直接滲透進集體心靈當中，但得付出失去人類獨立存在的代價，而獨立存在是支持與滿足生命的唯一之道。迄今為止，這兩種方式都具有絕對的價值，個體都不該貿然放棄。

〔482〕那麼，傷害既不起於集體心理，亦非源自個人心理，而是因為偏執一方。這種做法無非是受了一元論的影響，心心念念只想找到獨特的原理。一元論作為一種普遍的心理傾向，是全然文明化的思想和情感的一大特徵，它源於找到不是這個就是那個的功能，來當作最重要心理原則的期待。內傾型的人只知道思考的原則，而外傾的只知道情感。[14] 這種心理一元論，或乾脆叫做一神

---

14 原編者註：這觀點隨後被放棄了。參閱前註8。

教，優點是簡單，但失於片面。它意味著一方面不顧生命與世界的多樣和豐富的現實，另一方面則是實際去實現當下與近來的理想，但它並未提供人類發展的真正可能性。

〔483〕理性主義同樣鼓勵排他性。無論在思維或者就感覺的邏輯上，皆是如此，其本質便在於絕對否認任何不同的觀點。理性本身同樣是一元論的和專斷的。我們應該特別感謝柏格森（Bergson），能夠捍衛自己的觀點而為非理性辯護。儘管它可能根本不合科學理智的品味，但心理學仍必須認識到原則的多元性，並且能夠加以運用。這是避免心理學陷入困境的唯一方法。就此而言，絕大部分得歸功於威廉‧詹姆斯的先驅工作。

〔484〕然而，對於個體心理學，科學必然不能強加主張於其之上。要說有門個體心理學的科學，就已經有所矛盾了。只有一個個體的心理中的集體因素才能構成科學的對象；因為根據定義，個體是獨一無二的，無法與其他事物相比擬。一位自稱從事「科學」（scientific）個體心理學的心理學家正好就在否定個體心理學。他所謂的個體心理學，合理的懷疑，在談的只是他自己的心理而已。每個個體的心理學都有自己的使用手冊，而通用的手冊只適用於集體心理學。

〔485〕這些評論是作為處理上述問題的前言。這兩種做法的根本錯誤在於認為個體等同於其心理的一端，或者是另一端。他的心理既為個人的，也是集體的，不是說個人應該將自己融入集體，也不能將集體吸收進個人。我們必須嚴格地將個體的，與人格面具的，兩個概念區分開來，因為人格面具是可以被完全消解進集體中的。但個體恰恰不可能與集體融合，永遠不可能等同於集體。這就是為什麼認同集體與自動遠離集體，其實就等於生病了。

〔486〕想將個體與集體明確區分開來根本是不可能的,即使可以,對我們的目的而言,也毫無意義與價值。只要知道人類的心理既為個體的又是集體的,其福祉端賴於這兩個顯然矛盾的面向的自然合作,便足矣。它們相結合,在本質上是一種非理性的生命進程,最多只能以個案的方式描述,但既不能被實現出來,也不能被理解,更無法被理性地解釋。[15]

〔487〕請容許我使用稍微詼諧的例子來說明開始解決問題的方案,我會引用十四世紀法國哲學家布里丹之驢(Buridan's ass)的悖論,在兩捆同等質量的乾草之間的理性屁股該何去何從。但顯然他提錯問題了。重要的不是選右邊好,還是左邊好,或是該從哪捆開始吃,而是他內心深處想要的是什麼——他覺得被推向哪邊?驢子想要乾草替他下決定。

〔488〕此時此刻,這個人生命的自然衝動為何?這就是問題。

〔489〕不管是科學、世俗智慧、宗教或是最佳意見,都無法為他解決這個問題。解決方案只能出自對那些心理的生命種子絕對客觀的觀察,這些種子一方面是在意識的和無意識的裡頭,另一方面則是在個人與集體之中,進行自然的協調合作。我們可以在哪兒找到這些生命的種子?有人有意識地搜尋,有人則在無意識裡探求。但意識只是一端,無意識也僅為其反面。我們絕不可忘,夢境是意識的補償。若非如此,我們便不得不將它們視為優於意識的知識源泉:那麼我們的心智水準就會被降格到與算命先生相等,且將不得不接受所有無用的迷信,或者,隨波逐流,與大眾意見唱和,

---

15　原編者註:這一段雖然在德文手稿最早期的草稿中出現,但早期的法文和英文翻譯版本都被省略了。

否認夢境具有任何價值。

〔490〕我們正是在創造性的幻想中找到了苦心尋覓的統一的功能。所有活躍於心靈的功能都集中在幻想裡頭。誠然，幻想不為心理學家所待見，迄今為止的精神分析理論的態度亦如是焉。佛洛伊德與阿德勒的看法一致，這兩位學者預設認為，那只不過是基本驅力與意圖的「象徵性」偽裝。與這些觀點不同的，我必須強調——不是基於理論，而是本質上出於臨床經驗的理由——儘管透過這種方法，幻想可以被因果解釋，也會遭到貶抑，但它仍然是萬物的創造力的泉源，使人類進步成為可能。幻想有其自身不可還原的價值，因為它是一種心理功能，於意識和無意識中扎根，同樣地，根植於個人的，與集體的，是一樣的多。

〔491〕幻想何以惡名昭彰？首先它無法被如實地理解。若想具體理解的話，它是沒有價值的。若從症狀的角度去理解，如佛洛伊德所認識的那樣，它便可以引起科學的關注了；然而如果就詮釋學去理解，作為一個具真實性的象徵，它可以引路導航，提供我們持續與自己和諧生活所需的線索。

〔492〕象徵並非一種掩飾眾所周知的事物的符號。[16] 它的意義在於，試圖透過或多或少適當的類比，以闡明仍舊全然未知，或者還處於形成過程的事物。[17] 如果我們透過分析將其還原成人盡皆知的東西，就破壞了象徵的真正價值；但賦予它解釋學的含義，則會出現其價值和意義。

〔493〕詮釋學在過去是門被廣泛應用的學科，它的本質是在

16　亦即，一種掩飾基本驅力或者自然意圖的偽裝。
17　參閱希爾伯爾（Silberer），《神祕主義及其象徵主義的問題》（*Problems of Mysticism and Its Symbolism*）；以及我的《轉化的象徵》和《精神病的實質》（*The Content of the Psychoses*）。

於對已經具類比意義的象徵上添加更進一步的類比：首先是由病人隨機產生的主觀性類比，然後，分析師經由他的普遍知識提取出的客觀性類比。這個過程擴大並豐富了最初的象徵，最終會產生一個無限複雜和多樣的圖像，當中的各個元素可以再被化約成各自的比較物（tertia comparationis）。然後，某些既是個人的，又為集體的心理發展特定路線，就會出現。世上沒有任何科學可以證明這些路線是「正確的」；相反的，理性主義卻很輕率地證明它們是錯的。它們的有效性經由對生命的重大價值而得到證明。這才是實際治療中最重要的事：人類應該掌控自己的生命，而不是經理性證明過的生命原，則才能被稱之為「正確的」。

〔494〕【在我們這個時代，人類科學地思考與感覺，似乎是唯一可接受的觀點，但對絕大多數所謂受過教育的人而言，科學並非指導思想的知識倫理原則，而是一種用以證實內在經驗並賦予其普遍有效性的手段。任何關心心理學的人都應該認清一個事實，那就是對科學理論與技術深信不疑的人相對少數，有一大群人所熱衷的理論是很另類的。在一本百科全書的一篇談占星學的文章裡，人們可以讀到全然的時代精神，它是這麼寫的：「十八、九世紀的德國天文學家與數學家帕夫（I. W. Pfaff）是占星術最後的狂熱者之一，他的《占星學》（*Astrologie*）（班貝格〔Bamberg〕，1816）和《三智者之星》（*Der Stern der Drei Weisen*, 1821），令人不可思議地，全然與理性時代的精神背道而馳。然而，即使時至今日，占星術在東方依然昌盛，特別是波斯、印度和中國。」現在會這樣寫的人，一定是對現實視而不見吧。事實上，如今占星術空前繁榮，更勝往昔。有個常設的占星圖書館，其書籍和雜誌的銷量遠高於最暢銷的科學著作。會看星座運勢的歐洲人和美國人可能不是幾十萬人

而已,而是得以百萬為單位計算。占星是個發展蓬勃的行業。然而那本百科全書會說:「詩人德萊頓(Dryden,卒於 1701 年)還在給他的孩子們占星測運。」基督科學教會(Christian Science)也席捲了歐美。大西洋兩岸有成百上千的人信奉神智學和人智學,任何相信玫瑰十字會已經是過時的傳奇的人只要肯睜眼,就能看到他們至今還是跟以前一樣活躍。民俗巫術和祕法仍猶在。而且也不是只有市井小民才會耽溺這種迷信行為。據我們所知,在很高的社會階層是有許多這種另類法則支持者的。】

〔495〕【凡有志於研究人類真實心理者,都必須謹記這些事實。因為,如果對所謂反科學精神有著如此渴求的人有那麼多,我們可以確信每個人內在的集體心理——他從未真的如此科學——對這種心理的需求也一樣高。我們這個時代某種「科學的」懷疑論與批判,只不過是對集體心理強大且根深蒂固的迷信衝動的錯誤補償。我們從經驗中看到,極端批判性的想法已經完全屈服於集體心理的這種要求,要不是直接,不然便是間接地崇拜他們的特定科學理論。】[18]

〔496〕關於盲目崇拜科學的精神,有人也許現在要開始談暗示了。但是,我們很早就知道,除非當事人同意,否則暗示是不會成功的。除非願意接受,否則怎麼暗示都是徒勞;不然治療神經症就太簡單了:只需要暗示病患健康即可。偽科學說的那種暗示法,是基於迷信無意識,認為暗示有某些自發性的神奇力量。沒有人會屈服於暗示,除非他打心底接受。

---

18 這些增補內容收錄於《榮格全集》(*Gesammelte Werke*),第七卷,接在段 477 之後的(段 494-95)。然而,德文手稿全文——或者其他任何地方也都沒有出現過的跡象,因為它們是被單獨寫在另外一張紙上的。因此,我們將它們放在上下文看來較相關的地方。

〔497〕幻想經過詮釋學的論述處理，理論上個人與集體心理可以達到相互結合的目的；但實際上，還有個條件是不可或缺的。這在本質上是神經症患者退行的天性——這也是他因為生病而學習到的東西——從未正視自己或這個世界，總是依賴醫生，從一個換到另一個，希望用這樣或者那樣的方法，在這樣或那樣的情況下，便把他治好了，自己完全不需要認真的合作。醒醒吧，誰能涉水過河而不溼鞋。沒有病人誠意接受與全心投入，就不可能痊癒。神經症沒有仙丹妙藥可治。當我們規劃出象徵性的指引道路時，病人就得自己邁步跟著走。如果他自欺欺人地逃避，無異於自動放棄治療。他得誠心誠意地走自己認定的個人生命路線，且埋頭向前，直到無意識明確地指出走錯路了為止。

〔498〕不具備這種道德功能，勇敢忠於自己的人，永遠無法擺脫神經症。而具備這種能力的，一定可以找出治癒自己的出路。

〔499〕因此，醫生和病人都不該相信透過分析便足以消除神經症。那是種錯覺和欺騙。毫無疑問地，最終在健康與疾病之間做抉擇的便是道德因素。

〔500〕清楚建構的「生命路線」（life-lines）讓意識明白了變化多端的力比多的流向。這些生命路線不應與阿德勒所揭示的「虛構目的」（guiding fictions）混為一談，因為後者僅僅是試圖武斷地將人格面具從集體心理中剝離，並賦予其獨立存在的地位。更準確地說法可能是，虛構目的是建構生命線的一次失敗的嘗試。此外——這顯示了虛構目的沒有用處——它所產生的生命路線太長了；它的束縛亦如鐵鉗般地頑固。

〔501〕相反地，以詮釋學方法所建構的生命路線是暫時的，因為生命不是全然直線向前的，無法預測太長的軌跡。「真理曲

折，」尼采說。因此，這些生命路線從來都不是一般原理或者為普世接受的理念，而是暫定的觀點與態度。生命強度下降，力比多明顯喪失，反之，情感高漲則意味著一條路線的結束且新路線開始，或者更準確地說，就是應該開始新路線的時刻到了。有時離開無意識便足以找到新路線，但神經症患者得三思，謀定而後動，儘管確實在某些情況下，這正是患者需要學習的——如何把握時機。然而，最好還是別讓自己長期漫無目的地四處漂蕩；至少得盯緊無意識的反應，也就是觀察夢境，它可當我們態度的風速計，用以測度自己的氣打何處來。[19]因此，我的主張與其他心理學家不同，如果患者不想舊病復發，即使經過分析後，也有必要與自己的無意識保持接觸。[20]我相信，在病人充分掌握與無意識保持關聯的方法，且獲得足以領悟生命路線走向的心理判斷力之際，分析便達到了真正的目的了。如果不這樣，他的心智將無法跟隨力比多的流動，且有意識地維持他所得到的個體性。一個已經患有嚴重神經症的病人若想堅持不懈地接受治療，就必須具備這樣的能力。

〔502〕由此便可得知，分析絕非醫學專業獨佔的治療方法。

---

19 我們不應妄想從夢境的意義裡找出任何道德的作用，而且我也不認為夢存在著這種功能。夢既無現世哲學意義上的「目的論」（teleological）——也就是說，夢有個最終目的，更不是投射一個目標。我常說，夢的功能首在補償，因為它們代表了因為被意識實際的心智狀態影響，眾多尚未達到意識層面的元素進而叢聚集在一起的結果。當中沒有道德意圖，一點目目的論的東西都沒有；它僅止於一種現象，最重要的是該從因果的角度去理解。然而，僅從因果考量，無異於曲解心理。我們不僅可以，而且必須從目的因的觀點去設想——因果性本身就是一種觀點——以便發掘出這些既定元素組合在一起的目的為何。我不是在說終極意義，用那種先驗地定好目標的說法，在我們討論現象的最初步階段就已先行存在了。根據知識論，顯然不可能超越既有的生物機制的目的，而去推導出有個終極目標早就存在的結論。但是，在合乎邏輯地放棄目的論結論的同時，如果也犧牲目的因的觀點，那也未免顯得怯懦。我們只能說，事出想來必有因。就心理學而言，我們必須小心翼翼，如同絕不輕信目的論一樣地，也絕不盲從因果關係。

20 我並不是說，他只需要適應無意識，而不管現實世界。

它是心理生活的一門藝術、一門技術、一門科學，患者被治癒後，為了自己和周遭的人都好，還是應該而繼續練習學到的方法。如果他能這樣理解，就不會把自己當先知，也不會自以為是世界的改革者；但是，有了對公共利益的正確意識，他便可受益於治療過程所獲得的知識，他將透過實際生活發揮影響力，而非老是誇誇其談或者道德宣示去自我表現。

【補遺】[21]

〔503〕【我很清楚這討論無疑涉險。這是心理學尚待攻克的處女地，我身先士卒義不容辭。但對自己言不盡意實在感到苦不可言，不幸的是，仍心有餘而力未逮。因此，我得懇求讀者莫因我的不足而遲疑卻步，反而應該更加緊探討我在努力摸索的問題的步伐。於此，我將就個體性於個體的與集體的關聯性多進數言，冀望對此關鍵問題有更加深入的理解。

〔504〕就像我說過的，構成人格面具的集體心靈元素，是那些個體性所特別選擇出來以彰顯自身的。正如我們所知，這些元素非屬個人，而是集體的。只是它們組合在一起，或是已經以一種模式選擇一個群體結合而成的，那才是屬個體性的。因此，我們有個個體性的核心，但被個人性的面具所遮掩。將人格面具進行特別地分化後，便會展現出個體性對抗集體心靈的本質。透過分析人格，

21　原編者註：德語《原文本》（*Urtext*），段504到506接在段485後，早期的法語與英語譯本也在同樣地方。然而，在第一次修訂時，它們被放到這個追加的補遺中，而1928年的版本並未包含這些內容。段507（第6小節）、段508和段521特別引人關注，是因為它們包含了看來是榮格著作中首度出現的阿妮瑪與阿尼姆斯的論述。為了便於比較，第一版和第二版的結論摘要也於文末隨附。

我們將賦予個體性更大的價值,由此強調它與集體的衝突。當然,這種衝突存在於被分析者內在的心理對立。一組對立面折衷性地分成兩半組合在一起,一旦解體,它們的動力更強烈。自然生命狀態的純粹無意識中不會有這種衝突,儘管純然的生理活動必須一視同仁地滿足個人和集體的需求。自然且無意識的態度是和諧的。身體的能力和需求得依循本性的標準和限制,以免過猶不及。但是,由於有意識的理性意圖分化出造成失衡傾向的心理功能,助長了片面性。身體也成為我們或可稱之為心理個體性(mental individuality)的基礎,心理個體性可以說是藉由物質身體個體性表現出來的,除非身體的權利被接受,否則心理個體性也永遠不會實現。反之,除非心理個體性被接納,否則身體也無法成長茁壯。同時,正是在肉體中,個體與其他個體彼此有著相似度最高的肉身,儘管每個人都和其他人長得不一樣。同樣地,每個人彼此精神或道德的個體性都不同,然而其構成卻令人人平等。所有得以不受約束地發展其個體性的生物,都會因其個體性至為完滿,故而知曉如何用最佳方式去實現其物種的理想形態,並同時滿足集體的價值。

〔505〕人格面具總是會認同由一個特定的心理功能所支配的典型態度,例如,思考、情感或者直覺的功能。這種片面性必然對其他功能產生相對壓抑。因此,人格面具是個人發展的障礙。消解人格面具因而是個體化不可或缺的條件。然而,個體化是不可能倚賴有意識的意圖而達成的,因為意識總會抱持一個特定的態度,全然排斥任何與其不相容者。相反地,同化無意識內容會出現一個可以將意識的意圖排除的條件,接下來的發展便可以被一個在我們看來也許是不理性的歷程取代。這個歷程就是個體化,將產出我們方才所定義的個體性:既特殊又普遍。只要人格面具還在,個體性便

會被壓抑,幾乎不會顯露,除了在其個人性的附件選擇上可能彰顯——或可說,就像是要去看它的表演衣箱裡有什麼珠寶首飾。只有當無意識被同化時,個性才會真的更清楚地浮現出來,連同將意識自我與非意識自我連結在一起的心理現象,我們以「態度」名之。但現在不再是特定的態度,而是一種個體性的態度。

〔506〕這個理論性敘述中的矛盾與古代定義普遍性的爭論系出同源。藉由「動物和非動物都是一個物種」(animal nullumque animal genus est)的敘述命題,讓這種根本性的矛盾變得清楚易懂,而且可以用理智理解。真實的(realia)——具有特殊性的,個體性的;普遍的(universalia)是存在於心理上的,但基於諸多特殊性之間具有真正的相似性而存在的。因此,個體就是或多或少擁有我們一般概念所謂「集體性」的特質的特殊事物;而且越屬個體的,就越能發展出那些基於在人類集體概念而言是為根本的特質。

〔507〕為了能解決這些複雜的問題,我想強調得考慮的因素的結構性。我們必須處理以下的基本概念:

1. **意識與現實的世界**。這是包括那些所感知的世界意象,以及我們有意識的想法與感受等意識的內容。

2. **集體無意識**。集體無意識指的是,包括一方面為對外界現實的無意識感知,另一方面則是種族遺傳下來的感知和適應功能的所有殘留,這兩部分的無意識等。重現無意識對世界看法所產生的圖像,會顯示自古以來外界現實是如何被感知的。集體無意識包含,或者就是世界的歷史鏡像。它也是一個世界,但是是一個意象的世界。

3. 由於意識世界,如同無意識世界,很大程度上是為集體的,

這兩個領域加在一起，在個體中形成**集體心靈**（*collective psyche*）。

4. 集體心理必然與第四個概念，也就是**個體性**，形成對比。個體，可以說，立場處於在集體心靈的有意識那部分與無意識部分之間。他是一個反射面，意識世界可以在這個反射面上感知到它自己的無意識、在歷史上的影像，甚至就如叔本華所說的，理智舉起一面鏡子來照向普遍的意志。因此，個體想成為一個交叉點或分界線，既不是有意識的，也不是無意識的，而是兩者都有一點。

5. 個體心理上的矛盾本質，必定相對於**人格面具**的矛盾本質。可以說，人格面具是全然有意識的，或至少有能力變得有意識。它代表了外在現實與個人間的妥協。因此，本質上，它是令個體適應現實世界的功能。因此，人格面具處於現實世界和個體性之間的中間位置。

6. 個體性似乎是自我意識的最內在核心，而且在無意識也佔據同一位置，我們個體性之外，可以發現集體無意識。個體無意識與集體無意識之間的位置，對應於人格面具在個體與外在現實之間的位置，但似乎是空的。然而，經驗告訴我，這裡也有一種人格面具存在，但是一種具有補償性質的人格面具，（在男人身上）可被稱為**阿妮瑪**。阿妮瑪因此會是個體的與無意識的世界之間的妥協形式，亦即，歷史意象，或稱為「原初意象」（primordial images）的世界。我們常會在夢境中與阿妮瑪相遇，在男人那裡是以女性形象出現，女人那則表現為男人（**阿尼姆斯**）。瑞士詩人施皮特勒（Spitteler）在他的長篇小說《伊瑪果》（*Imago*）中，對阿妮瑪形象有很好的描述。在他的《普羅米修斯與埃匹米修斯》（*Prometheus and Epimetheus*）中，她作為普羅米修斯的靈魂出現，在他的詩作《奧林匹亞的春天》（*Olympian Spring*）裡，她是宙斯

的靈魂。

〔508〕意識自我到了認同人格面具的程度，阿妮瑪如同所有無意識的東西一樣，會被投射到我們環境中的真實客體上。因此，在我們所愛的女人身上經常可以找到她的身影。從身處愛河中的戀人們使用的表達方式就很容易看出這點。詩人就此也有大量的作品為證。一個人越正常，他周遭客體越不會出現阿妮瑪的邪惡特質。它們會被投射到更遠的客體上，不必害怕被直接干擾。但一個人越敏感，這些邪惡的投射就越靠近，直到最終突破家庭禁忌，產生典型的亂倫神經症併發症。

〔509〕假使意識自我認同人格面具，那麼這位主角的重心就會放到無意識裡。這種情況實際上便是認同集體無意識，因為整個人格都成為集體的。在這些情況下，無意識會產生強烈的吸引力，與此同時，意識也將會出現強烈的抵抗，因為害怕有意識的理想會被破壞。

〔510〕在某些案例裡，主要是會出現在藝術家或者情感豐富的人身上，意識自我不是被侷限到人格面具上（與現實世界關係的功能），而是在阿妮瑪（與集體無意識關係的功能）。在這裡，個體和人格面具都一樣是無意識的。集體無意識繼而侵入意識世界，現實世界的內容大部分都變成了無意識的。這種人對現實的恐懼就跟一般人對無意識的恐懼是一樣的。】

VI. 摘要

〔第一版〕

〔511〕**A. 我們必須將心理材料依內容劃分為有意識的和無意識的兩部分**

1. 有意識的內容物有部分是屬於個人的，因為它們的有效性不及於普遍的，而另外有屬於非個人的部分，也就是集體的，其有效性則是具普遍性的。

2. 無意識內容有一部分是屬個人的，因為它們是曾經存在意識當中，但後來卻被壓抑，再次浮出意識層面時，也不會具有普遍的有效性。而被認知為具有普遍有效性的無意識材料則是非個人的，而且這些部分是無法被證明是在較早前具有任何的意識，甚至是相對為有意識的。

〔512〕**B. 人格面具的組成**

1. 有意識的個人性內容構成有意識的人格，即意識自我（ego）。

2. 無意識的個人內容構成了自我（self），即無意識（unconscious）或者潛意識自我（subconscious ego）。

3. 有意識和無意識的個人性質內容物構成了人格面具（persona）。

〔513〕**C. 集體心靈的組成**

1. 非個人或集體性質的意識與無意識內容物構成了心理上的非意識自我（non-ego），即客觀意象（object-imago）。這些內容在分析中可能表現為情感或判斷的各種投射，但它們是先驗集體的，

等同於客觀意象；也就是說，它們看來好像是具客體的特質，而只有在經後來歸納後，才被判定為具主體性的心理性質。

2. 人格面具為意識與無意識內容物組合而成，作為意識自我而與非意識自我相對立。對屬於不同個體的個人內容進行普遍性的比較，會發現它們間有驚人的相似，甚至是相同，這在很大程度上令個人內容和人格面具的個體性消失。從這個意義上說，人格面具必然要被視為集體心靈的一個組成部分。

3. 因此，集體心靈是由客觀意象和人格面具所組成的。

〔514〕**D. 個體性**

1. 個體性部分地是以對被認知為個人性的內容進行選擇與限制的原則的方式表現出來。

2. 個體性是一種令人們得以從集體心理中逐漸分化出來，甚至在必要時會強迫人們這樣做的原則。

3. 個體性部分地是以阻礙集體運作，部分地是以抗拒集體思想和情感的方式表現。

4. 個體性是集體心理因素以一個特定的組合所表現出來的特殊性和獨有性。

5. 個體性相當於力比多運動的收縮，而集體心理則相當於舒張。

〔515〕**E. 有意識和無意識的內容分別可包括部分為有意識的，部分則為無意識的**

1. 發展為趨向於從集體中分化出來的內容物是屬於個人性的。

2. 發展為趨向於普遍價值的內容物是屬於集體性的。

3. 沒有一定標準可確定某一內容是純屬個人的或者純屬集體的，因為很難確定個人性為何，儘管它一直無處不在。

4. 個人的生命路線是心理過程於特定時刻的個人和集體傾向互動組合的結果。

〔第二版〕

〔516〕A. **我們必須把心理材料的內容分成有意識的和無意識的**

1. 意識內容部分是屬個人的，因為它們的普遍有效性沒有被承認，而部分則屬非個人的，亦即集體的，因為它們的普遍有效性得到了承認。

2. 有部分無意識內容是屬個人的，它們由曾經屬意識但後來被壓抑的個人材料所組成，因此當它們再度浮上意識時，不會被認為具普遍有效性。無意識內容屬非個人的，因為這些材料被認為具有普遍有效性，而且不可能被證明先前具有任何意識，甚至是相對有意識的。

〔517〕B. **人面具的組成**

1. 有意識的個人內容構成有意識的人格面具（或者人格），即意識自我。

2. 無意識的個人性內容會與尚未發展的個體性種子以及集體無意識相結合。所有這些要素都與被壓抑的個人內容（亦即個人無意識）結合在一起，如此一來，當被意識同化時，人格面具便會消融成集體性的材料。

〔518〕C. **集體心靈的組成**

1. 非個人的或集體性質的有意識的和無意識的內容構成了心理上的非意識自我，亦即客觀意象。這些材料，只要它們還處於無意識當中，便會先驗地等同於客觀意象；也就是說，它們似乎具備

客體的特質，而只有經過後來歸納，才被判定為具主體性的心理性質。

2. 人格面具是一種主觀意象，它與客觀意象一樣，主要由集體材料所組成，由於人格面具代表著與社會的妥協，意識自我更加認同的是人格面具，而非個體性。意識自我越認同人格面具，主體就越來愈像他外表看起來的那個樣子，也就是去個體化（de-individualized）。

3. 因此，集體心靈是由客觀意象和人格面具所組成的。當意識自我完全認同人格面具時，個體性便全然被壓抑，整個有意識的心靈成為了集體的。這代表最大程度地適應了社會，但卻離開自身的個體性到最遠的距離。

〔519〕**D. 個體性**

1. 個體性的獨特之處在於它是人格面具裡的集體要素及其表現形式的組合。

2. 個體性是抗拒集體功能運作的原則。它使得從集體心理中分化成為可能，必要時甚至會強迫進行分化。

3. 個體性是一種朝向從集體中分化，以及與之分離的目標不斷前進發展的趨勢。

4. 個體性和個體必然得區分開來。個人一方面由獨特性和差異性的原則決定，另一方面由他所屬的社會決定。他是社會結構裡不可或缺的一環。

5. 個體性發展同時也促成社會發展。透過集體理想和組織去壓抑個性，無異於敗壞社會道德。

6. 個體性的發展不可能只通過個人關係實現，也需要與集體無意識建立心靈關係。

〔520〕E. **集體無意識**

1. 集體無意識是集體心靈的無意識部分。它是無意識的客觀意象。

2. 集體無意識的組成包括：

（1）未達意識的感知、想法和情感，它們並非因為不符個人價值觀而遭壓抑，而是因為刺激值低或力比多投入低，從一開始就處於未達意識的狀態。

（2）先驗存在的古老功能在未達意識的領域裡殘存，功能可以透過力比多的積累而隨時恢復。這些不僅是形式上的殘餘，而是還具備各種本能的動態性質。它們代表了文明人內在的原始性和動物性。

（3）各種以象徵形式出現，而尚未浮出意識的心靈組合物。

3. 集體無意識的實際內容一定是由（1）～（3）中列舉的各種因素混合而成的，各項的表現形式分別不同。

4. 集體無意識看來總是會投射到有意識的（外在的）對象上。

5. 個體A的與個體B集體無意識間的相似程度，比A和B理智裡的意識概念間的更高。

6.「原初意象」似乎是集體無意識中最重要的內容物，它是指無意識的集體概念（神話思維）和生命本能。

7. 只要意識自我認同人格面具，個體性便構成了集體無意識的基本內容。在男性的夢境和幻想中，它一開始以男性形象出現，而在女性的裡頭則出現女性形象。後來，它又出現雌雄同體的特徵，這也顯示出它身為中介角色的地位。（梅林克〔Meyrink〕的《魔像》〔Golem〕和在中歐與北歐流行的「瓦爾普吉斯之夜」〔Walpurgisnacht〕基督教慶典就是很好的例子）。

〔521〕F. 阿妮瑪

1. 阿妮瑪是一種無意識的主觀意象，類似人格面具。正如人格面具是主體表現給世界，而世界也如此所看到的他自身的意象，阿妮瑪也是主體與他和集體無意識的關係所表現出來的意象，或者說是他用以表達自身無意識地叢聚所構成的無意識中的集體性內容物。也可以說：阿妮瑪是集體無意識所看到的主體的面貌。

2. 如果意識自我認同採取阿妮瑪的立場觀點，將嚴重影響對現實環境的適應。主體會完全適應集體無意識，卻無法適應現實。這樣他也等於是去個體化的。

參考書目

ADLER, ALFRED. *The Neurotic Constitution*. Translated by B. Glueck and J. E. Lind. London, 1921. (Original: *Über den nervösen Charakter*. Wiesbaden, 1912.)

AIGREMONT, DR., pseud. (Siegmar Baron von Schultze-Galléra). *Fussund Schuhsymbolik und -Erotik*. Leipzig, 1909.

BENNET, E. A. *What Jung Really Said*. London, 1966.

BENOÎT, PIERRE. *Atlantida*. Translated by Mary C. Tongue and Mary Ross. New York, 1920. (Original: *L'Atlantide*. Paris, 1920.)

BERNHEIM, HIPPOLYTE. *De la suggestion et de ses applications à la thérapeutique*. Paris, 1886. (Translated by Sigmund Freud as *Die Suggestion und ihre Heilwirkung*, 1888.)

BLEULER, EUGEN. "Dementia praecox oder die Gruppe der Schizophrenien," in *Handbuch der Psychiatrie*, ed. G. Aschaffenburg (Leipzig, 1911). (Translated by J. Zinkin as *Dementia Praecox or the Group of Schizophrenias*, New York, 1950.)

———. "Die Psychoanalyse Freuds," *Jahrbüch für psychoanalytische und psychopathologische Forschungen* (Leipzig and Vienna), II (1910), 623–730.

BREUER, JOSEF, and FREUD, SIGMUND. *Studies on Hysteria*. Translated by James and Alix Strachey. *Standard Edition of the Complete Psychological Works of Sigmund Freud*, vol. 2. London, 1955.

DAUDET, LÉON. *L'Hérédo*. Paris, 1916.

FECHNER, G. T. *Elemente der Psychophysik*. Leipzig, 1860.

FERRERO, GUGLIELMO. *Les Lois psychologiques du symbolisme*. Paris, 1895. (Original: *I simboli in rapporto alla storia e filosofia del diritto alla psicologia e alla sociologia*. Turin, 1893.)

FLOURNOY, THÉODORE. "Automatisme téléologique antisuicide: un cas de suicide empêché par une hallucination," *Archives de psychologie*

(Geneva), VII (1907), 113–37.

———. *Des Indes à la planète Mars: Étude sur un cas de somnambulisme avec glossolalie*. Paris and Geneva, 1900. (Translation: *From India to the Planet Mars*. Trans. by D. B. Vermilye. New York, 1900.)

FOREL, AUGUST. *The Sexual Question*. Translated from the second German edition by C. F. Marshall. New York, 1925. (Original: *Die sexuelle Frage*. Munich, 1905; 2nd edn., 1906.)

FREUD, SIGMUND. "Beyond the Pleasure Principle." Translated by James Strachey. *Standard Edition*, vol. 18 (1955), pp. 3–64.

———. *The Interpretation of Dreams*. Translated by James Strachey. *Standard Edition*, vols. 4 and 5 (1953).

———. "Leonardo da Vinci and a Memory of His Childhood." Translated by Alan Tyson. *Standard Edition*, vol. 11 (1957), pp. 63–137

———. "An Outline of Psycho-Analysis." Translated by James Strachey. *Standard Edition*, vol. 23 (1946), pp. 141–207.

———. *The Standard Edition of the Complete Psychological Works*. Translated from the German under the general editorship of James Strachey, in collaboration with Anna Freud, assisted by Alix Strachey and Alan Tyson. London, 1953– .24 vols.

———. *Early Psycho-Analytic Publications*. Translated by James Strachey and others. *Standard Edition*, vol. 3 (1962).

———. "Three Essays on the Theory of Sexuality." Translated by James Strachey. *Standard Edition*, vol. 7 (1953), pp. 125–243.

———. *Totem and Taboo*. Translated by James Strachey. *Standard Edition*, vol. 13 (1955), pp. 1–161.

———. See also BREUER.

FROBENIUS, LEO. *Das Zeitalter des Sonnengottes*. Vol. I (no more published). Berlin, 1904.

GANZ, HANS. *Das Unbewusste bei Leibniz in Beziehung zu modernen Theorien*. Zurich, 1917.

[GOETHE, JOHANN WOLFGANG VON.] *Goethe's Faust, Parts I and II*. An abridged version translated by Louis MacNeice. London and New York, 1951.

———. "Die Geheimnisse." In *Werke* (Gedenkausgabe), edited by Ernst Beutler. Zurich, 1948–54. 24 vols. (Vol. III, pp. 273–83.)

HAGGARD, SIR HENRY RIDER. *She*. London, 1887.

HELM, GEORG. *Die Energetik nach ihrer geschichtlichen Entwickelung*. Leipzig, 1898.

HOFFMANN, ERNST THEODORE WILHELM (Amadeus). *The Devil's Elixir*. (Trans. anon.) Edinburgh, 1824. 2 vols.

HUBERT, HENRI, and MAUSS, MARCEL. *Mélanges d'histoire des religions*. Paris, 1909.

I Ching, or the Book of Changes. The German translation by Richard Wilhelm rendered into English by Cary F. Baynes. New York (Bollingen Series XIX) and London, 1950. 2 vols. (1 vol. edn., 1961.) 3rd edn. in 1 vol., 1967.

JAMES, WILLIAM. *Pragmatism*. London and Cambridge, Mass., 1907.

———. *The Varieties of Religious Experience*. London and Cambridge, Mass., 1902.

JANET, PIERRE. *L'Automatisme psychologique*. Paris, 1889.

———. *Névroses et idées fixes*. Paris, 1898. 2 vols.

———. *Les Névroses*. (Bibliothèque de philosophie scientifique.) Paris, 1909.

JUNG, CARL GUSTAV. *The Archetypes and the Collective Unconscious*. In: *Collected Works*,* vol. 9, i.

———. "The Archetypes of the Collective Unconscious." In: *Collected Works*,* vol. 9, i.

———. "Brother Klaus." In: *Collected Works*,* vol. 11.

———. *Collected Papers on Analytical Psychology*. Edited by Constance E. Long; translated by various persons. London and New York, 1916; 2nd edn., 1917.

———. Commentary on *The Secret of the Golden Flower*. In: *Collected Works*,* vol. 13. (Alternative source: Wilhelm and Jung, *The Secret of the Golden Flower*, q.v.)

———. "The Concept of the Collective Unconscious." In: *Collected Works*,* vol. 9, i.

———. "Concerning the Archetypes, with Special Reference to the Anima Concept." In: *Collected Works*,* vol. 9, i.

———. "The Content of the Psychoses." In: *Collected Works*,* vol. 3.

———. *Freud and Psychoanalysis. Collected Works*, vol. 4.

———. "General Aspects of Dream Psychology." In: *Collected Works*,* vol. 8.

———. "Instinct and the Unconscious." In: *Collected Works*,* vol. 8.

———. *Mysterium Coniunctionis. Collected Works*,* vol. 14.

———. "On Psychic Energy." In: *Collected Works*,* vol. 8.

———. "On the Psychology and Pathology of So-Called Occult Phenomena." In: *Collected Works*,* vol. 1.

———. "Paracelsus as a Spiritual Phenomenon." In: *Collected Works*,* vol. 13.

———. *The Practice of Psychotherapy. Collected Works*,* vol. 16. (2nd edn., 1966.)

———. "Preface to the Second Edition of *Collected Papers on Analytical Psychology*." In: *Collected Works*,* vol. 4.

———. "The Psychological Aspects of the Kore." In: *Collected Works*,* vol. 9, i.

———. "The Psychological Foundations of Belief in Spirits." In: *Collected Works*,* vol. 8.

———. *Psychological Types. Collected Works*,* vol. 6. (Alternative source: Translation by H. Godwin Baynes. London and New York, 1923.)

———. *Psychology and Alchemy. Collected Works*,* vol. 12.

———. "The Psychology of Dementia Praecox" In: *Collected Works*,* vol. 3.

———. "On Psychological Understanding." In: *Collected Works*,* vol. 3.

———. "Psychology and Religion." In: *Collected Works*,* vol. 11.

———. "The Realities of Practical Psychotherapy." In: *Collected Works*,* vol. 16, 2nd edn.

———. "A Review of the Complex Theory." In: *Collected Works*,* vol. 8.

———. "The Role of the Unconscious." In: *Collected Works*,* vol. 10.

———. "Sigmund Freud in His Historical Setting." In: *Collected Works*,* vol. 15.

———. "The Stages of Life." In: *Collected Works*,* vol. 8.

———. "The Structure of the Psyche." In: *Collected Works*,* vol. 8.

———. *Studies in Word Association. Collected Works*,* vol. 2. (Alternative source: Translation by M. D. Eder, London, 1918; New York, 1919.)

———. "A Study in the Process of Individuation." In: *Collected Works*,* vol. 9, i.

———. *Symbols of Transformation. Collected Works*,* vol. 5.

———. "The Theory of Psychoanalysis." In: *Collected Works*,* vol. 4.

———. "The Transcendent Function." In: *Collected Works*,* vol. 8.

———. *Wandlungen und Symbole der Libido*. Ein Beitrag zur Entwicklungsgeschichte des Denkens. Leipzig and Vienna, 1912. For translation, see: *Psychology of the Unconscious*. Translated by Beatrice M. Hinkle. New York, 1916; London, 1917. (Subsequently replaced by *Symbols of Transformation*, q.v.)

JUNG, EMMA. "On the Nature of the Animus." Translated by Cary F. Baynes, in: *Animus and Anima*. New York (Analytical Psychology Club), 1957.

KANT, IMMANUEL. *Vorlesungen über Psychologie*. Leipzig, 1889.

KUBIN, ALFRED. *Die andere Seite*. Munich, 1908.

LEHMANN, FRIEDRICH RUDOLF. *Mana*. Leipzig, 1922.

LIÉBEAULT, AMBROISE AUGUSTE. *Du sommeil et des états analogues considérés au point de vue de l'action du moral sur le physique*. Paris, 1866.

LONGFELLOW, HENRY WADSWORTH. *The Song of Hiawatha*. Boston, 1855.

LOVEJOY, ARTHUR O. "The Fundamental Concept of the Primitive Philosophy." *The Monist* (Chicago), XVI (1906), 357–82.

MAEDER, ALFRED. "La Langue d'un aliéné." *Archives de psychologie* (Geneva), IX (1910), 208–216.

———. "Psychologische Untersuchungen an Dementia-Praecox-Kranken," *Jahrbuch für psychoanalytische und psychopathologische Forschungen*

(Leipzig and Vienna), II (1910), 185–245.

MAYER, ROBERT. *Kleinere Schriften and Briefe.* Stuttgart, 1893.

MEYRINK, GUSTAV. *Der Golem.* Leipzig, 1915. For translation, see: *The Golem.* Translated by Madge Pemberton. London, 1928.

———. *Fledermäuse: 7 Geschichten.* Leipzig, 1916.

NELKEN, JAN. "Analytische Beobachtungen über Phantasien eines Schizophrenen," *Jahrbuch für psychoanalytische und psychopathologische Forschungen* (Leipzig and Vienna), IV (1912), 504–62.

NERVAL, GÉRARD DE (LABRUNIE DE). "Aurélia." In: *Le Rêve et la vie.* Paris, 1855. (Pp.1–129.) For translation, see: *Aurelia.* Translated by Richard Aldington. London, 1932.

OSTWALD, WILHELM. *Grosse Männer.* Leipzig, 1910.

———. *Die Philosophie der Werte.* Leipzig, 1913.

PFAFF, JOHANN WILHELM ANDREAS. *Astrologie.* Nurnberg, 1816.

———. *Der Stern der Drei Weisen.* 1821.

ROUSSEAU, JEAN-JACQUES. *Emile, ou L'Education.* Amsterdam and The Hague, 1762. 4 vols. For translation, see: *Emile.* Translated by Barbara Foxley. London and New York (Everyman's Library), 1911.

SEMON, RICHARD WOLFGANG. *Die Mneme als erhaltendes Prinzip im Wechsel des organischen Geschehens.* Leipzig, 1904. For translation, see: *The Mneme.* Translated by Louis Simon. London and New York, 1921.

SILBERER, HERBERT. *Problems of Mysticism and Its Symbolism.* Translated by Smith Ely Jelliffe. New York, 1917.

SÖDERBLOM, NATHAN. *Das Werden des Gottesglaubens.* Leipzig, 1916. (Original: *Gudstrons uppkomst.* Stockholm, 1914.)

SPIELREIN, SABINA. "Die Destruktion als Ursache des Werdens," *Jahrbuch für psychoanalytische und psychopathologische Forschungen* (Leipzig and Vienna), IV (1912), 465–503.

———. *Spiritual Disciplines.* Translated by Ralph Manheim and R. F. C. Hull. (Papers from the Eranos Yearbooks, 4.) New York (Bollingen

Series XXX:4) and London, 1960.

SPITTELER, CARL. *Imago*. Jena, 1919.

———. *Olympischer Frühling: Epos*. Leipzig, 1900–1905. 4 parts.

———. *Prometheus und Epimetheus*. Jena, 1920. For translation, see: *Prometheus and Epimetheus*. Translated by James Fullarton Muirhead. London, 1931.

TACITUS, PUBLIUS CORNELIUS. *Dialogus: Agricola: Germania*. Translated by Sir William Peterson and Maurice Hutton. (Loeb Classical Library.) London and New York, 1920.

WARNECKE, JOHANNES. *Die Religion der Batak*. (Religions-Urkunden der Völker, ed. Julius Boehmer, Part IV, vol. 1.) Leipzig, 1909.

WEBSTER, HUTTON. *Primitive Secret Societies*. New York, 1908.

WELLS, HERBERT GEORGE. *Christina Alberta's Father*. London and New York, 1925.

WILHELM, RICHARD, and JUNG, CARL GUSTAV. *The Secret of the Golden Flower*. Translated by Cary F. Baynes. New edition, London and New York, 1962.

WOLFF, TONI. "Einführung in die Grundlagen der komplexen Psychologie." In: *Die kulturelle Bedeutung der komplexen Psychologie*. Berlin, 1935.

WUNDT, WILHELM. *Grundzüge der physiologischen Psychologie*. Leipzig, 1893. 2 vols. For translation (from 5th German edn., 1902) see: *Principles of Physiological Psychology*. Translated by E. B. Titchener. London, 1904.

譯詞對照

A

Abelard　阿培拉德
aether　以太
Alfred Adler　阿佛列德・阿德勒
Alfred Kubin　阿爾佛雷德・庫賓
Anatole France　阿納托爾・法朗士
Angelus Silesius　安傑勒斯・西里西亞
anima/animus　阿妮瑪／阿尼姆斯
anthroposophy　人智學
Antinéa　安蒂妮
archetypes　原型
aura /hola　靈光／榮光（中世紀）

B

Basel　巴賽爾
Bataks　巴達克
Beelzebub　魔王別西卜
Benoît　伯弩瓦
Benvenuto Cellini　本韋努托・切利尼
Bernheim　貝恩罕
Bismarck　俾斯麥
Bleuler　布洛伊勒
Bolshevism　布爾什維克主義
Breuer　布魯爾
Brother Medardus　美達爾杜斯弟兄

C

Calypso　卡呂普索
Cassandras　卡珊卓拉
Charcot　夏可
Charybdis　克里布地斯海怪
chimney-sweeping　掃煙囪
Circe　賽西
collective unconscious　集體無意識
Cologne　科隆
compensation　補償
complexe　情結
conceptualism　概念論
control-point　控制點

D

daemonic　代蒙的
(the) destructive instinct　毀滅本能
diastole/systole　擴張／內斂（歌德）
Dionysius　亞略巴古的丟尼修
Diotima　迪歐堤瑪
Drummond　德拉蒙德

E

Ecce Homo　瞧！這個人
Eckermann　愛克爾曼
ego　意識自我
ego-instinct　意識自我本能

Eleusinian　厄留息斯
Elgon　埃爾貢
Elgonyi　埃爾貢人
enantiodromia　物極必反
Epimethean　埃匹米修斯型
(the) eros theroy　情慾理論
experimental psychology　實驗心理學
Extraversion/introversion　外傾／內傾

F

father complex　父親情結
Faust　浮士德
feigns individuality　偽個體性
Folies Bergères　女神遊樂廳
Frazer　弗雷澤
Freemasonry　共濟會
Frobenius　福畢尼斯

G

Gérard de Nerval　傑拉德・奈瓦爾
Gnostic　諾斯替
godlikeness　與神相似（阿德勒）
Goethe　歌德
Gospels　福音書
Gothic　哥德式
Gottestminne　對神的愛
gradient　梯度
Griesinger　格瑞辛格
Guglielmo Ferrero　古列爾莫・費雷羅
Gustav Meyrink　古斯塔夫・梅林克

H

H. G. Wells　赫伯特・喬治・威爾斯
haoma　蒿瑪
Helm　海姆
Heraclitus　赫拉克利特
Herbert Silberer　西爾伯爾
Hercules　海克力斯
Hoffmann　霍夫曼
Holy Ghost　聖靈
hypermnesia　過度記憶

I

I Ching　易經
identification of shadow　陰影認同
individual　個人性的
individuality　個體性
individuation process　個體化歷程

J

Jacob Burckhardt　雅各・布克哈特
Jupiter　朱比特

K

Kavirondos　卡維朗度斯人
Kundry　昆德麗
Lehmann　萊曼

L

Léon Daudet　萊昂・都德
Leonardo da Vinci　李奧納多・達文西
Levy-Bruhl　列維－布留爾

libido　力比多
Liebeault　里耶伯
Longfellow　朗費羅
Lourdes　盧爾德
Lovejoy　拉弗傑

M

Maeder　梅得
(the) mana-personality　神力人格
masculine protest　男性傾慕
Mechthild of Magdeburg　馬格德堡的麥赫蒂爾德
Megarian　麥加拉學派
Meister Eckhart　大師艾克哈
Mephisto　梅菲斯特
mid-point of the personality　人格的中點
Mithraism　密特拉教
Möbius　莫比烏斯
Moses　摩西
mulungu　母浪古

N

Nancy　南西
Naumburg　瑙姆堡
nervousness　神經緊張
Nicholas of Flüe　馮祿的尼古拉弟兄
Nietzsche　尼采
nominalism　唯名論

P

Parsifal　帕西法爾
Persians　波斯人

persona　人格面具
personal unconsicious　個人無意識
personal　人格性的、個人的
personality　人格
Philistine　菲利士人
Phobos　佛布斯
Pierre Janet　皮耶・賈內
Platonic　柏拉圖學派
Polynesians　玻里尼西亞人
preconscious　前意識
Preemby　普利安比
Promethean　普羅米修斯型
psychoanalysis　精神分析

Q

quaternity　四位一體

R

realism　唯實論
Richard Wilhelm　衛禮賢
Rider Haggard　萊特・哈葛德
Robert Mayer　羅伯・梅耶
Rosicrucians　玫瑰十字會

S

Salpetriere　硝石廠療養院
Sargon　薩爾岡
Saul　掃羅
schizophrenia　精神分裂症
Schopenhauer　叔本華
Scylla　錫拉女妖
self-preservation　自我維持保護
self-realization　自我實現
Semon　西蒙

shadow　陰影
Sigmund Freud　佛洛伊德
Sinai　西奈山
Socrates　蘇格拉底
Spitteler　史匹特勒
St. Ignatius　聖依納爵
Stoics　斯多亞學派
subconscious　下意識
sublimated　昇華
subtle spirit　細微身
summom bonum　至善
Surabaya　印尼泗水
Synesius　西尼修斯
synthesis　合成法
systematic aphasia　系統性失語

T

Tacitus　塔西佗
talking cure　談話治療
Tao　道（中國）
Tertium non datur　排中律
the self　自性

theosophy　神智論
Till Eulenspiegel　搗蛋鬼提爾
transpersonal unconscious　超個人的無意識
Trinity　三位一體
Tylor　泰勒

V

Virchow　魏爾嘯

W

Wagner　華格納
Wilhelm Ostwald　威廉‧奧斯華
will to power　權力意圖
William James　威廉‧詹姆斯
Wotan　沃坦

Y

Yildiz Kiosk　伊爾迪茲宮

X

Zagreus　扎格列歐斯

分析心理學二論
Two Essays on Analytical Psychology

卡爾・榮格 Carl G. Jung——著
魏宏晉——譯

出版者—心靈工坊文化事業股份有限公司
發行人—王浩威　總編輯—徐嘉俊
執行編輯—趙士尊　封面設計—羅文岑
內頁排版—龍虎電腦排版股份有限公司
通訊地址—10684 台北市大安區信義路四段 53 巷 8 號 2 樓
郵政劃撥—19546215　戶名—心靈工坊文化事業股份有限公司
電話—02）2702-9186　傳真—02）2702-9286
Email—service@psygarden.com.tw　網址—www.psygarden.com.tw

製版・印刷—彩峰造藝股份有限公司
總經銷—大和書報圖書股份有限公司
電話—02）8990-2588　傳真—02）2290-1658
通訊地址—248 新北市新莊區五工五路二號
初版一刷—2024 年 10 月　ISBN—978-986-357-401-9　定價—600 元

版權所有 翻印必究
ALL RIGHTS RESERVED

版權所有・翻印必究。如有缺頁、破損或裝訂錯誤，請寄回更換。

國家圖書館出版品預行編目資料

分析心理學二論 / 卡爾．榮格 (Carl G. Jung) 著；魏宏晉譯 . -- 初版 . -- 臺北市：心靈工坊文化事業股份有限公司, 2024.10
　　面；　公分 . -- (榮格文集)(Psychoalchemy ; 47)
譯自：Two Essays on Analytical Psychology
ISBN 978-986-357-401-9（平裝）

1.CST: 分析心理學　2.CST: 潛意識

170.181　　　　　　　　　　　　　　　　　　113015415